浙江省特色小镇旅游空间生产研究

李跃军　著

2017 年度浙江省哲学社会科学规划课题资助
（课题号：17NDJC149YB）

科 学 出 版 社
北 京

内 容 简 介

本书根据空间生产理论，从空间的变化、空间的动力、空间的社会性等方面分析特色小镇旅游空间生产，探索特色小镇旅游空间生产动力机制、模式和创新路径，为特色小镇建设提供理论指导。

本书主要特色：分析了浙江省特色小镇旅游空间生产中政府、企业、社区、游客之间博弈关系，探究旅游空间生产中多元主体所遵循的多重空间生产逻辑，从而总结出旅游空间与产业空间叠加规律。

本书可供区域发展研究和旅游学研究学者、特色小镇管理者和企业管理者参考。

图书在版编目（CIP）数据

浙江省特色小镇旅游空间生产研究/李跃军著. —北京：科学出版社，2021.1

ISBN 978-7-03-068005-1

Ⅰ. ①浙… Ⅱ. ①李… Ⅲ. ①小城镇-旅游业发展-研究-浙江 Ⅳ. ①F592.755

中国版本图书馆 CIP 数据核字（2021）第 023825 号

责任编辑：韩　东　周春梅 /责任校对：王万红

责任印制：吕春珉/封面设计：东方人华平面设计部

科学出版社 出版

北京东黄城根北街 16 号

邮政编码：100717

http://www.sciencep.com

三河市骏杰印刷有限公司印刷

科学出版社发行　各地新华书店经销

*

2021 年 1 月第　一　版　开本：B5（720×1000）

2021 年 1 月第一次印刷　印张：12

字数：242 000

定价：98.00 元

（如有印装质量问题，我社负责调换〈骏杰〉）

销售部电话 010-62136230　编辑部电话 010-62135397-2040

前言

特色小镇建设已经上升为国家战略，成为推动新型城镇化、区域空间发展的重要抓手。2016年7月发布的《住房城乡建设部 国家发展改革委 财政部关于开展特色小镇培育工作的通知》（建村〔2016〕147号）提出，到2020年，培育1000个左右各具特色、富有活力的休闲旅游、商贸物流、现代制造、教育科技、传统文化、美丽宜居等特色小镇，引领带动全国小城镇建设，不断提高建设水平和发展质量。随着经济社会的转型和发展，旅游业的综合功能日益突出，各地尽可能挖掘当地自然与人文要素，甚至创造旅游资源，不断打造出新旅游地。旅游地逐渐成为区域发展中一种重要的经济和社会地域空间，被不断地生产、获取和创造，特色小镇也不例外，既作为区域发展中的产业发展平台，又作为一种新型的旅游目的地。如何实现特色小镇空间本身形成更大的使用价值，在有限的土地空间内提高空间效率，促进特色小镇从传统的空间转变为具有更优生产功能的新空间，是特色小镇可持续发展的重要课题。

浙江省特色小镇建设走在全国前列，2015年浙江省政府就把特色小镇建设列为重点工作，出台了《关于加快特色小镇规划建设的指导意见》。特色小镇作为一个产业组织空间，按照法国亨利·勒菲弗（Henri Lefebvre）的空间生产理论，人们应该关注其空间本身的生产功能，而不是像过去只重视空间内的生产和生活，只把空间本身作为一个承载物而已，其定位不同于传统的产业园区与旅游城镇，要求集中产业、文化、社区与旅游四大功能。因而，特色小镇旅游空间生产是特色小镇空间生产的重要内容，研究其旅游空间与社会建构的过程，对于指导特色小镇建设与旅游发展具有重要的现实意义。

本书根据空间生产理论，从空间的变化、空间的动力、空间的社会性等方面分析特色小镇旅游空间生产，力图通过权力、资本、制度和市场等层面构建旅游空间生产动力系统，探索旅游空间生产发展机制、模式和路径。本书主要特色有：分析特色小镇旅游空间生产中政府、企业、社区和旅游者之间的博弈关系，探究旅游空间生产中多元主体所遵循的多重空间生产逻辑，对旅游功能与生产功能的平衡模式进行了分类，从而总结出旅游空间与产业空间的叠加规律。本书主要包括以下几个方面内容。

1. 浙江省特色小镇空间生产与旅游产业的关联性分析

针对浙江省特色小镇的产业发展和空间结构现状，分析特色小镇特色产业的旅游资源类型、特色与价值，从特色小镇的发展目标、内涵和功能定位出发，分

别从生产功能与旅游功能的依存关系、互融共生关系、互动共进关系三个方面对二者关联性进行研究，分析旅游支柱型、旅游深度融合型和旅游辅助型三类特色小镇的旅游发展定位。

2. 浙江省特色小镇旅游空间生产分析框架研究

建构特色小镇旅游空间生产的理论框架，分析特色小镇旅游空间生产的内涵、层级和内容，旅游空间的产业结构形态与组织形态。以空间生产理论为指导，从格局、边界、节点、标志物、建筑等要素分析旅游空间实践，从政府、企业等要素分析特色小镇旅游空间表征，从周边居民、区域旅游空间结构、游客等要素分析旅游表征空间。

3. 浙江省特色小镇旅游空间生产动力机制与模式研究

分析浙江省特色小镇旅游空间生产的主体和权力构成，从市场需求的拉力、政府和企业对空间的控制权力、资本力及社会支持力四个方面，构建“制度、资本、资源”三位一体的旅游空间生产动力机制，深度分析旅游资源的媒介和基础性作用、制度的根本性作用、资本的逐利行为。从特色小镇旅游空间生产的动力差异性，总结出特色小镇旅游空间生产模式，包括政府主导型响应、企业主导型响应、社区主导型响应三种模式。

4. 浙江省特色小镇旅游空间形态演进与创新研究

分析特色小镇旅游空间生产的空间博弈、空间异化、空间问题的根源，进而分析特色小镇旅游空间演进过程和演进逻辑。按照演进特征差异，把旅游空间生产类型分为旅游低度开发下的“平衡”型、旅游低效益下的“抵制”型、旅游融合开发下的“共赢”型、景区依托的“互动”型。分析特色小镇旅游空间生产内容创新与路径创新，阐述创造学原理在特色小镇旅游空间生产中的应用。

5. 浙江省特色小镇旅游空间生产实证研究

围绕旅游空间生产理论，实证分析嘉善巧克力甜蜜小镇、黄岩智能模具小镇、龙泉青瓷小镇等旅游空间生产过程与特征，提出相应的旅游空间生产路径，为其他特色小镇旅游空间生产提供借鉴。

特色小镇旅游空间生产是一个新课题，很多方面内容需要进一步研究。本书作为一项探索性成果，还存在仍然没有深入研究的问题。例如，不同类型特色小镇的主体博弈关系、旅游空间生产效应及定量评价、更多个案的调查等方面，都值得进一步探讨，作者衷心希望广大读者批评指正。

第一章 绪论

1.1 旅游空间及其相关研究

1.1.1 旅游空间内涵及类型

1. 旅游空间的内涵

空间作为人文地理学的核心概念，包含生产生活空间、社会空间、文化空间三个层次[1]。在新文化地理学视角下，空间被看作可以被解构和分析的要素，而不再仅仅是几何意义上的空间形态[2]。马丁・扬（Martin Young）较早将空间建构的概念引入旅游领域，他通过澳大利亚丹特里（Daintree）和特里比莱申角（Cape Tribulation）区域的空间研究，提出空间的含义包括旅游产业生产的空间和旅游者消费生产的空间两方面内容[3]。“旅游空间”一词常被大家所提及，是在消费空间兴起中产生和发展，它既是一种生产空间，又是一种消费空间，在空间生产与再生产过程中，是被再生产出来的。

随着大众化消费时代的到来，以及社会的发展、转型，旅游融合功能和综合功能不断显现，旅游与购物、旅游与文化、旅游与休闲、旅游与环境、旅游与产业等的融合发展更加突出，旅游空间已经成为区域发展的重要消费空间。旅游空间是游客在景区所体会到的包罗万象的感受，是景区内各种建筑物、构筑物、自然物等实体之间所有的空间形式[4]。它不同于旅游区域和旅游场所，旅游区域侧重于物理意义上的空间范围，旅游场所是指那些提供给游客（或与市民共享）活动的空间或设施，而旅游空间则是指已经具有旅游活动的地域空间，它可以在城市空间、生态空间、工业空间、农业空间、居住空间上叠加形成。

旅游空间逐渐成为一种重要的经济和社会地域空间被不断地生产和再生产，新型旅游空间不断产生，如风景名胜区、森林公园、地质公园、水利风景区、湿

地公园、主题公园、工农业等相继出现。从旅游主体（旅游者）的角度看，旅游空间有着不同于日常生活空间的特征和符号内涵，既是获得旅游体验的前提条件，又是旅游体验建构的产物，具有主观建构的抽象性和剧场化特征[5]。从旅游客体（旅游对象）的角度看，旅游空间是通过旅游产品量的扩张与质的提高，被旅游规划人员有意图生产出来的旅游产品[6]。它具有以下几个特征。

（1）层次性特征。从尺度上看，空间尺度的大小与时间轴延伸长短有关，旅游空间小到场所型较为微观的旅游空间，大到区域旅游空间。如果是景区尺度的旅游空间，则通常是场所型旅游空间，如主题公园、4A 景区、特色小镇等所形成的旅游空间；如果几个城市与几个景区互相影响、互相联系而形成一个相对整体的旅游空间，则称其为区域旅游空间。因此，一个区域旅游空间中就镶嵌着几个更小层次的旅游空间。

（2）资源影响性特征。旅游空间的大小受旅游资源等级、规模、丰富程度等要素影响。旅游资源等级越高、规模越大、丰富度越高，所形成的旅游空间通常会越大。

（3）叠加性特征。旅游空间在其他类型空间基础上转换或叠加而成，在原有的物质性、社会性、文化性空间上，开展旅游活动，赋予旅游意义。

（4）发展性特征。随着人们消费空间的扩大，传统村落、偏僻山区、工业企业、文化图书馆等都可以成为旅游空间，其类型不断增多，空间规模不断增加。例如，康养小镇、文化小镇、航空小镇、运动小镇、艺术小镇等特色小镇，从休闲度假新领域和生活品质新领域，通过旅游融合方式，促进特色小镇从小镇加旅游到旅游加小镇的转变，成为新的旅游空间[7]，这些新的旅游空间为消费者提供更大尺度、更多样、更优美、可共享的旅游公共空间[8]。

（5）多样性特征。旅游空间包括自然类旅游空间和人文类旅游空间等。

2. 旅游空间的类别

1）按照旅游空间主要功能分类

（1）旅游主导型空间。例如，观光型旅游空间、度假养生型旅游空间、文旅产业型旅游空间、主题公园旅游空间。

（2）旅游融合型空间。例如，旅游融合程度较深的工农业空间、文旅融合型旅游空间、特色村落旅游空间、生态农庄旅游空间。

（3）旅游辅助型空间。例如，旅游产业地位较低的工农业空间、休闲型旅游空间、环境保护型旅游空间。

上述旅游空间类型中，存在不同类型旅游空间的转化。旅游辅助型空间中，主要空间功能是工农业活动、环境保护，而旅游功能只起到对空间主要功能活动的助推作用。当旅游辅助型空间中旅游功能进一步突出和强化，旅游功能在空间中与其他活动功能起到几乎同等的作用，那么这个旅游空间就成为旅游融合型空间。如果旅游功能继续强化，旅游功能成为主导功能，带动其他空间功能的提升，就将成为旅游主导型空间。

2）按照感知旅游空间大小分类

（1）区域型旅游空间。一个或多个城市与周边众多景区所形成的综合性旅游空间，如长三角旅游区形成的旅游空间。

（2）景区型旅游空间。A 级旅游景区和主题公园、传统村落等，通过建设和评审，可以成为各级景区的旅游空间。

（3）景点型旅游空间。空间范围相对较小，是由一些旅游符号形成的旅游空间。

3）按照游客体验分类

（1）旅游物质景观空间。包括旅游资源景观空间、旅游设施景观空间、旅游企业景观空间、旅游环境景观空间，通常是以建筑和公共场所为载体的物质空间。

（2）旅游社会空间。社会群体空间、文化空间、艺术空间等形成的旅游空间。

1.1.2 旅游空间研究主要内容

1. 旅游空间结构及其差异研究

（1）基础理论研究。主要运用统计学理论、点轴开发理论、核心边缘理论、中心地理论等区域空间结构理论，分析区域旅游空间结构特征与差异性，提出相应的措施或应对策略。

（2）旅游空间组织形态研究。对节点（point）、通道（path）和域面（domain）等旅游空间要素进行识别与分析，对不同空间大小旅游空间格局进行研究，并从宏观和微观角度提出空间结构优化思路等。

（3）旅游空间结构模式研究。从旅游节点的组合状态，把旅游空间结构模式分为单节点、多节点、链状节点、放射模式、带状模式等，也有以最邻近点指数和线路利用强度指数对空间结构模式进行定量化研究。

（4）旅游空间结构演化研究。旅游空间结构演化的模式分为开发阶段的凝聚模式、成长阶段的放射模式和成熟阶段的板块模式。也有学者提出旅游空间结构的演化模式是由单体景点空间结构、旅游景区空间结构向城市旅游空间结构的演化。旅游空间结构演化的研究主要有两个方面，一方面是从微观方面对其构成要素进行分析优化，另一方面是从宏观方面构建其整体发展的最优模式。

2. 旅游空间层次、类型及优化研究

通过旅游资源和产品分析旅游空间层次与类型。例如，通过对旅游区域、旅

游景区等旅游空间不同尺度的研究，以及对环城游憩带、传统村落、旅游城镇、历史街区等不同类型旅游地旅游资源特征等的研究，分析不同类型旅游发展模式，并从空间布局、空间结构、要素结构、时间结构、类型结构等方面提出旅游空间结构优化途径和措施。

3. 旅游空间相互作用研究

运用“阴影区”理论、引力模型等理论研究不同旅游空间的相互作用，在此基础上，提出旅游地的竞争与合作战略，通过旅游区域之间的合作和竞争，可以更好地优化旅游地的空间结构，实现区域旅游一体化与同城化发展。

4. 旅游空间生产研究

该领域的研究在近几年被学者所关注，把空间生产理论应用到传统村落、城市特色街区、古镇旅游地、民俗文化旅游地等旅游空间的形成与再创造的分析中。

1.2 空间生产理论和旅游空间生产

1.2.1 空间生产理论

1. 空间生产理论的内涵

1974 年亨利·勒菲弗（Henri Lefebvre）出版了《空间的生产》，其核心贡献主要有以下几个方面：一是提出空间的形成不是一个自然而然的过程，空间的生产就是空间被开发、设计、使用和改造的全过程，从“空间中的生产”转为关注“空间本身的生产”；二是空间的生产并不仅是空间中的物质生产，空间里弥漫着各种各样的复杂社会关系，它不仅被社会关系支持，也生产着社会关系和被社会关系所生产，空间本身也参与了整个商品的生产过程，空间具有社会性、政治性和意识形态，空间不是社会关系演变的容器，而是社会的产物，空间还反映和反作用于社会；三是构建了以空间实践、空间表征、表征空间为内涵的“三元一体”理论，用以表述空间生产的过程；四是探究了空间生产机制，认为包含社会经济政治的抽象空间必然以消除各种空间性差异、实现世界空间的一致性为目标，最终呈现一种量化的、均质化的空间，即一种各个部分可以互换的商业化空间，一种力图消灭所有差异的空间，一种交换价值优先于使用价值的空间，一种“对空间的支配”[9]。

2. 空间生产的三元辩证框架

勒菲弗认为空间具有三个层面，包括空间实践、空间表征、表征空间，三者处于一个整体，具有“三元一体”的特征。

1）空间实践

空间实践作为空间生产理论框架的第一个层面，指的是某种空间被感知的层面，它是人们能够直接经历的空间，呈现出社会构成物的生产和再生产职能，人在空间中的所有活动都属于空间实践的范畴。空间实践主要体现在通过人的活动，引起物质空间形式的形成及其变化上，主要包括空间扩展和内部空间重构，整体空间格局、边界、街巷、节点、标志物、建筑等物质要素，如都市的道路、交通网络、工作场所等，涉及空间社会关系中每个成员与空间的关系，体现了日常生活和空间现实之间的紧密联系。这一空间体现着自然与物质的各种实践活动及其结果和产物，具有物理形态的社会空间，对应于每种社会形态的特色场所和空间特性。

2）空间表征

空间表征是占主导、统治地位的社会空间，与维护统治者各种利益的知识、意识形态和权力关系联系在一起，体现了生产关系及其秩序。它是构想的、概念化的和构建的空间，属于社会空间被构想的维度，体现着项目投资者、旅游地规划者、科学家及学术专家的认知想象空间，是通过符号、规划、蓝图等表达出来的空间。空间表征是政府、规划者、专家、社会工程师的空间，是对物质空间形态演变的深层次阐述和解释。

3）表征空间

表征空间属于一种亲历的、生活的空间，是居民和使用者的空间，处于被支配的主体地位。这一空间传达着“空间的真理”，也就是反映了人们的真实的生活体验；而不是那种被规划者们创造出来以便于统治的“构想空间”。另外，表征空间也是一种反抗统治秩序的空间，这种反抗体现在它对从属的、外围的和边缘化空间的再现及对处于空间秩序的社会底层的关注。

3. 空间生产理论中“空间”的内涵

1）把空间看成社会实践的产物

勒菲弗认为空间的生产就是空间被开发、设计、使用和改造的全过程，空间的形成不是一个自然而然的过程，而是各种利益角逐的产物，受到各种利益相关者的牵制。按照勒菲弗的空间生产理论，空间中隐含着无数的社会关系，城市、旅游区、开发区等类型及其各种设施都是资本的一部分，城市规划成为勒菲弗用

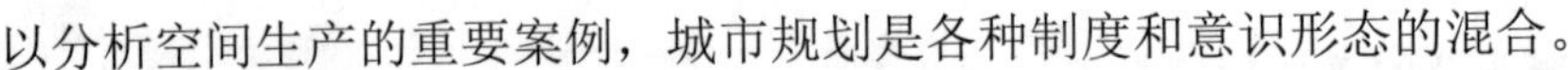

以分析空间生产的重要案例，城市规划是各种制度和意识形态的混合。

2）空间与社会之间互相影响

勒菲弗认为空间包括自然空间和社会空间，它们都是社会实践的产物，开始关注意识的城市化、争夺城市权利的斗争及资本主义生产关系发展中的都市革命等问题，空间生产即是“人们通过不断重复的劳动过程，使用各种原材料，通过一定的工具和程序，将社会关系刻入到空间的过程”[9]；另外，空间可以反作用于社会，是一种物质力量，影响、引导、限制人类活动的可能性及人类在现实世界发展中的存在方式。从20世纪80年代开始，我国出现了一种新的区域地理学，它强调了人的能力及角色与社会结构如何影响地方特性的形成、外在大环境以及地方力量与社会形成的影响关系[10]。

3）空间既是生产资料，又是消费资料

在资本生产的过程中，空间作为一种生产资料也参与到生产的过程中，将生产的分析从“在空间的生产”转向“空间本身的生产”，丰富了空间的内涵；另外，空间本身也可作为一个整体在生产中被消费，是消费对象的一种。

1.2.2 旅游空间生产内涵与分析框架

1．旅游空间生产内涵

按照勒菲弗空间生产理论，空间的生产是指以资本、权力和利益等社会关系要素或力量作用于空间，并对空间进行开发、设计、使用和改造的社会关系空间化过程。从空间生产理论角度理解，旅游空间则是在资本、权力、阶层等要素推动的空间生产和消费中形成，是一种可以填充各种具有旅游意义的物质（如自然生成物、人为构筑物）和非物质（如文化符号）空间要素的实体空间[11]。旅游空间不仅包括空间中旅游要素的“物”，也包括空间中“文化和社会关系”所形成的“非物”。

旅游空间的生产作为空间生产的一种具体方式，具有空间生产的一般属性和层次，许多学者对此给出了定义。哈福克里（Halfacree）以乡村的地方性、乡村的表征和乡村生活构建了“乡村空间三元辩证框架”，理论化地阐述了旅游空间生产[12]。福利思夫（Frisvoll）实证研究了乡村旅游中的权力对乡村空间生产的作用[13]。郭文等认为旅游空间生产属于集合概念，是指资本、权力和利益等政治经济要素和力量对旅游空间重新塑造，使旅游空间成为其介质或产物，并形成以空间为“底板”的社会关系过程，包括旅游空间生产者、旅游空间消费者、旅游空间生产力及旅游空间生产关系等要素[14]。

因而，旅游空间生产就是在旅游发展引导下，在资本、权力等因素作用下的区域空间产生，并通过旅游空间结构、旅游空间形态与旅游地生产关系的改造，促进旅游空间的形成、利用与消费及其再造，形成旅游物理空间、旅游景观空间和旅游体验空间的过程。旅游空间生产主要有以下几个方面的含义。

（1）旅游空间生产主体涉及旅游空间生产者和消费者。其中，旅游空间生产者是指能够作出或影响空间生产决策的支配者，如旅游开发中的政府、开发商、媒介或旅游社区居民；旅游空间消费者是指使用和体验空间的旅游者和生活者；旅游空间生产力是生产出旅游空间产品的能力，取决于空间生产的条件和资源状况。

（2）旅游空间生产不仅包括旅游地物质空间的生产，还包括旅游空间生产关系的生产。旅游空间生产关系是旅游空间生产过程中所形成的各种社会关系，包括空间占有、空间分配、空间交换和空间消费。在旅游空间生产中，旅游空间生产与旅游空间消费构成了互动关系，旅游空间生产决定旅游空间消费，旅游空间消费引导旅游空间生产，二者通过相互作用形成了旅游空间所包含的社会关系，并反过来影响旅游空间的发展。

（3）资本与权力是旅游空间生产的直接推动力。从政治经济学视角考虑，资本是空间的生产方式，资本不仅是一种老空间消亡的生产方式，而且也是一种新空间产生的生产方式。空间生产就是对资本生存空间的重新设计改造和新空间产品的供给行为。旅游空间生产需要使资金在空间上集聚形成一种社会化大生产的力量，不断拓展旅游空间。从本质上讲，旅游空间即资本的一种空间条件和空间样态。

（4）旅游产品是旅游空间生产的物质形态。旅游规划人员通过对原有旅游空间进行创造，既包括非旅游空间被旅游化改造，也包括对旅游空间质的提升和量的扩张，以实现旅游空间的创造与提升，以及旅游空间结构的优化等方式，促进原有旅游空间成为一个新的旅游产品，就如同其他商品生产一样，成为游客的消费对象。旅游空间生产的产品是新的旅游空间，山水风景等自然空间可以成为旅游空间产品，文化社会空间同样也可以成为独特的旅游空间产品。

2. 旅游空间生产分析框架

旅游空间的生产作为空间生产的一种方式，具有空间生产的一般属性和层次。按照空间生产的空间实践、空间表征和表征空间的“三元一体”分析框架，旅游空间生产分析可分为感知的旅游空间、构想的旅游空间、生活的旅游空间三个层级。三个层级的比较见表 1-1。

表 1-1 旅游空间生产三个层级的要素比较

所在旅游空间层级	生产内容	生产性质	生产特点	产品形态
感知的旅游空间	旅游物理空间	地理意义的物质形态空间	客观物质的实体生产	文化旅游景区实体、功能区和边缘拓展区
构想的旅游空间	旅游景观符号空间	文化意义的符号空间	主客体互动与主客观建构	产业化、舞台化开发的标志性文化符号和旅游吸引物
生活的旅游空间	旅游参与体验空间	精神意义的体验空间	个体主观心理的生产	富有地方感的节庆、民俗空间等

感知的旅游空间是指旅游地地理景观资源与文化景观资源的开发实践，主要通过旅游开发与经营商、旅游地政府旅游主管部门及其他旅游利益相关者（游客、原居民等）等生产主体之间形成一定的社会关系网络，以旅游发展为中心，形成一定的社会关系网络，并通过不断地协调与博弈，对原有空间进行旅游开发、设计、使用和改造而形成的物质空间。可见，旅游空间实践是对旅游物理空间能感知的旅游空间生产。

构想的旅游空间是指政府、规划师、城市学家和社会工程师等对旅游地的景观符号系统的设计、制造与呈现，旅游产品舞台化再现与产业化开发。

生活的旅游空间既相连于旅游地居民社会生活层面，又相连于游客的艺术想象和建构，是获得旅游参与体验的重要空间。表征空间是指透过意象与象征而直接生活出来的体验空间，具体表达了复杂的、与社会现实生活隐秘面或底层联系的符号体系，属于居民和“使用者”的空间。

桂榕和吕宛青通过对民族文化旅游地研究，认为民族文化旅游空间的实践即旅游地空间区位与配置组合、自然地理景观与民族文化物质载体等物理空间的开发实践，空间表征是指旅游地标志性旅游景观符号系统及旅游产品的制造、舞台化再现与产业化开发[15]。明庆忠和段超指出：古镇空间实践侧重感性经验的物质性空间生产；空间表征是古镇的社会实践空间所凝聚、积淀的构想性、观念性和象征性的意识形态空间，侧重象征想象的精神性空间；表征空间是古镇生活空间，通过意象、象征与社会生活隐秘联系的符号体系而被直接生产出来，侧重于物质性与精神性、感知与想象的合一，这种合一构成了人类生存于其中的体验性空间[16]。

3. 旅游空间生产理论相关研究

近几年，学者把空间生产理论引入旅游地理学研究领域，主要以个案研究方式，对城市空间、民族文化旅游地、传统村落等进行研究。从研究内容看，主要有以下几个方面。

1）旅游空间生产主体研究

按照空间生产理论，空间不仅是指物理空间，而且充满着社会关系，不仅受社会关系影响与支持，也生产相应的社会关系和被社会关系所生产。旅游空间中的社会关系主要体现在其空间生产主体的关系。空间生产主体不同、主体对利益诉求的动机不同、主体对利益争取的力量不同等均会导致空间中关系的不同，促使空间在物理及社会形态上的转变等。王苑和邓峰针对苏州山塘历史街区社会结构变迁与空间生产的分析，认为外来开发与经商人员及游客是苏州山塘历史街区空间生产的主体[17]。桂榕和吕宛青构建了民族文化旅游空间生产主体协作机制，探讨文化持有者、地方政府、开发企业、学者专家与民间社团、旅游中介 5 类不同主体在空间生产中所应扮演的角色，认为所扮演角色的社会关系会因力量和地位的消长而处于变化之中[18]。孙九霞和苏静对贵州省从江县岜沙社区的空间景观变迁及所隐含的社会过程进行探究，认为旅游主管部门、游客、外来经营者等主体，按照各自的逻辑与其余主体进行协商、博弈，即旅游主管部门、游客及外来经营者是岜沙社区空间的生产主体[19]。胡志强等针对武汉城市的楚河汉街的商业文化街区空间生产分析认为，政府、开发商和公众是楚河汉街的三大博弈主体[20]。郭凌和王志章将国家、市场和传统力量三类作为空间生产主体，以红砂村文化空间生产过程为例分析，认为国家是空间生产的主导力量、市场是对空间生产具有显著影响的力量、传统的力量以多种表现形式在空间生产中得以彰显[21]。韦俊峰和吴忠军将摄影家、旅游规划机构、旅游经营公司、政府这四者视为“隐性介体”，认为这些介体在旅游实践中不仅起着主客交往的桥梁和纽带作用，部分介体，特别是绝大多数隐性介体还能以幕后操纵者或强势推动者的角色和地位，通过空间生产“改造”客体，并通过独立性旅游话语、专业性旅游话语、商业性旅游话语和消费性旅游话语建构旅游形象，而该过程促使多维空间生产[22]。舒晓认为城市旅游空间生产大多为政府主导，公众也是当前旅游空间生产的重要力量[23]。上述对空间生产主体的研究均较为宏观，试图在整体上从较抽象层次提炼旅游空间生产主体，相对而言，其精细研究略显不足。

2）旅游空间生产机理、动力及模式研究

从空间生产理论视角，国内学者对旅游地空间变迁及空间生产的动力及机制也做了许多研究。孙九霞和苏静采用田野调查、参与式观察、深度访谈等方法对岜沙社区的空间景观变迁及所隐含的社会过程进行探究，并认为在旅游的影响下，各主体之间经过一系列的协商与博弈的过程，最后生产出符合主体想象的空间[19]。孙九霞和周一剖析了旅游社区空间活力如何在多主体、多目标的空间生产过程中被激发，而社区主体（村民）如何通过嵌入、抵制、进攻性抵制、反噬和再生 5 种方式对空间表征进行反抗，游客也是影响传统社区的空间变迁的根本原

因[24]。郭文和黄震方在场域理论的指导下，认为古镇旅游空间生产过程是一个各种力量立体化的产物，从“内源性自生式本体空间”过渡到“内源性自生式本体空间”和“外源性嵌入式构建空间”并置的形态[25]。黄剑锋和陆林研究表明：旅游地空间具有“涌现性”这一根本特征，在空间涌现性视角下，一系列新空间的生产是旅游地各种经济、社会关系和结构的手段、结果、映射；旅游地空间生产研究需要遵循“过程—格局—机制”的研究路线，并从市场力、政府力、内源力、外向力 4 个维度分析经济新常态下旅游业空间生产与重构的动力[26]。郭凌等将民族文化旅游空间生产的动力机制概括为 4 个方面，旅游者的地方依恋是空间生产的驱动力，现代化力量促使旅游空间在现代性中的重构，资本的博弈为空间生产提供动力，文化自觉则对空间生产发挥软实力作用[27]。此后，郭凌等通过对都江堰西街历史街区空间的演变研究，认为其空间再生产动力体现在 3 个层面，即权力作用于“制度—政治”层面、资本作用于“社会—经济”层面、居民在日常生活中的“抵抗”层面[28]。欧阳文婷和吴必虎以北京司马台村和陕西袁家村为例，构建了旅游发展对乡村空间生产影响的分析框架，从乡村物质空间、经济收益、社会关系和权力结构等方面，对比了开发商主导模式和村集体主导模式下的不同影响[29]。牛玉对后现代消费需求下的历史街区旅游空间发展进行研究，认为“原真文化僵化保护”和“过度商业化”两种极端模式是历史街区旅游发展的瓶颈，“文化”、“休闲”和“景观”三维需求是历史街区旅游消费需求的集中体现，提出集“生活化”“多元化”“体验化”“休闲化”“人性化”“文化化”“创意化”“精致化”等“八化”于一体的旅游空间发展模式[30]。

3）旅游空间生产研究方法研究

席建超等采取参与性农村评估 PRA、GIS 空间分析技术和高清遥感影像相结合的方法，以典型旅游村落苟各庄村为案例，研究了 28 年来聚落“三生”空间的重构过程[31]。郭文等在旅游空间体验和旅游空间感知研究方面，构建了由资本维、生产维、权力维、阶层维、生活维和社会维六大维共 76 项指标组成的旅游空间体验指标体系[25]。此后，郭文等通过对居民访谈资料进行扎根分析，进而形成旅游空间感知测量指标；最终将旅游空间体验指标体系和感知测量指标通过社区居民予以实证研究。过往对旅游体验的研究主要集中于旅游者，而该研究的旅游空间体验关注的是社区居民[32]。黄剑锋和陆林基于空间涌现性视角，提出了空间生产视角下的旅游地空间研究新范式，新的空间研究路径更加注重社会空间、微观解构、尺度转换[26]。王苑和邓峰在分析社会结构与空间营造的辩证关系的基础上，针对历史街区选择商业化更新的原因，以问卷及访谈的方式对山塘街区的游客和当地居民进行调查[17]。李琼提出资本是旅游空间的生产方式与基本生产要素、旅游空间也是一种产品、旅游空间生产需要本土化；分析旅游空间要素与生产—消费流程；指出人居空间、幸福空间、享受空间等旅游空间生产的进一步研究方向[33]。李星明等采用空间生产理论对文化空间本身的生产进行系统研究，从文化空间特性、时间演化、空间形态上探讨其演化机制，并提出活态性是旅游地文化空间的根本属性[34]；郭文和王丽以物理、社会、文化多维空间生产及认同为切入点，探讨了空间生产形态和多主体认同倾向[35]。还有学者采用跨学科研究方法，从“文学”[36]“电影”[37]“怀旧与消费”[38]“节事活动”等视角切入，运用语义学、符号学、景观学等理论探究旅游地文化空间生产机制。

学者对旅游空间生产做了较多的研究，主要内容包括概念界定、生产主体探究、生产框架建构、生产动力剖析[39]，主要针对研究对象空间历史发展过程，在此基础上，研究旅游地的空间生产主体、空间生产机制、空间生产原则与内容及旅游地空间生产中存在的问题和建议。在研究范式上比较重视解析其空间生产机制，研究方法以定性为主，主要集中在城市旅游、古镇旅游和社区旅游空间。但旅游地空间研究已经由传统描述地区差异性研究，深入到旅游地空间本身结构性矛盾研究，多维度、多主体、多学科角度探究旅游地空间生产内部运动和演化机制。国内旅游空间生产研究仍然较为薄弱，无论是理论或是实证层面都处于探索性阶段，研究成果仍然较少，今后对乡村旅游、历史街区旅游、节事旅游、民族旅游、遗产旅游、工业旅游等不同类型旅游空间都有待于进一步研究。

1.2.3 我国旅游空间生产实践的过程与特征

1. 我国旅游空间生产实践的过程

从新中国成立到 1978 年，旅游业作为我国外交事业的延伸和补充，其旅游空间生产实践并不强烈。随着改革开放政策的实施，我国旅游空间生产实践逐步深入，大致可以分为以下几个阶段。

第一阶段：资源导向阶段。这个阶段的特点是有什么资源，开发什么样的产品，就是把国内一些优质的自然旅游资源和人文旅游资源划归为政府管理，并加以规划与建设，形成了我国较早的风景名胜区和旅游景区等类型。例如，1982 年 11 月，国务院首次公布 44 处国家级风景名胜区。之后又陆续公布了不同批次不同等级的风景名胜区、森林公园、地质公园等。

第二阶段：市场导向阶段。在一些市场基础较好的城市或发达地区，政府划定一定的土地范围，通过招商引资方式，对土地进行旅游功能定位与建设，形成了主题公园或游乐园等旅游景区。这一阶段，随着市场竞争程度的加剧，旅游地越来越重视区域旅游形象宣传和产品优化。

第三阶段：旅游融合阶段。随着旅游业的发展，市场需求越来越个性化，在一些具有观光特色的农业园、观光与考察特色的工业园和企业、文化特色的传统

村落和古镇，通过政府引导、企业参与、社区支持，促进旅游融合，形成了农业旅游地、工业旅游地、景区村庄和古镇旅游地等。

2．我国旅游空间生产实践的特征

我国旅游空间生产实践在权力、资源、资本的影响和实践的结果等方面表现出独有的特征[40]。

权力对旅游空间生产影响较大。其影响主要表现为政府对当地旅游发展及其空间实践方式的选择行为，具体表现为政府对旅游业发展定位与支持的优惠政策，政府对旅游空间的策划、规划、开发等实践活动，旅游产业性质定位，甚至把旅游当作某些区域发展经济的途径，如旅游扶贫。除此以外，还有一些地方把旅游空间规划建设、旅游目的地形象和环境建设、旅游为媒介的投融资活动行为等作为旅游自身发展、旅游带动相关产业发展的实践形式，而且也成为这些地方以旅游拉动国内生产总值的主要途径。甚至，国家与地方政府也愿意通过旅游产业或旅游活动，开展商务活动、事件营销、产品推介、体育赛事，提高旅游空间的影响力和知名度。

旅游资源在旅游空间实践中以资本形态被政府所利用，并作为商品进行交换，其具有的资本属性是在政府招商引资中资本青睐旅游空间，并进行投资建设的根本原因。旅游资源的资本特性主要表现为旅游资源区的土地资本、旅游资源及其物化的人文资本及旅游历史文化资本，这些资本形态自身拥有的价值属性决定了其可以作为商品进行交换。资本通过对旅游空间的开发实现了旅游资源的生产和再生产，旅游空间成为资本增值工具。常见的做法有：通过开发、利用旅游资源，提供给旅游者游览、观光与服务；利用极差收益进行旅游核心区空间置换；利用旅游文化资源进行资本化开发；等等。

多种资本方式是旅游空间生产的重要动力。资本直接投资旅游领域或通过旅游媒介投资“地方”，凸显了旅游空间生产必须依靠资本的事实。但是，各地的旅游空间生产资本方式是多样的，国有资本、民间资本和企业资本都存在于旅游空间生产各个环节中。改革开放后，在我国旅游发展初期，由国家财政投入资金进行国家风景名胜区的开发，后来通过改制，国家投入的资金成为国有资本。主题公园、传统村落等旅游地开发主要由社会资本和企业资本完成。

旅游空间类型不断丰富。旅游空间生产作为一类特殊的空间社会化实践过程，深入到区域发展的各个角落。其中，重要特征主要是政府主导、市场化实践并统筹利用各类社会资源，旅游的社会、经济、文化等功能凸显，尤其是旅游的经济属性最为明显。旅游业地位不断提升，旅游空间类型不断丰富，风景名胜区、森林公园、乡村旅游地、传统村落、工业旅游地、农业旅游地等陆续形成，旅游空间规模不断扩大。

第二章

浙江省特色小镇的创建及其空间转型

特色小镇的概念最早来自国外，是在第一次工业革命后形成并不断发展的。从国外特色小镇发展来看，20 世纪末，美国的格林尼治基金小镇、瑞士的达沃斯小镇、法国的普罗旺斯小镇等特色小镇陆续产生。从我国特色小镇形成来看，特色小镇是迎合区域发展从块状经济空间向“人、文、产、旅”一体空间转型需要而产生。

2.1 国内外特色小镇的发展

2.1.1 国外特色小镇的发展

1. *发展概况*

工业革命在英国开始后，向欧洲和大西洋两岸扩散，然后在欧美发达国家兴起了城市化，人口向大城市集聚，阶层不断分化，生活方式出现多样化，在郊区营建富有特色的小城镇就此而生，郊区化和小城镇化新趋势开始出现。小城镇有足够的空间为市民提供阳光、空气和优雅的生活，也能提供足够多的工作机会。小城镇虽然彼此分开，但可以通过快速便捷的交通相互连接起来。也就是说，小城镇既能作为大都市和乡村的纽带，又能满足中产阶层和富裕阶层的居住和生活的需要。因而，小城镇发展模式成为欧美国家当时适合城市、产业和社会各方面发展的重要模式。与此同时，学者们也开始关注小城镇发展的研究，产生了田园城市、卫星城和新城运动等理论，较有影响的霍华德田园城市理论就是其中之一。早在 1898 年，英国埃比尼泽·霍华德（Ebenezer Howard）就针对英国大城市所面临的问题，提出“以绿化带环绕多个名称和设计各异的小城镇”。

霍华德的田园城市理论在某种意义上说就是特色小镇的理论源头，直接催生

了卫星城和新城运动的理论和实践。随着小城镇的发展，逐渐形成了形态各异、主题鲜明、类型多样的特色小镇。这些特色小镇具有产业富有特色、文化独具韵味、生态充满魅力的特征。例如，美国的硅谷科技小镇、格林尼治基金小镇、卡梅尔童话小镇、杰克逊牛仔小镇；法国的吉维尼莫奈花园小镇、亚维农艺术小镇、格拉斯香水小镇、依云文旅小镇、科尔马木屋小镇；德国的威尔斯海姆环保小镇、蒙绍科技小镇、梅尔斯堡葡萄酒小镇；英国的海伊书香小镇、库姆堡中世纪小镇；以及西班牙的龙达斗牛小镇、瑞士的因特拉肯抹布小镇、荷兰的羊角村水乡小镇和新西兰的皇后探险小镇等。

2．发展特点

1）产业区位是特色小镇空间选址的重要条件

特色小镇有着不同于一般小城镇的区位选择，除了具有环境优良、交通便利等因素外，产业区位成为其选择的首要因素。同时，不同产业类型的特色小镇区位也不尽相同。

例如，美国好时小镇位于宾夕法尼亚州首府哈里斯堡市的东部市郊，是北美地区最大的巧克力及巧克力类糖果制造商好时企业所在地。好时企业选择落户于此，一方面是由于好时小镇是创始人米尔顿好时先生的出生地，更重要的是小镇区位满足糖果行业发展要求。糖果行业的单位利润低，扩大销售是盈利的主要手段，因此销售市场资源成为产业发展的重要因素。好时小镇所在的哈里斯堡市位于宾夕法尼亚州中部美国东西海岸的交通要冲，是由东海岸通往中西部各州的重要门户，也是一个纵贯南北、横贯西东的重要贸易口岸，自古即为交通要地，是货物批发、零售中心。同时，郊区的牧场资源、生态环境为巧克力的生产提供了新鲜的牛奶及干净的生产环境。

再如，美国格林尼治基金小镇位于美国康涅狄格州西南部的长岛海峡，作为纽约市的住宅卫星城镇，它离纽约很近，只有35～40分钟的火车车程。对冲基金产业属于风险投资类，其企业的空间区位倾向集中在大城市及周围区域，由于牵涉银行的兑换，要求紧邻金融中心，同时对冲基金行业对网速要求非常高，因此离海底光缆比较近的沿海地区成为首选。

2）特色小镇产业体系具有明显的主题性

特色小镇的“特”主要体现在产业特色上，一个小镇必然有一项与众不同的产业，产业链的主题性强，体现小镇的“小而精”。虽然大多数特色小镇在形成初期是以工业生产制造为主，但随着企业的壮大，不论是产业链拓展还是小镇的功能都逐渐围绕主题产品而发展。小镇从业者大部分与主题产业相关，产业逐步从传统制造业向旅游业延伸，实现三大产业间的联动。可见，特色小镇围绕产业主题，培育出小镇特色。特色小镇的发展离不开产业集群的支撑。不同的产业特征，形成了不同类型的特色小镇，包括传统产业特色小镇、农业小镇、文旅小镇、高科技特色小镇、金融和旅游度假特色小镇等（表 2-1）。

表 2-1　国外特色小镇主要主题类型

类型	案例	主题特征
传统产业型特色小镇	法国格拉斯香水产业小镇、美国好时镇巧克力产业小镇、德国何若拉赫全球体育用品产业小镇、美国纳帕谷农业小镇	产量大、生产历史长
文旅主题型特色小镇	法国戛纳电影主题小镇、德国加米施-帕滕基兴壁画主题小镇、瑞士达沃斯会议主题小镇、法国普罗旺斯鲜花主题小镇	文旅特色突出，强调文化主题
现代产业型特色小镇	美国格林尼治基金小镇、英国剑桥小镇	发展历程长，国际影响力大
科技总部型特色小镇	美国山景城小镇、美国硅谷科技小镇、德国英戈尔斯塔特小镇	科技支撑、人才集聚、生产总部

法国格拉斯小镇从 16 世纪起就从事花卉种植及香水制造，是现代香水的发源地，拥有大量世代从事该项产业的技师和其他相关产业基础，逐步发展成世界香水小镇。格拉斯地区是花草优生地带，众多花场每年可采集鲜花 700 多万千克，形成花草种植业；小镇 30 多间香水工厂处理着来自各地未经加工的花材原料，形成香水生产业；响应旅游发展热潮，小镇建造了格拉斯三大香水作坊和香水博物馆，将香水的制作过程、工厂的历史展现给游客，并且顾客可自制香水。这些香水工厂不仅具有生产功能，还具有一定的展示功能；不仅有博物馆，还有设备先进的大型实验室，极大地推动了格拉斯的旅游业发展，构建了完善的香水产业链。

美国格林尼治基金小镇以金融产业为特色，是康涅狄格州最富有的小镇，同时也是美国最富有的小镇之一。起初，这里只是纽约金融从业者逃避城市生活之地。40 多年前，巴顿•比格斯（Barton Biggs）在格林尼治设立了第一只对冲基金，让这个有着 300 多年历史的小镇的命运悄然发生了改变。20 世纪 90 年代，对冲基金开始在格林尼治周边涌现，最多时近 4000 家对冲基金公司。目前小镇集中了 500 多家对冲基金公司，其中 Bridge Water 一家公司的基金规模就达 1500 亿美元。在全球 350 多家管理着 10 亿美元以上资产的对冲基金公司中，有近半数把总部设在这里。

另外，瑞士的朗根塔尔小镇、新西兰的皇后小镇、法国戛纳小镇等都是具有深厚历史文化的世界著名特色小镇。

3）特色小镇具有“产、居、旅”一体的综合性功能

与传统产业园区较为单一的生产功能不同，特色小镇的功能综合性强，不仅

有企业生产办公功能，也有社区生活、旅游休憩等功能。不同产业类型的小镇，其主导功能会有所侧重，如生产制造类小镇通常以生产功能为主，而文化创意类、康体旅游类小镇则以旅游休憩功能见长。例如，从事糖果制造的好时小镇拥有100多年历史，从一家巧克力工厂开始，成为美国负有盛名的巧克力主题旅游城市。小镇的核心为3家现代化的巧克力工厂，同时配有百货公司、好时银行、好时饭店、俱乐部、教堂、学校等完善的社区功能。小镇的旅游功能也相当完善，拥有演示作坊、巧克力世界博物馆及好时乐园等现代化游乐设施。法国薇姿小镇是著名药妆品牌薇姿的发源地，也是世界温泉疗养胜地和旅游度假胜地。小镇中心是一座温泉博物馆，法式药妆店、温泉疗养院随处可见。

不仅如此，特色小镇特别重视旅游融合功能。无论何种类型，依托其文化资源和特色产业资源，旅游业也随之发展壮大，从而进一步优化小镇的产业结构。例如，美国纳帕谷农业小镇是美国第一个世界级葡萄酒产地。纳帕谷位于旧金山以北约80千米，是一块56千米长、8千米宽的狭长区域，除了酒庄和几个小镇，整条山谷内种满了葡萄。纳帕谷风景优美、自然淳朴，现在已不单单是酒庄的集中区，而且是一个以葡萄酒文化、庄园文化而盛名的旅游胜地，包含了品酒、餐厅、SPA、婚礼、会议、购物及各种娱乐设施的综合性度假区，目前每年接待世界各地的游客500万人次左右。又如墨西哥的瓜纳华托，每年在这里举办塞万提斯国际艺术节（简称塞节）。除塞节外，瓜纳华托基本每个月都会举办各种艺术活动。借助各种文化活动，瓜纳华托吸引了大量游客，为古城保护提供了丰富的财源，所获得的资金也为保护当地原生态文化创造了条件。又如，瑞士达沃斯文旅小镇位于瑞士东南部格里松斯地区，隶属格劳宾登州，坐落在一条17千米长的山谷里，靠近奥地利边境，是阿尔卑斯山系最高的小镇。达沃斯拥有欧洲最大的天然溜冰场，冬天还可以在此滑雪、滑冰，举行丰富多彩的活动。另外，这里还是阿尔卑斯山中因空气洁净清爽而大受好评的地区。20世纪初这里设立了呼吸系统疾病的治疗所，奠定了现今酒店业发展的基础。除此之外，世界经济论坛等大型会议在此召开也令其闻名遐迩。

4）特色小镇的景观和文化具有强烈的可识别性

小镇风貌往往是小镇产业特色的空间映射，因此，国外特色小镇大多是拥有独具特色的自然风光，或依托当地悠久的历史资源，或拥有当地的文化特色，创造小镇强烈的可识别性。而高品质服务、高品质生活及由内而外的自信和美才是这些特色小镇发展的基础。例如，埃吉桑小镇重视城市布局，卢塞恩小镇的湖光山色和波西塔诺小镇独特的临海观景房等，以优美的自然风貌，吸引知名的艺术家驻足居留，并在此创作了流传百世的经典作品，展示其文化特色、文化精神与文化自信，依托保持完好的中世纪建筑，以及卢塞恩的教堂桥、文艺复兴时期的

老店等展示其文化根基。同时，“特色小镇”不只是一个经济名词，也是一个文化名词，根在“文化”，文化特色、文化精神与文化自信，在某种程度上决定了其有没有灵魂和生命力。埃吉桑小镇依托保持完好的中世纪建筑，以及卢塞恩的教堂桥、文艺复兴时期的老店等，充分挖掘当地的文化特色，通过大型节庆等活动增加景区吸引力。例如，埃吉桑小镇拥有当地的葡萄酒文化、葡萄酒节庆，以及音乐小城卢塞恩的国际音乐节等，创造了小镇特色。

5）特色小镇特色性强，市场辐射大

国外特色小镇的发展十分重视“特色”，有些以精神地标、政治地标与社区为特色，有些以名人故居、大学城文化与博物馆为特色，有些以特色美食、特色集市与特色产业为特色，有些以特色节庆、展会、赛事与上下游产业为特色，有些以特色自然景观、旅游民宿和生活体验为特色。不仅如此，国外的特色小镇多具有国家乃至全球性的影响力，以国际市场为目标定位，其产业地位往往是以国家、全球为参照系的。

例如，奥地利的瓦腾斯小镇是施华洛世奇公司在全世界仅有的水晶加工工厂所在地，现为施华洛世奇公司总部所在地；法国的格拉斯小镇是世界上最著名的香水原料供应地，也是世界香氛爱好者的朝圣之地，只有打着“made in Grasse”字样的香水产品才被认可为结合了豪华、优雅和质量；法国的普罗旺斯地区则是世界浪漫之都；德国的何若拉赫小镇是全球体育用品公司总部所在地，是全球体育用品行业的中心；瑞士的朗根塔尔小镇是全球纺织品企业总部所在地，在纺织品行业中也占据着全球中心的地位；瑞士的达沃斯小镇则是国际知名的温泉度假、会议、户外运动度假胜地。

2.1.2　我国特色小镇的发展

随着工业化进入中后期，区域发展要素发生了很大的变化，传统资源的价值下降，而互联网、大数据的科技资源，古村落、传统建筑的文化资源，以及青山绿水和生态环境资源等要素资源的价值不断提升。为创造科技资源，发挥好产业资源和文化资源，利用好生态资源，特色小镇建设在我国应运而生。

1. 我国特色小镇发展理念的缘起

田园城市理论、卫星城理论和新城运动理论及欧美发达国家特色小镇多年的发展，为我国小城镇的发展提供了许多理论参考和实践借鉴。我国早在 20 世纪 40 年代末的上海市城市规划中，就提出在中心城区周围建设卫星城的设想。50 年代末，北京、上海等城市的总体规划中也都考虑了卫星城的规划和建设问题。可见，我国特色小镇的发展，既借鉴国外特色小镇而形成了空间发展模式，也是

我国区域经济发展到特定阶段的空间经济类型。

1983年，费孝通先后在《瞭望》周刊系统阐述了他的小城镇理论，主张城市发展应该走"小城镇为主、大中城市为辅"的道路，认为小城镇发展的核心是解决农民问题，目标是城乡一体化，发展模式应该"自下而上"，直接推动力是农村工业化和乡镇企业的发展。他在《小城镇　大问题》这篇文章中，提到了"各具特色的吴江小城镇"。20世纪90年代中叶，学术界开始关注小城镇特色，探讨小城镇地方特色、文化特色、民族特色、古镇特色、产业特色、空间特色等。改革开放后，卫星城在我国实现了大规模的规划、建设与发展，新城建设也取得举世瞩目的成绩，开发区、工业园、新区/城、大学城、生态城、低碳示范区、文化创意产业园区等新型城市不断涌现，但很多卫星城和新城基本上都无法实现工作和居住的平衡，发展面临困局。

在2014年以前，使用"特色小镇"一词大多是指以"建制镇"为发展依托的特色小城镇。例如，1996年中共昆山市委、市政府发表的《加快新型城镇建设促进经济社会发展》[41]："近年来，我们坚持因地制宜、分类指导、确定特色、各展所长的发展要求，从各镇实际出发，积极探索小城镇建设上规模、上档次、健康发展的有效途径，逐步形成了一批功能独特、风格各异的特色小镇。"另外，在北京、云南、广西等省（自治区、直辖市）或地方政府报告中曾提出过建设"特色小镇"或类似的概念。

2015年5月，浙江省发布《浙江省人民政府关于加快特色小镇规划建设的指导意见》（浙政发〔2015〕8号），正式提出在全省范围建设一批特色小镇，对特色小镇的空间范围、投资规模、产业选择、建设要求做了明确的界定。空间范围不同于行政区，其概念与特色小城镇、产业园区、旅游区等既相区别，又相联系。2016年7月，住房城乡建设部、国家发展改革委、财政部决定在全国范围开展特色小镇培育工作，提出到2020年培育1000个左右各具特色、富有活力的特色小镇。

可以看出，我国特色小镇建设已经兴起，并被各地政府所重视。从概念上看，国家住房和城乡建设部相关通知和文件中的特色小镇包括特色小镇、特色小城镇两种形态，有时都采用了"特色小镇"的名词，通常具有行政建制镇的范围。但是，浙江省特色小镇赋予了"特色小镇"特殊的内涵，它既不是行政区，也不是传统的产业园区，属"非镇非区"。随着浙江省特色小镇建设影响力加大，"特色小镇"与"特色小城镇"的概念区分越来越明显。

2. 国家特色小（城）镇审批标准特点与解读

1）相关政策

从2016年开始，特色小镇创建被列为农村重点工作之一，各部委、地方政府

密集出台相应政策，支持特色小镇创建工作，特色小镇进入了国家层面全面推广的新阶段。截至 2018 年，特色小镇发展阶段及主要政策如下。

2016 年 2 月，《国务院关于深入推进新型城镇化建设的若干意见》（国发〔2016〕8 号）提出，加快特色镇发展，发展具有特色优势的休闲旅游、商贸物流、信息产业、先进制造、民俗文化传承、科技教育等魅力小镇。

2016 年 3 月，《中华人民共和国国民经济和社会发展第十三个五年规划纲要》提出，加快发展中小城市和特色镇，因地制宜发展特色鲜明、产城融合、充满魅力的小城镇。

2016 年 7 月 1 日，《住房城乡建设部 国家发展改革委 财政部关于开展特色小镇培育工作的通知》（建村〔2016〕147 号）提出，到 2020 年，培育 1000 个左右各具特色、富有活力的休闲旅游、商贸物流、现代制造、教育科技、传统文化、美丽宜居等特色小镇。

2016 年 10 月 8 日，《国家发展改革委关于加快美丽特色小（城）镇建设的指导意见》（发改规划〔2016〕2125 号）明确指出，“特色小（城）镇包括特色小镇、小城镇两种形态”。特色小镇主要指聚焦特色产业和新兴产业，集聚发展要素，不同于行政建制镇和产业园区的创新创业平台。特色小城镇是指以传统行政区划为单元，特色产业鲜明、具有一定人口和经济规模的建制镇。该指导意见在国家政策层面上，已经成为推动特色小（城）镇建设的重要动力，提出创新特色小（城）镇建设投融资机制，大力推进政府和社会资本合作，鼓励利用财政资金撬动社会资金，共同发起设立美丽特色小（城）镇建设基金，政府和社会资本合作（PPP 模式），并从经济转型、产业升级等角度诠释了特色小（城）镇发展的路径和措施，其对产业和生活的认定十分明确。

2016 年 10 月 14 日，住房和城乡建设部公布了首批中国特色小（城）镇名单，进入这份名单的小镇共有 127 个。“创新特色小（城）镇建设投融资机制，大力推进政府和社会资本合作，鼓励利用财政资金撬动社会资金，共同发起设立美丽特色小（城）镇建设基金”，从经济转型、产业升级等角度诠释了特色小（城）镇发展的路径和措施，其对产业和生活的认定十分明确。政府和社会资本合作（PPP 模式），在国家政策层面上，已经成为推动特色小（城）镇建设的重要动力。

2017 年 12 月 4 日，国家发展和改革委员会、国土资源部、环境保护部、住房和城乡建设部联合发布的《关于规范推进特色小镇和特色小城镇建设的若干意见》（发改规划〔2017〕2084 号）进一步界定了有关概念，明确了特色小镇作为行政建制镇的面积范围和“生产、生活、生态空间相融合”的特征，也明确了特色小城镇要占有“几十平方公里以上”的土地面积。意见提出：“不能把特色小镇当成筐、什么都往里装，不能盲目把产业园区、旅游景区、体育基地、美丽乡村、

田园综合体以及行政建制镇戴上特色小镇‘帽子’。各地区可结合产业空间布局优化和产城融合，循序渐进发展‘市郊镇’‘市中镇’‘园中镇’‘镇中镇’等不同类型特色小镇”；“各地区要注重引入央企、国企和大中型民企等作为特色小镇主要投资运营商，尽可能避免政府举债建设进而加重债务包袱”；“各地区要综合考虑特色小镇和小城镇吸纳就业和常住人口规模，从严控制房地产开发”。

2020 年 9 月 25 日，国务院同意并转发国家发展改革委《关于促进特色小镇规范健康发展的意见》，明确要求准确把握发展定位：“准确理解特色小镇概念，以微型产业集聚区为空间单元进行培育发展，不得将行政建制镇和传统产业园区命名为特色小镇。准确把握特色小镇区位布局，主要在城市群、都市圈、城市周边等优势区位或其他有条件区域进行培育发展。准确把握特色小镇发展内涵，发挥要素成本低、生态环境好、体制机制活等优势，打造经济高质量发展的新平台、新型城镇化建设的新空间、城乡融合发展的新支点、传统文化传承保护的新载体。”

2）特色小（城）镇认定标准特点

以评“特色”为主，评“优秀”为辅。以往的小城镇系列评选以“评优秀”为主，如全国重点镇，标准制定的基本思路是依据其优秀水平设定不同的评分等级。而“特色”本身是一个多样化的名词，不同的镇有自身不同的特色，如何用一个标准体系评判不同镇的不同特色是本次标准制定的难点。从 2017 年的《国家特色小镇认定标准》中可以看出，特色小镇评定标准的制定突出其“特色”因素，将评价指标分为“特色性指标”和“一般性指标”。特色性指标反映小城镇的特色，给予较高的权重；一般性指标反映小城镇基本水平，给予较低的权重。做到以评“特色”为主，评“优秀”为辅。

以定性为主，定量为辅。小城镇的特色可简单概括为产业特色、风貌特色、文化特色、体制活力等，这些特色选项的呈现以定性描述居多。但是，完全的定性描述会导致标准评判的弹性过大，降低标准的科学与严谨性。而少量且必要的定量指标客观严谨，虽然使评审增加了一定的复杂性，但能够保证标准的科学与严密。所以，本次标准的制定以定性为主，定量为辅。在选择定量指标时首先尽量精简定量指标的数量，同时尽量使定量指标简单化，增强可评性。

3）特色小（城）镇分项指标构成

根据《住房城乡建设部 发展改革委 财政部关于开展特色小镇培育工作的通知》，此次特色小镇认定对象原则上是建制镇（县城关镇除外），特色小镇要有特色鲜明的产业形态、和谐宜居的美丽环境、彰显特色的传统文化、便捷完善的设施服务和灵活的体制机制。2017 年，国家住房和城乡建设部在各地特色小镇创建的基础上，制定了《国家特色小镇认定标准》，构建五大核心特色指标，包括产业发展（25 分）、美丽宜居（25 分）、文化传承（10 分）、服务便捷（20 分）、体制机制（20 分）。这一标准要求特色小镇进行整体规划，实现了全局性管控小镇的发展[42]。

2.2　浙江省特色小镇的分布与类别

改革开放后，浙江省逐渐形成了较多的“块状经济”和“产业集群”，它们在区域经济发展过程中起到了支柱的作用，并创造了极大的效益；但是，也存在层次低、结构散、创新弱、品牌小，产业投资效益在不断地下降等问题。因而，考虑区域经济如何从重量到重质、从模仿为创新，需要创新性和突破性的力量来冲击，促进产业转型升级和新经济的发展，特色小镇发展理念应运而生。

2.2.1　浙江省特色小镇的形成

1．浙江省开发区建设的实践

从世界区域发展经验看，兴建开发区是国家实现快速工业化和城市化的重要路径，我国的开发区及各类新城、新区、特区建设已经成为拉动区域经济增长的主要力量。我国开发区建设始于 1984 年，迄今已经演变成为一个种类繁多、规模庞大的体系，至 2016 年，我国已批准建立各类国家级开发区 496 家，包括国家经济技术开发区 219 家、国家高新技术产业开发区 129 家、保税区 13 家、边境经济合作区 15 家、出口加工区 63 家，以及旅游度假区等其他类型的国家开发区 57 家[43]。而各地以工业园区、产业园区、高教园区、旅游度假区乃至新区、新城等名义开发的开发区项目则更是名目繁多。2018 年版《中国开发区审核公告目录》（简称《目录》）包括 2543 家开发区，其中国家级开发区 552 家，省级开发区 1991 家。与 2006 年版《目录》相比，2018 年版《目录》增加了 975 家开发区。浙江省共有 116 家开发区纳入 2018 年版公告《目录》，其中，国家级开发区 34 家，省级开发区 82 家，核准面积 86759 公顷。

回顾改革开放 40 多年，浙江省经历了从块状经济到开发区经济，再到产业集群的过程。浙江省山多水少土地少，自然空间狭小，发展大城市受限。改革开放初期，浙江省的经济“处处点火，村村冒烟”，民营经济发展迅速。经过几十年的市场经济发展，形成了浙江富有特色的块状经济（表 2-2）。随着市场经济的发展、民间资本实力的加强，在政府引导下，全省建设了各类开发区。在开发区经济推动下，产业集聚进一步加强，在此基础上，形成了许多产业集聚区。2010 年，浙江省谋划 14 个省级产业集聚区，包括杭州大江东产业集聚区、宁波杭州湾产业集聚区、绍兴滨海产业集聚区、衢州绿色产业集聚区、台州湾循环经济产业集聚区等。近二三十年来，浙江省民营经济创业创新勃发，发展态势良好，全省工业化阶段基本完成。

表 2-2　浙江省块状经济主要分布

序号	行业	地区分布
1	纺织业	长兴、苍南、椒江、黄岩、鄞州、萧山、嵊州、婺城、慈溪、常山、临安、江干、兰溪、嘉善、义乌、越城、 新昌、绍兴、秀洲
2	服装	乐清、椒江、德清、宁海、青田、余杭、 江干、东阳、义乌、绍关、海盐、桐乡、平阳、嘉善、鄞州、泰顺、浦江、越城、永嘉
3	汽摩配	平阳、瑞安、温岭、路桥、象山、奉化、松阳、永康、鄞州、婺城、萧山
4	皮革制品	鹿城、平阳、龙湾、海宁、东阳、越城
5	织造	萧山
6	五金	临安、建德、诸暨、龙泉、湖州、嘉善、秀城、 永嘉
7	印刷造纸	平阳、苍南、路桥、龙湾、富阳、鳌江、义乌、平湖、嵊州、永嘉
8	机械	海盐、平阳、瑞安、常山、江干、新昌、鹿城、滨江、兰溪、嵊州
9	低压电器	建德、乐清、瓯海
10	竹木制品	南浔、安吉、德清、嘉善、龙游、衢江、开化、庆元、 余杭、江干、磐安、东阳、江山
11	针织	瑞安、南浔、象山、桐庐、浦江、余杭、绍兴、秀洲
12	印染	绍关、萧山
13	塑料制品	庆元、江干、磐安、三门、温岭、椒江、黄岩、鄞州
14	贡缎	诸暨
15	制药	仙居、临海、椒江、新昌
16	不锈钢制品	瓯海、奉化、永康、秀洲
17	袜业	义乌、诸暨、瑞安
18	电线缆	南浔、临安、富阳
19	厨具文具	嵊州、慈溪

但是，块状经济、开发区经济、产业集群经济发展到一定阶段后，也遇到了发展的瓶颈。为了更加有效地刺激和提升块状经济的发展，浙江省以特色小镇空间发展模式，促进区域经济更有竞争力。可见，浙江省特色小镇的发展思路来源于开发区模式，而又超越了开发区。

2．浙江省特色小镇的形成过程

2014 年，浙江省政府开始谋划与研究特色小镇的发展，而后近五年时间内，不断推进全省特色小镇建设。特色小镇形成过程主要事件见表 2-3。

表 2-3 浙江省特色小镇形成过程大事记

时间	具体事件
2014 年 10 月	在西湖云栖小镇，首次提及特色小镇
2014 年 12 月	浙江省政府发布《关于编制特色小镇实施方案的通知》，标志着特色小镇建设行动的开始
2015 年 1 月	把“加快规划建设一批特色小镇”纳入省政府当年的工作重点
2015 年 4 月	发布《浙江省人民政府关于加快特色小镇规划建设的指导意见》（浙政发〔2015〕8 号）
2015 年 6 月	浙江省公布首批 37 个省级特色小镇创建名单
2015 年 9 月	时任中央财经领导小组办公室主任、国家发展和改革委员会副主任刘鹤一行调研浙江省特色小镇，并表示：浙江省特色小镇建设是在经济发展新常态下发展模式的有益探索
2015 年 10 月	发布《浙江省特色小镇创建导则》（浙特镇办〔2015〕9 号）
2015 年 12 月	习近平总书记对浙江省“特色小镇”建设作出重要批示：“抓特色小镇、小城镇建设大有可为，对经济转型升级、新型城镇化建设，都大有重要意义。”
2016 年 1 月	时任浙江省省长李强发表《特色小镇是浙江创新发展的战略选择》
2016 年 1 月	公布第二批省级特色小镇创建与培育名单，共确定了 42 个
2016 年.6 月	前两批省级 79 个特色小镇评定考核，奉化滨海养生小镇被降级
2017 年 8 月	公布第三批 35 个省级特色小镇创建名单
2018 年 9 月	公布第四批 21 个省级特色小镇创建名单

3．浙江省特色小镇建设的意义

特色小镇是浙江省块状经济转型升级的空间模式。几十年来，浙江省中小企业形成了近 500 个工业产值在 5 亿元以上的产业集群，“块状经济”造就了发达的县域经济，依托块状经济支撑产业和区域发展，是浙江省经济的最显著特点。特色小镇是摆脱块状经济的不足、克服产业集群低端、空间分散、技术创新能力低等问题的重要空间组织模式，向技术、资本、人才集聚的高端产业升级的重要路径，是推动浙江省“块状经济”转型升级的重要战略选择。

1）特色小镇是破解浙江省空间资源约束的重要抓手

浙江省人多地少，地貌结构为“七山一水两分田”，平地面积少，在有限的空间里优化生产力布局是浙江人长期考虑的问题。从块状经济、县域经济，到工业区、产业园区、开发区、高新区，再到集聚区，浙江省一直在追求以最少的空间资源获得最优化的生产力布局。浙江省特色小镇追求“小而精”，就是要在有限的空间里充分融合产业功能、旅游功能、文化功能、社区功能等多种功能，在构筑产业生态圈的同时，形成宜居、宜业、宜游的空间。

2）特色小镇建设是增强特色产业综合效应的重要手段

浙江省几十年的块状经济和产业区的发展，形成了众多的特色产业，如绍兴黄酒、绍兴纺织、大唐袜业、嵊州领带、海宁皮革等块状经济，特色性强，品牌

基础好。然而，特色产业的转型升级滞后于市场升级和消费升级，产品有效供给与消费需求外溢的矛盾突出。因而，通过空间转型，建设特色小镇，也就是通过发展空间载体的升级，推动浙江省特色产业的综合效应成为当务之急。

3）特色小镇建设是破解浙江省城乡二元结构的重要路径

随着经济与社会的发展，浙江省城镇化迅速，2018 年，城镇化率为 68.9%。一方面，城市规模越来越大，交通拥堵、通勤时间长等“大城市病”已经出现；另一方面，广大农村越来越空心化。虽然可通过提高公共服务向农村延伸，缓解“城市病”和“空心化”问题，但城乡二元结构仍然存在。而在城与乡之间建设特色小镇，打破了行政区划的限制，属“非镇非区”，实现了生产、生活、生态高度融合，既云集市场主体和人口，又强化生活功能配套与自然环境美化，在城乡之间形成过渡的空间场所，符合现代城市人的生产、生活追求。

4）特色小镇建设有利于产业区吸引人才

现代资源与人才成为各地寻求发展的重要因素，过去争夺的是高铁站、高速路出口等交通道口，取得道口经济，或者是招商引资大企业，而现在争夺更多的是吸引科研院校、文化场馆，优化配套环境，吸引精英人才和企业的聚集。特色小镇配套环境的生活舒服性更强，能够更好地让人才留下来。

2.2.2 浙江省特色小镇的界定

1. 浙江省特色小镇的概念

特色小镇属“非镇非区”，不同于行政区划上“镇”的概念，是适应浙江省区域发展的空间平台。2015 年，《浙江省人民政府关于加快特色小镇规划建设的指导意见》（浙政发〔2015〕8 号）明确了特色小镇规划面积一般控制在 3 平方千米左右，建设面积一般控制在 1 平方千米左右，原则上 3 年完成固定资产投资 50 亿元，所有特色小镇都要建设成为 3A 级以上景区。时任浙江省省长的李强详细地阐述了特色小镇所具有的特点[44]，特色小镇的发展秉持四大发展理念：产业定位摒弃“大而全”，力求“特而强”，避免同质竞争，错位发展，保证独特个性；功能体系摒弃“散而弱”，力求“聚而合”，重在功能融合，营造宜居宜业的特色小镇；城镇形态摒弃“大而广”，力求“小而美”，形成“一镇一特色”，多维展示地域文化特色；制度设计摒弃“老而僵”，力求“活而新”，将“特色小镇”定位为综合改革试验区，优先作为政策试点示范基地，把握政策先试先行机遇，体现制度供给的“个性化”。

浙江省政府出台的指导意见，明确了特色小镇规划建设的总体要求、创建程序、政策措施、组织领导等内容，对特色小镇的空间范围、投资规模、产业选择、

建设要求做了明确的界定。采用“政府引导、企业主体、市场化运作”的方式，由企业为主推进项目建设，加强政府引导和服务保障。规划建设一批特色小镇是省委省政府从推动全省经济转型升级和城乡统筹发展大局出发作出的重大决策，指导意见提出：全省重点培育和规划建设100个左右产业特色鲜明、体制机制灵活、人文气息浓厚、生态环境优美、多种功能叠加的特色小镇；采用“宽进严定”的创建方式，通过“自愿申报、分批审核、年度考核、验收命名”四个程序完成“特色小镇”创建。2015年6月，公布了第一批37个浙江省特色小镇培育名单，至2018年8月，共公布了四批139个创建名单（其中有4个曾经被降级，后重新申报并被批准创建）。特色小镇创建要求如表2-4所示。

表2-4　浙江省特色小镇创建要求

要求	具体内容
产业定位	包括信息经济、环保、健康、旅游、时尚、金融和高端装备制造七大产业，以及茶叶丝绸、黄酒、中药、青瓷、木雕、根雕、石雕和文房用品等历史经典产业
建设空间	相对独立于城市和乡镇建成区中心，原则上布局在城乡接合部；规划面积一般控制在3平方千米左右（旅游类特色小镇可适当放宽），建设面积控制在1平方千米左右
投资要求	完成固定资产投资50亿元以上（商品住宅项目和商业综合体除外），信息经济、金融、旅游和历史经典产业特色小镇的总投资额可放宽到不低于30亿元，特色产业投资占比不低于70%
功能定位	以产业为核心，实现产业、文化、旅游和社区居住功能有机融合
设施与建设要求	推出特色小镇公共服务APP，提供创业服务、商务商贸和文化展示等综合功能的小镇客厅，建设成为3A级以上景区，其中旅游产业要按5A级景区标准建设
建设进度	原则上3年内完成投资，26个加快发展县（市、区）的建设期限可放宽到5年。其中，第一年完成投资不少于10亿元，26个加快发展县（市、区）和信息经济、旅游、金融、历史经典产业特色小镇不低于6亿元
运行方式	政府引导、企业主体、市场化运作

2. 浙江省特色小镇的内涵

特色小镇是具有明确产业定位、文化内涵、旅游和一定社区功能的发展空间平台，其创建围绕功能定位和小镇定位。特色小镇是融合产业、文化、旅游、社区功能的创新创业发展平台，也是集产业发展、文化、健康养老、旅游休闲等多种功能于一体的空间区域，在产业上“特而强”、功能上“聚而合”、形态上“小而美”、体制上“新而活”（图2-1）。特色小镇把产业、空间、文化看作小镇建设的三个维度，产业-空间-文化功能融合及其组织模式创新是特色小镇发展的关键，强调生产、生态和生活的融合，并把旅游的发展作为特色小镇发展的重要指标。

“特色小镇”的构想是根据自身的地理位置特点，以特色文化为依托，与传统

产业、生态环境相结合，打造特色鲜明、产业发展、绿色生态、美丽宜居的新的模式，聚集特色产业集群，提供大量的就业岗位，吸引中高级人才，接待大量的游客前来旅游或长期居住，这样才能使特色小镇不同于块状经济和开发区模式。

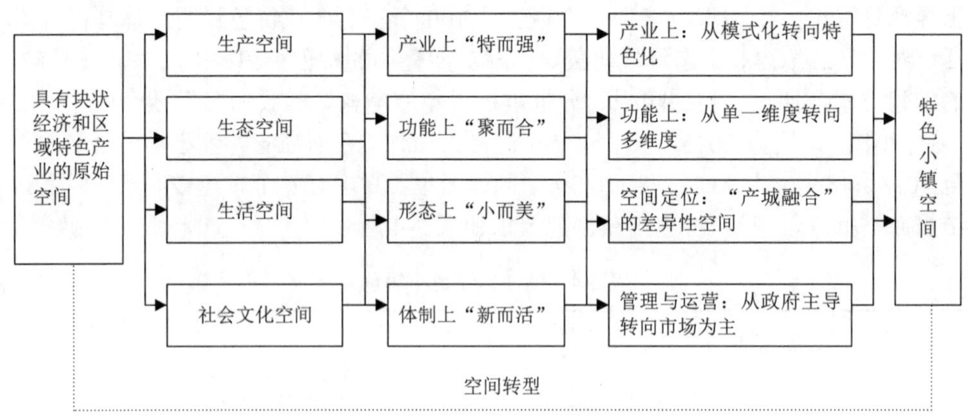

图 2-1　块状经济向特色小镇空间转型示意图

3. 特色小镇、特色小城镇、产业园区

1）特色小镇与特色小城镇

浙江省特色小镇的设置受特色产业的限定，其命名与产业基础相联系，没有一个与行政建制镇相同，而且与国家住房和城乡建设部所审批的特色小城镇名称与范围也不相同。从小镇内涵的角度看，特色小镇与特色小城镇具有较大的相似性，都强调了“特色”，特别是针对经济、生态、文化方面的特色，挖掘本地特色资源，促进就地城镇化。但从行政区划角度看，特色小镇是“非镇非区”，不同于行政区划上“镇”的概念。从空间发展的角度看，特色小镇是浙江、江苏等东部发达省份提出的空间发展平台，而特色小城镇通常是西部地区小城镇发展的一种模式。可见，二者在建设主体与建设理念等方面具有差异性。当然，在特色小城镇里确实有一批有特色的、有产业支撑的，可能会成为特色小镇，但并不是所有的特色小城镇都是特色小镇，更不能把一个特色小镇变成一个特色小城镇。另外，特色小镇集产业、文化、旅游和社区功能为一体，特色小镇的发展不仅能够提升区域内的城镇化水平，而且能推动其周边地区城镇化的发展。

2）特色小镇与产业园区

特色小镇与工业园区、产业园区和企业园区都是以产业为支撑，强调主导产业的发展，在产业定位、产业特色、产业平台等方面，强调高端要素和优质产业的集聚，重视创新，推动“传统制造”向“智能制造”转型，以新理念、新机制、

新载体推进产业集聚、产业创新和产业升级，在集约集群建设、战略新兴产业培育、招商引资的重点、投融资体制等方面，具有较大的相似性。但是，特色小镇具有特殊性。

（1）特色小镇的产业选择不限于工业制造业。特色小镇的特色产业主要包括三个类型：一是以工业 4.0 为引领，以战略性新兴产业、第三产业为主，重点在于研发设计；二是以传统产业转型升级为主，从加工制造向设计、品牌、展示转变；三是以休闲度假旅游为主，重点在于休闲服务。特色小镇所承载的产业更具有创新性，而且需要以新理念、新机制和新技术、新模式推进产业集聚、产业创新和产业升级，区别于产业园区的一般性制造业集聚，体现了更强的集聚效应和产业叠加效应。

（2）特色小镇的特色不限于经济功能。特色小镇还承载了除产业以外的文化、旅游等其他功能，讲究其产业、居住和服务等空间布局的紧凑、协调、和谐，强调多元的功能、完善的服务、社区的认同、浓郁的生活氛围，在小镇格局、建设风貌、自然景观、历史人文、生态环境、生活方式等方面都可能形成特色。而工业园区、产业园区大多规模较大，用地粗放，居住和服务功能不够完善，对附近的城市具有依赖性。

（3）特色小镇更注重产城融合。特色小镇强调的是特色产业与新型城镇化、城乡统筹、美丽中国、美丽乡村等结合，是一种产业与小镇有机互动的发展模式，是一种以吸引要素集聚、促进产业发展为核心的空间开发模式。当然，也不乏有些园区在升级改造后转型为特色小镇。但二者的产业集聚方式不同。特色小镇强调同类企业内部的协同创新、合作共赢，可能就是一个产业，甚至是一个企业，拉动其产业链，并依靠人才来升级，形成一个融生产、生活、生态一体，产业、文化、旅游三位一体的空间载体，并不是把所有产业都结合进去。产业园区则可能是许多种产业的集聚，不追求园区内部企业的协同创新。

2.2.3　浙江省特色小镇的分布

1. 空间分布概况

特色小镇在建设过程中，在空间分布上严格遴选，强调原有特定产业集聚的原生地域。浙江省会城市杭州占据相对较多，其他城市均等分布。在具体选址上，特色小镇在城区、郊区和乡村等不同区域均有分布，绝大多数位于城市近郊区。近郊是城市短途旅游和日常休闲的集中游憩带，也是城市人口、产业双溢出的承接带，近郊区的特色小镇建设能够最大限度地为城市的产业和人口转移创造条件，进而有利于推进农业人口的就地城镇化，为城市传统产业的转型升级提供发展新空间，促进区域经济整合和城乡基本公共服务均等化。

2015 年 6 月，浙江省公布了第一批 37 个省级特色小镇创建名单。2016 年 1 月，公布了省级特色小镇第二批 42 个小镇创建名单，同时发布的还有省级特色小镇培育名单。2017 年 8 月，公布了第三批 35 个创建名单。2018 年 8 月公布了第四批 21 个创建名单。从宏观区位上看，前两批浙江省 79 个特色小镇在 11 个地区中，杭州最多，占 17 个；其次是嘉兴，占 9 个。分布情况如表 2-5 所示。

表 2-5　浙江省前两批特色小镇分布

分布地区	第一批特色小镇	第二批特色小镇
杭州市（9+10 个）	上城玉皇山南基金小镇、江干丁兰智慧小镇、西湖云栖小镇、西湖龙坞茶镇、余杭梦想小镇、余杭艺尚小镇、富阳硅谷小镇、桐庐健康小镇、临安云制造小镇	下城跨贸小镇、拱墅运河财富小镇、滨江物联网小镇、萧山信息港小镇、余杭梦栖小镇、桐庐智慧安防小镇、建德航空小镇、富阳药谷小镇、天子岭静脉小镇、西湖艺创小镇
宁波市（3+4 个）	江北动力小镇、梅山海洋金融小镇、奉化滨海养生小镇	鄞州四明金融小镇、余姚模客小镇、宁海智能汽车小镇、杭州湾新区滨海欢乐假期小镇
温州市（2+3 个）	瓯海时尚制造小镇、苍南台商小镇	瓯海生命健康小镇、文成森林氧吧小镇、平阳宠物小镇
湖州市（3+3 个）	湖州丝绸小镇、南浔善琏湖笔小镇、德清地理信息小镇	吴兴美妆小镇、长兴新能源小镇、安吉天使小镇
嘉兴市（5+4 个）	南湖基金小镇、嘉善巧克力甜蜜小镇、海盐核电小镇、海宁皮革时尚小镇、桐乡毛衫时尚小镇	秀洲光伏小镇、平湖九龙山航空运动小镇、桐乡乌镇互联网小镇、嘉兴马家浜健康食品小镇
绍兴市（2+4 个）	越城黄酒小镇、诸暨袜艺小镇	柯桥酷玩小镇、上虞 e 游小镇、新昌智能装备小镇、杭州湾花田小镇
金华市（3+3 个）	义乌丝路金融小镇、武义温泉小镇、磐安江南药镇	东阳木雕小镇、永康赫灵方岩小镇、金华新能源汽车小镇
衢州市（3+2 个）	龙游红木小镇、常山赏石小镇、开化根缘小镇	江山光谷小镇、衢州循环经济小镇
台州市（3+2 个）	黄岩智能模具小镇、路桥沃尔沃小镇、仙居神仙氧吧小镇	温岭泵业智造小镇、天台山和合小镇
丽水市（4+4 个）	莲都古堰画乡小镇、龙泉青瓷小镇、青田石雕小镇、景宁畲乡小镇	龙泉宝剑小镇、庆元香菇小镇、缙云机床小镇、松阳茶香小镇
舟山市（0+3 个）		定海远洋渔业小镇、普陀沈家门渔港小镇、朱家尖禅意小镇

2．分布特征

从微观区位看，特色小镇可以分布在城市的一个街区，与城市紧密互动，如梦想小镇；也可以分布在城市周边，如云栖小镇；还可以分布在小城镇的边缘，甚至还可以分布在城镇之外的农村区域，如龙泉的青瓷小镇，青瓷制作产业原生地址就在山沟里，不受城镇位置影响。

从空间分布看，浙江省特色小镇与产业集聚现象密切相关。特色小镇以信息经济、金融和高端装备制造等新兴产业与原有的历史经典产业为产业支撑，产业集聚属于一种产业演化中的地缘现象。浙江省特色小镇的分布与产业集聚在地缘层面表现出一定的内部关联性和空间趋同性，浙江省的北部特色小镇以信息经济、金融、高端装备制造、时尚、环保等高科技产业为主，南部地区的特色小镇则以健康、旅游和历史经典产业为主。

2.2.4　浙江省特色小镇的分类

特色小镇按照不同的分类标准，可以分为不同的类别。按表现形式和运转模式，特色小镇可分为历史文脉型、新兴经济型和特色产业型三类[45]。从产业培育角度来看，浙江省特色小镇可分为转型升级型、资源依托型、新兴产业型三类[46]，也就是把前者特色产业型中具有资源特色的小镇与历史文脉型特色小镇合并，形成了资源依托型特色小镇，而其余的特色产业型小镇归为转型升级型小镇。本节按照特色小镇申报立项的产业类型、空间治理情况、旅游产业地位分成不同类别的特色小镇。

1．按照特色小镇申报立项的产业类型分类

浙江省特色小镇以产业为核心，着力聚焦信息经济、环保、健康、旅游、时尚、金融、高端装备制造等支撑浙江省未来发展的七大万亿产业，兼顾茶叶、丝绸、黄酒、中药、青瓷、木雕、根雕、石雕、文房等历史经典产业。前两批特色小镇产业如表 2-6 所示。

表 2-6　浙江省特色小镇类型（按申报的产业类型）

产业类型	第一批特色小镇		第二批特色小镇	
	名称	数量	名称	数量
信息经济	江干丁兰智慧小镇、西湖云栖小镇、余杭梦想小镇、富阳硅谷小镇、德清地理信息小镇	5	下城跨贸小镇、滨江物联网小镇、萧山信息港小镇、桐乡乌镇互联网小镇、上虞 e 游小镇	5
健康	桐庐健康小镇、奉化滨海养生小镇	2	富阳药谷小镇、瓯海生命健康小镇、嘉兴马家浜健康食品小镇	3
环保		0	天子岭静脉小镇、长兴新能源小镇、秀洲光伏小镇、江山光谷小镇、衢州循环经济小镇	5

续表

产业类型	第一批特色小镇		第二批特色小镇	
	名称	数量	名称	数量
时尚	余杭艺尚小镇、瓯海时尚智造小镇、海宁皮革时尚小镇、桐乡毛衫时尚小镇、诸暨袜艺小镇	5	西湖艺创小镇、吴兴美妆小镇	2
金融	上城玉皇山南基金小镇、梅山海洋金融小镇、南湖基金小镇、义乌丝路金融小镇	4	拱墅运河财富小镇、鄞州四明金融小镇	2
旅游	嘉善巧克力甜蜜小镇、龙游红木小镇、常山赏石小镇、开化根缘小镇、仙居神仙氧吧小镇、武义温泉小镇、莲都古堰画乡小镇、景宁畲乡小镇	8	杭州湾新区滨海欢乐假期小镇、文成森林氧吧小镇、平阳宠物小镇、安吉天使小镇、平湖九龙山航空运动小镇、建德航空小镇、柯桥酷玩小镇、杭州湾花田小镇、永康赫灵方岩小镇、天台山和合小镇、朱家尖禅意小镇	11
高端装备制造业	临安云制造小镇、江北动力小镇、苍南台商小镇、黄岩智能模具小镇、路桥沃尔沃小镇、海盐核电小镇	6	余杭梦栖小镇、桐庐智慧安防小镇、余姚模客小镇、宁海智能汽车小镇、新昌智能装备小镇、温岭泵业智造小镇、金华新能源汽车小镇、缙云机床小镇	8
历史经典产业	西湖龙坞茶镇、湖州丝绸小镇、南浔善琏湖笔小镇、越城黄酒小镇、磐安江南药镇、龙泉青瓷小镇、青田石雕小镇	7	东阳木雕小镇、龙泉宝剑小镇、庆元香菇小镇、松阳茶香小镇、定海远洋渔业小镇、普陀沈家门渔港小镇	6
总计		39		42

从表 2-6 可以看出，旅游类、高端装备制造业类和历史经典产业类特色小镇数量相对较多。

2. 基于空间治理的特色小镇类型

治理一词不同于统治，也不同于管理，是一个过程，其内容非常丰富，涵盖公司治理、生态与环境治理、社会治理、区域空间治理等。治理从空间上看，可以是行政区治理、城市治理、开发区空间治理、旅游景区治理等。特色小镇的空间治理与开发区治理具有一定的相似性，是指一个地区为吸引外部生产要素、促进自身经济发展，划出一定范围并在其中实施特殊政策和管理手段的特定区域[47]。浙江省特色小镇非镇非区，不是行政区划单元上的一个镇，也不是产业园区的一个区，而是融合产业、文化、旅游、社区功能的创新创业发展平台。这使得浙江省特色小镇建设超越了行政区划的范畴，也超越了通常意义上产业发展的范畴，其本质上是对特定空间内各类生产要素、制度要素、文化要素的重新整合和高效利用，

是对政企关系、政社关系的一次重新定义，也是对区域治理模式的一次全新探索。从这个意义上讲，浙江省特色小镇的建设开创了一种新型的地方政府空间治理模式，以其对政府公共服务、产业资本及社会元素的全新组合，产生出地方社会经济发展的新型驱动力。特色小镇按照形成基础，大致有单企业管理型、新兴产业集群型、传统产业集群型、政府筑窠型四种管理模式。

（1）单企业管理型。特色小镇是在本地一个大企业，或者引进一个大企业基础上，通过空间上的进一步拓展和产业链的延伸，由政府加以引导而形成。一个特色小镇就是一家企业，以企业管理模式开展特色小镇建设。例如，路桥沃尔沃小镇由吉利集团进行管理和建设，龙游红木小镇是龙游县政府引进年年红集团投资建设而成，嘉善巧克力甜蜜小镇由斯麦乐集团投资建设而成。

（2）新兴产业集群型。在特色小镇形成之前，通常以新兴产业作为产业定位，通过搬迁本地相关企业及招商引资企业途径，延伸相关产业，建设配套设施，从而形成特色小镇。例如，浙江省的几个金融小镇，由几家金融总部集中构成金融小镇空间。又如，玉皇山南基金小镇最先入驻了知名私募股权基金公司赛伯乐基金，以后相继跟进了一些私募基金和券商，自发形成了民间金融资本集群效应，政府以此建设玉皇山南国际创意金融产业园。随着特色小镇建设政策的推出，政府配合杭州作为“中小企业金融服务中心”和“民间财富管理中心”的定位，提出以打造一个以私募金融产业为核心的中国版格林尼治小镇为目标，建设玉皇山南基金小镇。该小镇专门成立了私募（对冲）基金小镇领导小组和杭州市玉皇山南基金小镇管理委员会，对基金小镇的政策优惠等进行研究和创新，制定了较为科学的扶持机制，并通过龙头企业带动、“产业链招商生态圈建设”模式，精准进行招商、管理和运营，促进产业“可持续有机更新”，自发形成产业链。

（3）传统产业集群型。在传统产业集群基础上，政府加以引导与支持，由多个部门抽调工作人员，成立特色小镇管理委员会，开展特色小镇建设。最有代表性的是浙江省温岭市的泵业智造小镇，它于 2016 年入围浙江省级特色小镇，是一个集小水泵制造、检验于一身的进出口基地，也是行业的标杆。该特色小镇规划在泽国、大溪两镇之间中心位置的铁路新区，因此，在管理机构设置上实行交叉任职的制度机制，以利于形成一种合力。例如，在出台扶持的配套制度中，特色小镇有 16 个定岗编制，其中，市分管领导为特色小镇的副镇长，聘请利欧等 3 家泵业的负责人为名誉镇长，铁路新区和大溪镇的领导也在其中兼职。

（4）政府筑窠型。由政府划定相应地块，明确产业方向，由政府建设办公楼、厂房及基础设施，再引进符合产业方向的企业，形成了“先筑窠，再引凤”的管理模式，如德清地理信息小镇和西湖云栖小镇采用了“政府主导、民企引领、创业者为主体”的运作方式，打造产业空间。

3．按照特色小镇旅游产业地位分类

特色小镇按照旅游产业可分为旅游主导产业类、非旅游特色类。旅游主导产业类小镇的旅游发展要求在验收时达到 5A 级要求，而非旅游特色类小镇的旅游发展要求在验收时达到 3A 级要求。非旅游特色类小镇从产业发展历史看，可分为历史经典类、传统县域产业类、新产业类；按照产业性质，又可分为科创小镇、高新小镇、金融小镇、高铁经济小镇、风情小镇、制造小镇等。按照旅游产业地位，特色小镇分为旅游支柱型、旅游融合型（包括文旅融合型和产旅融合型）、旅游辅助型（表 2-7）。

表 2-7　浙江省特色小镇类型（按旅游产业地位分类）

分类标准		类别	主要特征	案例
旅游主导产业类	旅游支柱型	观光、康养类	旅游资源特色性优势明显，旅游产业地位突出，起到支柱性作用	仙居神仙氧吧小镇、乐清雁荡山月光小镇等
	文旅融合型	历史经典产业类	当地历史特色产业突出、文旅融合程度较深，旅游产业带动相关产业发展	绍兴越城黄酒小镇，杭州龙坞茶叶小镇，青田石雕小镇、开化根缘小镇、西湖龙坞茶镇、天台山和合小镇等文旅小镇
非旅游特色类	产旅融合型	时尚产业类、科技产业类	时尚文化、科技文化资源突出，文旅融合程度较深	余杭艺尚小镇、滨江创意小镇、西湖艺创小镇、德清地理信息小镇
	旅游辅助型	传统县域产业类（包括高端装备制造、环保）	传统县域优势产业突出，旅游促进环境美化	定海远洋渔业小镇、黄岩智能模具小镇、路桥沃尔沃小镇
		新产业类（信息经济、金融）	集聚高端要素，旅游促进环境美化	上城玉皇山南基金小镇、下城跨贸小镇、临安云制造小镇、上虞 e 游小镇

2.3　浙江省特色小镇的空间转型

“空间转型”是指区域空间要素的相互联系和相互作用关系不断变化或重新建立，这表明空间不是固定不变，而是一种持续的状态或过程，空间转型是空间拓展与提升的发展[48]。勒菲弗提出的“空间生产”理论，指出了空间与社会的辩证关系，在以资本与权力为主导的空间生产中，什么样的社会关系将会影响空间中物理要素的变化。因而，社会要素和社会关系的变化，是实现空间转型的重要途径。

2.3.1 从生产到消费导向下的产业区空间转型

自改革开放以来，浙江省的产业区空间大体经历了三个发展阶段：20 世纪 80 年代，乡镇企业异军突起，为乡村块状经济空间发展阶段；20 世纪 90 年代开始的开发区发展阶段；2015 年开始提出的特色小镇建设阶段。这三个阶段大体上体现了浙江省产业区空间从生产到消费的空间转型。

1．生产导向下的浙江省产业区空间属性

生产导向的空间发展模式指的是物质生产至上的社会体制及其发展类型，通常表现为追求唯 GDP（国内生产总值）增长的思想。在“生产主义”作为社会主流文化的背景下，生产在整个经济社会活动中起着主导性的作用，生产决定消费，而消费服务于生产，消费只是为了生产和生活需求而消耗物质的一种行为。在浙江省的产业区空间发展的前两个阶段，城乡空间发展表现为生产导向的空间生产特征。在乡村工业化阶段，工业生产目标、比较利益驱动和土地制度是决定城乡空间属性的重要动力。在开发区模式阶段，发展制造业、产业集聚、鼓励个体私营经济制度是推动城乡工业空间重构的重要动力。但无论是乡村工业化阶段，还是开发区模式阶段，空间只是生产活动的载体，承载了经济发展功能，其本身也是一种“生产资料”，其使用价值大于交换价值。

2．从生产导向向消费导向空间转型的形成

根据罗斯托模型（rostovian take-off model）的经济成长阶段理论，在经历了起飞和走向成熟两个阶段的财富积累后，现代社会开始进入大众消费时期。经济发展的主要部门从第二产业转向第三产业，商品的大规模生产使大众消费成为可能，旅游休闲娱乐、文化教育等服务性消费的比重明显增加。因而，消费型社会随之产生。20 世纪 80 年代以来，随着经济全球化的快速发展，发达国家的科技、文化、商品等要素不断在全世界扩散，消费至上的价值观念与生活方式也不断地向全世界渗透。

近几十年来，我国以消费为核心的消费思想在民众意识形态中基本形成，购物消费与旅游消费等消费方式成为广大民众追求与效仿的普遍生活行为。与生产导向相比，消费导向下空间生产特征出现了明显的变化，空间生产地域上由城市空间转向区域空间，空间生产方式由物质商品生产到物质商品生产与文化生产并重，由空间中的生产到空间的生产。针对城市空间来说，在生产社会向消费社会转型过程中，城市空间呈现消费空间化，逐渐从原有的生产中心转变为消费中心，由生产型城市向消费型城市转变。当代城市空间正在被快速消费空间化，作为消

费空间的购物场所已经渗透到城市的各个角落[49]，从市中心、主要街道、居住社区到飞机场、学校、医院和博物馆等都有消费活动渗透。

浙江省产业区空间发展特征也不例外，特色小镇发展模式渗透着产业区从生产向消费社会转型的空间发展理念。2014 年，浙江省提出了特色小镇的产业区发展模式。从开发区、工业区到特色小镇的定位变化，意味着开发区空间功能的转型，工业不再是开发区发展的首要选择，产业区功能的复合化、经济发展模式的多元化与社会管治的综合化才是现代城市的最本质特征。政策与消费的转向引导着资本的流向，资本不再只倾向制造业，转而流向商业零售、文化娱乐等消费性产业，第三产业所占比重逐年递增。产业区功能的复合化导致产业的空间形态从单一向多元发展，由以工业与居住空间为主向工业、居住、商业、文化和娱乐空间等多位一体转型。

2.3.2 产业区向特色小镇转型的空间生成

浙江省是我国市场经济最为发达的东部省份之一，块状经济的发展是几十年来浙江省经济中最为突出的一个亮点。块状经济是一定的区域范围内形成的一种产业集中、专业化极强，同时又具有明显地方特色的区域性产业集群的经济组织形式，促进了浙江省各地区域特色经济的形成。块状经济分布于浙江全省各地，在地理版图上形成块状明显、色彩斑斓的“经济马赛克”。这些产业区块，既受众多龙头企业的带动，又来自产业集群的支撑。特色小镇是在产业区块基础上，通过空间结构的变动、空间类型的生长、空间布局的演化、空间属性的转变，实现产业块状的空间生成。根据特色小镇空间生成的差异，特色小镇的空间生成可分为产业集聚空间提升型、产业存量空间提升型、产业转型升级型三种方式。

1. 产业集聚空间提升型

浙江省民营经济较多地发育于个体小企业，而个体经济往往处于相对分散的状态，但这些个体经济区块是浙江省块状经济的重要类型，其产业类型又是浙江省重要的特色产业，如湖州丝绸、青田石雕、开化根雕等经典产业，以及温岭泵业、乐清电器等。产业集聚空间提升型方式大多在一些民营经济较为发达而相对集中的产业区块提升创建，如湖州丝绸小镇、南浔善琏湖笔小镇、龙游红木小镇、常山赏石小镇、开化根缘小镇。这类特色小镇的空间转型表现为以下几个方面。

1）空间结构

这类小镇原有企业大多与社区空间混合，以家庭为中心，“前店后厂”现象明显，得到的政策支持力度小。从区域发展看，随着浙江省产业空间功能的转型，资本不再以唯一追求 GDP 效益为导向，不再过度倾向大型企业和生产密集型制造

业。在新一轮空间中，扶持特色小镇的经典产业或部分个体经济，给予特色小镇相应产业区块发展的相关政策，通常以相对规模较大和发展潜力好的企业为核心，或把多个企业集中在某一空间内，从而在空间上形成相对独立的范围，以 5A 级景区建设要求，优化小镇内社区环境。产业空间集聚型特色小镇空间转型以生产空间集聚、消费空间优化为特色。

2）空间类型

经典文化产业型或以个体经济为基础形成的特色小镇原有的空间类型以生产空间、社区空间、农业空间表现得较为强烈。由于该类特色小镇产业特色性强，产业及其产品旅游功能突出，因此，该类特色小镇以 5A 级景区建设要求，把旅游业作为小镇双轮驱动的产业。这就要配置景区相关的标识体系和服务要素，形成旅游功能突出的空间类型。可见，这类特色小镇空间类型特点是从低强度的生产生活空间到旅游功能突出的消费空间。

3）空间布局的演化

产业空间集聚型特色小镇的特色产业来自当地的传统产业，产业形成历史悠久，甚至可能来自家庭作坊，空间布局较为分散。但是，特色小镇的建设是生产、生活、生态和生存的“四生”空间的融合，因而，空间布局从分散走向集中，形成“聚而合”的空间特征。

4）空间属性的变化

在建设特色小镇前，产业区空间是以生产活动和生活空间为主的载体，但随着旅游功能的加强，吃、住、行、游、购、娱消费空间得到加强，特色小镇消费性成为重要的空间属性。

2. 产业存量空间提升型

一些龙头产业（如吉利汽车）、传统制造业集群（如模具产业）、基金小镇（如玉皇山南基金小镇）等区块本身就具有整体的发展空间，它们在现有空间基础上，适当拓展周边空间，发展旅游、商业、文化、娱乐等空间，实现了“四生”融合空间和特色小镇的空间转型。

1）空间结构的变动

这类特色小镇在其创建之前，受土地空间的限制，产业区空间以生产空间为其主要空间载体；申报创建后，特色小镇拓展周边空间，建设了小镇客厅、产品展示厅、休闲广场等，实现了工业空间置换与消费空间扩张。

2）空间类型的生长

从类型单一到多元化发展，特色小镇的建设要求必然是空间功能的复合化，进而导致空间类型的多元化。特色小镇的人才公寓、产业展示馆、零售、餐饮、

休闲、娱乐等多元化的商业业态不断涌现，并在地理空间上集聚，可能形成工业、居住与商业的空间结构，空间类型不断向多元化发展。

3）空间布局的演化

出于对规模效应的追求，无论从投入资金要求还是从产业规模，龙头产业、传统制造业集群、基金小镇、新兴产业都必须达到一定的规模，特色小镇才能达到验收要求。因而，产业链出现了从集中为主到集中与分散并存的转变。

4）空间属性的转变

特色小镇设立前，空间是生产活动的载体，其本身也是一种生产资料，使用价值重于交换价值。为了实现特色小镇产业链延伸，地方政府出让土地承载资本以实现旅游功能和生活功能，空间作为消费要素这一属性更加明显，"生产"出各种空间产品，投入市场之中，供游客及市民消费，如展示馆、游客中心等，促进视觉消费、体验消费等。可见，产业存量空间提升型的空间属性转变的特征就是通过产业空间的拓展使空间的消费属性得到重视。

3．产业转型升级型

在特色小镇形成之前，原有土地通常用于农业或低端产业，而后政府在这个片区划定一定范围，并明确产业类型和产业方向，通过招商引资，引进一类全新的产业而申报建设特色小镇。产业转型升级型也可称为"腾笼换鸟"型。例如，台州智能马桶小镇、嘉善巧克力甜蜜小镇、德清地理信息小镇等，都属于产业转型升级型的特色小镇生成空间。

1）空间结构的变动

通过创建特色小镇，原有农业已不适合本区块产业发展定位，低端产业会迁出小镇区域，符合特色小镇发展定位的一些新兴产业、时尚产业将被引入。同时，按照特色小镇建设要求，延长产业链，建设休闲与旅游空间，实现特色小镇消费空间的生产。

2）空间类型的生长

此类特色小镇的空间是通过农业空间或低端产业空间建设而成。通过特色小镇的建设，特色小镇将会新建大量建筑与设施，并按照特色小镇建设要求，通过小镇景观化、设施休闲化、小镇景区化，实现小镇空间功能复合化，进而导致空间类型的多元化。

3）空间布局的演化

产业转型升级型特色小镇通常由政府划定新产业地块进行招商引资，或由政府建设办公楼、厂房及基础设施。因此，特色小镇空间布局将由原来的无序发展转向按照空间规划的有序发展，空间环境得到优化。

4）空间属性的转变

产业转型升级型就是以特色产业替换原来的农业用地或低端产业，空间属性上也发生转变。例如，台州智能马桶小镇是在农业空间基础上建设而成，按照生产、生态、生活“三生融合”和产、城、人、文、游“五位一体”的建设理念，着力培育品质型、创新型、总部型、智慧型小镇，空间属性上由农业空间转变成品质美誉、创新引领、高端集聚、智能体验的特色小镇，实现从“生产资料”到“消费对象”的转变。

2.3.3 消费导向下的特色小镇社会转型

生产与消费不仅是经济运行的两个核心要素，也是社会转型的一个重要维度。浙江省特色小镇在原有块状经济和区域特色产业基础上发展起来，注重生产功能之外，更注重生活功能，兼具生产、生活、生态、旅游、文化等功能，破解了块状经济层次低、结构散、创新弱、品牌小的缺陷，实现了从生产到消费的块状经济模式和开发区模式的空间变革，是城乡空间从生产空间向消费空间转型的一种新方式。特色小镇的空间景观风貌及其承载的特色文化产生于前期的工业集聚经济条件之下，是在特色产品、特色科技和特色工艺流程基础上形成的要素，其生产的逻辑遵循产业区空间生产的过程。不仅如此，随着消费社会的转型，在当前体验经济与知识经济时代中，特色小镇为了适应消费文化，被赋予了向消费空间转型的需求任务，成为以消费转型促进新的产业发展和空间功能升级的主要推动力。

1．特色小镇政策：“消费”导向的制度安排

1）浙江省特色小镇的创建制度

2015 年，《浙江省人民政府关于加快特色小镇规划建设的指导意见》要求，产业定位上，特色小镇要聚焦信息经济、环保、健康、旅游、时尚、金融、高端装备制造七大产业，兼顾茶叶、丝绸、黄酒、中药、青瓷、木雕、根雕、石雕、文房等历史经典产业，坚持产业、文化、旅游“三位一体”和生产、生活、生态融合发展。空间规模上，特色小镇规划面积一般控制在 3 平方千米左右，建设面积一般控制在 1 平方千米左右。所有特色小镇要建设成为 3A 级以上景区，旅游产业类特色小镇要按 5A 级景区标准建设。支持各地以特色小镇理念改造提升产业集聚区和各类开发区（园区）的特色产业。

2）浙江省特色小镇的验收评定制度

2018 年 1 月 29 日，《特色小镇评定规范》正式实施。《特色小镇评定规范》由浙江省发展和改革研究所及浙江省标准化研究院共同起草，由浙江省质量技术监督局发布，是第一个特色小镇评定地方标准规范。该规范围绕特色小镇建设，

强调以居民为主体、以特色产业为核心，突出“非镇非区”、产城融合的特色个性，注重分类评价；突出质量示范，注重高端引领；突出改革创新，注重市场主体。

按照《特色小镇评定规范》，省级特色小镇创建时间需要3年以上方可申请评定，信息经济、金融、旅游、历史经典4类产业特色小镇，完成总投资需要达到30亿元；高端装备制造、环保、健康、时尚4类产业特色小镇，完成总投资50亿元；以上投资均不含商品住宅和商业综合体项目投资；特色产业投资占比达70%及以上；按照《旅游景区质量等级的划分与评定》（GB/T 17775—2003）的评定要求，旅游产业特色小镇通过4A级景区评定，其他产业特色小镇通过3A级景区评定或4A级景区景观资源评估；规划建设目标基本完成，在社会上有较大的知名度，在行业内有一定的公认度。

《特色小镇评定规范》围绕体制机制、区位特点、块状特色产业、城乡协调发展、生态环境、人文等方面，即在明确特色小镇产业“特而强”、功能“聚而合”、形态“小而美”、体制“新而活”的共性要求基础上，针对信息经济、环保、健康、时尚、旅游、金融、高端装备制造和历史经典8类特色小镇产业特点分别设置三级特色指标，充分尊重不同特色小镇的独特个性，使之形成具有相对普遍指导意义的特色小镇建设发展模式。即特色小镇评定指标体系由1+X构成，其中，“1”为共性指标，由功能“聚而合”、形态“小而美”、体制“新而活”三大指标构成；“X”为特色指标，由产业“特而强”和开放性创新特色工作指标构成。共性指标总分400分，由功能“聚而合”、形态“小而美”、体制“新而活”3个一级指标构成。功能“聚而合”为200分，由社区功能、旅游功能、文化功能3个二级指标6个三级指标构成；形态“小而美”指标为100分，由生态建设、形象魅力2个二级指标5个三级指标构成；体制“新而活”为100分，由政府引导、企业主体、市场运作3个二级指标6个三级指标构成。特色指标总分600分，由产业“特而强”和开放性创新特色工作2个一级指标构成。产业“特而强”为550分，根据信息经济、环保、健康、时尚、旅游、金融、高端装备制造和历史经典8类特色小镇的产业特征，设置不同分值、不同评定内容的具体指标；开放性创新特色工作为50分，不设具体的评定内容，由申请评定的特色小镇自主申报最具特色和亮点的建设成效。

2. 主导产业：从产业主导向旅游与产业融合

随着人们对开发区发展模式认识的转变，浙江省对空间平台模式从产业区转到特色小镇，其中发展定位的变化意味着开发区功能的转型，工业不再是空间平台模式建设的第一位。考虑特色小镇产业的独特性，其旅游产业得到了政府极大的重视。伴随着一系列的特色小镇政策转向，资本受政策引导不再倾向于制造业，

而是要求旅游与特色小镇及产业的融合。旅游融合是指旅游产业内不同行业或旅游与其他产业之间相互渗透、相互交叉，从而导致旅游产业进一步升级或催生新产业、新产品、新业态的动态过程。按照旅游产业融合效应的层面、范围和规模，可将旅游与特色小镇融合概括为三大层次效应：宏观效应是指旅游融合所产生的特色小镇社会层面作用，表现在产业经济的良性效应、社会的宣传效应、文化的汇集效应等；中观效应是指旅游融合所产生的产业层面作用，表现在产业的升级效应、品牌的生成效应、新业态的增生效应等；微观效应是指旅游融合所产生的组织层面作用，表现在资源增值效应、产品创新效应、市场扩展效应、企业整合效应等。

3. 社会主体：从单一主体向多元主体转变

大多数特色小镇在原有产业区中形成，对于以生产为导向的产业区来说，“生产者”构成了产业区的社会主体，形成了一种以“生产者”企业为主导的社会结构，而“生产者”由从事企业生产的员工组成。为了确保特色小镇的空间转型定位，政府介入小镇建设，成为小镇的社会主体。随着空间开放性不断加强和旅游融合程度加深，特色小镇开始转向文化消费、服务消费、娱乐消费等更高的消费层次，旅游消费需求与消费能力加大，游客也成为特色小镇的社会主体。另外，特色小镇的社区是特色小镇的重要组成单元，而社区中既居住着企业的员工，也居住着员工的家属和其他人员，因而社区居民也是特色小镇的社会主体。因此，特色小镇建设导致了企业、创业人员、旅游者、本地居民等不同群体、不同层次的公共服务需求融为一体，相互补强和增进，而且这种公共服务的增加并非以牺牲特定领域、特定群体的利益为代价，而是能够更好地满足不同群体的差异化需求，提供多层次、多元化的公共服务供给。综上所述，在产业区向特色小镇空间转型中，多种角色的社会主体不断融入，企业、政府、游客和社区居民最后都成为特色小镇的社会主体。

2.3.4　特色小镇空间转型中特色要素的挖掘

特色小镇的特色主要表现为产业特色与文化特色，产业特色是其核心，离开了特色产业特色小镇就失去了支撑；而文化特色则是特色小镇的根，没有文化特色，小镇就失去了灵魂与魅力。每一个特色小镇都要充分挖掘和突出小镇周边地区的区位特色、地貌景观特色、建筑风貌特色、产业科技特色、文旅特色等，只有找准特色、凸显特色、放大特色，统筹谋划，才能形成招引项目、集聚人才、吸引资本等高端要素的独特优势。

1）以特色产业为支撑

特色小镇重在特色，首先要寻找自己最有基础、最具潜力、最能成长的特色

产业，打造出具有自身独特的产业生态。产业类型上限定在信息经济、环保、健康、旅游、时尚、金融和高端装备制造七大产业，以及茶叶、丝绸、黄酒、中药、青瓷、木雕、根雕、石雕和文房用品等历史经典产业。例如，南浔善琏湖笔小镇以“善琏湖笔”特色产业为核心，通过集聚中外文宝资源、集群发展湖笔及相关产业，打造文房制造集聚区、文房淘宝谷、文房主题园、文房养心园。旅游资源的开发与利用追求的就是特色性，特色产业自然地成为特色小镇的旅游资源。

2）以文化内涵为灵魂

特色小镇不仅是产业的集聚与旅游的融合，特色文化魅力也是其重要元素。尤其是旅游功能的挖掘，既要发掘历史传统文化，更强调依托产业培育起来的文化特色，或植入与产业有关的特色文化内涵，以形成小镇的个性化精神，并将这种文化精神植入小镇建设的各个层面和领域，从而增强企业和居民的文化认同感。

3）生态环境是保障

特色小镇不同于产业园区，最显著的区别就是特色小镇要求生态环境优良，要体现独特生态环境，每个特色小镇的建筑、旅游设施和植物群落、自然环境应当融合协调、相得益彰，形成具有独特风格的居住、旅游生态环境。

4）空间上具有品质

特色小镇“非镇非区”，不是行政区划单元上的一个镇，也不是产业园区的一个区，而是以“特而强”“聚而合”“小而美”“新而活”的特殊发展要求，建设成3A级以上景区，融合产业、文化、旅游、社区功能的创新创业发展平台，也是产业空间、文化空间、旅游空间、社区空间的叠加，以及生产、生活、生态相融合的一个特定区域。

第三章

浙江省特色小镇旅游空间生产的基础分析

特色小镇是具有明确产业定位、文化内涵、旅游和一定社区功能的发展空间平台，旅游功能是特色小镇的主要功能之一。因而，特色小镇旅游空间生产必须在遵循旅游业发展规律的同时，处理好旅游与特色小镇的互动关系、旅游与产业的共生关系、生产功能与旅游功能的依存关系和互动共进关系。本章为特色小镇旅游空间生产的必要性与可能性提供了基础分析。

3.1 浙江省特色小镇旅游资源特征与开发条件

3.1.1 特色小镇旅游发展环境分析

1．旅游全域化趋势为特色小镇旅游化带来了良好的机遇

随着消费社会的到来，旅游消费成为广大居民重要的消费方式。为了满足日益增加的旅游消费需求，促进旅游业的升级发展，国家出台了相应的旅游发展政策，并且把全域旅游作为各地旅游业发展理念。全域旅游就是通过各种经济社会资源，尤其是旅游、生态环境、相关产业、公共服务、体制机制、政策法规、文明素质等资源，从“大旅游”“大融合”视角出发，进行全方位、系统化的优化提升，实现区域资源有机整合、产业融合发展、社会共建共享，以旅游业带动和促进经济社会协调发展的一种理念和模式。

全域旅游发展理念对于特色小镇旅游来说，一方面，新的旅游空间不断形成，对于特色小镇旅游开发更具有挑战性；另一方面，全域旅游也带来了良好的机遇。全域旅游理念为特色小镇旅游发展提供了方向，旅游资源界限已经突破传统的界限，只要有差异就有吸引力，就可能成为新的旅游资源，这为特色小镇的产业特色挖掘与利用提供了机会。另外，特色小镇的体验式消费、产业型旅游资源等优

势非常明显。因而，特色小镇首先要实现旅游融合并充分推进，旅游要与三大产业融合，成为农业旅游、工业旅游、服务业旅游、生态旅游等，特色小镇通过自身具有的特色产业优势与特色产业充分融合，形成产业旅游；其次要以特色小镇创造新旅游空间，依托产业优势、科技优势、资源优势和政策优势，创新旅游产品，满足细分市场需求。再次要把特色小镇放在全域旅游空间范围内统筹运行，无论是规划、产品与线路设计、重点内容选择、实施路径确立，还是品牌形象塑造、对外合作展开，都要强调全域意识。

2. 浙江省旅游发展现状

浙江省是人杰地灵的鱼米之乡，是山水风景如画的地方，是让人流连忘返的诗画江南。浙江省山水旅游资源美感特征突出，水体旅游资源是浙江省山水创造特色旅游产品的基础，江河、海洋、溪涧、急流、飞瀑、山泉、湖塘、冰帘、岩溶等水体旅游资源丰富，山、水结合完美是浙江省山水旅游资源构成的又一个特色，文化景观提高了浙江省山水旅游资源内涵。浙江省具有丰富的本省特色的旅游资源，绝大多数旅游资源通常具有可以永续利用的性质。杭州西湖景区、普陀山景区、雁荡山景区、神仙居景区等高等级景区拉动了区域观光型市场，莫干山度假区、之江国家旅游度假区、森泊旅游度假区拉动了高端度假旅游市场，莫干山民宿、温岭石塘民宿等民宿村拉动了大众民宿旅游度假市场，乌镇、宋城、浙东唐诗之路拉动了文化旅游市场。

一直以来，浙江省高度重视旅游业的发展，“十三五”期间，浙江省旅游业以“创新、协调、绿色、开放、共享”五大发展理念为引领，以高质量发展为目标，以融合发展为重点，提出把旅游业打造成为全省未来发展的重点产业。近几年，随着乡村振兴战略的实施，浙江省推进万村景区化建设，一批乡村的景区村庄、乡村旅游示范区、生态农庄和高等级民宿村正在形成。2018 年，全省接待国内游客 6.8 亿人次，实现国内旅游收入 9834 亿元，国内游客人均花费 1438 元，国内过夜游客平均停留时间为 2.49 天。

3.1.2 特色小镇的旅游资源类型与特征

从浙江省特色小镇创建名单看，多数特色小镇位于自然环境优越的市区或城郊，有的直接选址在景区内或周边，拥有相对理想的人文生活环境和公共配套服务。

1. 特色小镇旅游资源类型

旅游资源是旅游业的基础，是旅游业发展的前提，主要包括自然风景旅游资

源和人文景观旅游资源。旅游资源也是特色小镇旅游开发的基础。特色小镇依托地理环境，选择由特定的产业而发展起来的空间平台，拥有特定的地理环境，蕴含丰富的文化内涵，集聚着很多种旅游资源和文化形态。特色小镇旅游资源主要包括产业旅游资源、生态旅游资源、研学旅游资源、会展旅游资源、展销旅游资源、体验旅游资源、科技旅游资源和文化旅游资源等。

（1）产业旅游资源。产业旅游资源是以产业形态、产业遗产、产业设备、厂区建筑与环境、研发和生产过程、产业产品，以及企业与产业发展史、企业发展成就、企业管理、组织和经验、企业文化等内容为吸引物。特色小镇的核心是产业，产业特色性是特色小镇核心竞争力所在。浙江省特色小镇以七大新兴产业和历史经典产业为产业选择，这些特色产业或者具备区域乃至全国影响力，或者产业文化特色极其明显。例如，“互联网+”、云计算、智能制造等催生了一批新的产业门类和新企业，技术创新和商业模式创新正在影响社会生活方式，社会公众对新技术应用存在极大的求知欲与好奇感，激发出强大的产业旅游市场意愿。

（2）生态旅游资源。特色小镇不同于开发区建设，特别强调生态环境建设，追求生态、生产、生活协调发展，因而，生态旅游资源在特色小镇中普遍存在，尤其是浙江省前两批 79 个小镇中的旅游产业类小镇，或是绿色葱茏，或是幽雅风情，如仙居神仙氧吧小镇、莲都古堰画乡小镇、桐庐健康小镇、奉化滨海养生小镇、富阳药谷小镇、文成森林氧吧小镇等旅游小镇更是自然生态优美，环境山清水秀。对旅游业发展来说，“生态”本身就是一个极具特色的卖点。

（3）研学旅游资源。特色小镇的产业的特色性、产品的创新性、生产工艺的技术性、企业文化的体验性等方面，能够吸引大中小学生和专业人士来研学，开展产品技术、销售方面的交流研讨。例如，桐乡毛衫时尚小镇的濮院，重视人才培养与设计创新，举办高级服装设计师国际研修班，受到了企业和设计师的一致好评。

（4）会展旅游资源。茶叶、丝绸、青瓷、木雕、根雕、石雕、文房等经典产业特色小镇本身就是一个很好的展览空间，可以提供各界人士参观与欣赏的产品，可以开展交流研讨。例如，龙游红木小镇的发展定位是打造“一园一岛一轴四区”，以实现和完善生态游憩、文化体验、商务会议、养生度假、紫檀会展文化为旅游功能。

（5）展销旅游资源。每一个特色小镇都有自己的特色产品，也会带来旺盛的旅游人气。例如，路桥沃尔沃小镇体现北欧风情，涵盖吉利项目生活配套区、汽车主题公园、北欧风情街、汽车创意产业园、休闲娱乐区等。小镇开发遵循工业化、城镇化互动，把汽车展销与滨海旅游休闲基地、宜居的城市新区等结合起来。

（6）体验旅游资源。很多特色小镇设有产品体验区，要么是小镇行政中心，

要么是小镇中的大企业，专门开设产品展示厅，创设相关产业产品的体验风情。例如，嘉善巧克力甜蜜小镇建有巧克力中心、浪漫婚庆区、可可园，让游客能够全方位地得到巧克力文化体验。又如，越城黄酒小镇建造了手工作坊区、酒文化展示区让游客参与黄酒瓶陶瓷彩绘体验。总之，旅游能为特色小镇集聚产业、集聚资金、集聚人口，是新型经济聚集的重要途径。

（7）科技旅游资源。从广义上看，凡可提供开发科技旅游产品的旅游资源，包括能让游客在旅行中体验到重大科技知识的各种科技场馆、科研院校、现代先进科技工程、各种高新技术产业部门及其自动化生产线、专业技术生产流程及产品等，以及具有重大科学考察及研究、教育价值的水文、植被和地质等自然生态景观历史遗址、文物等人文景观，都属于科技旅游资源的范畴[50]。从狭义上看，科技旅游资源是指将科技和旅游有机地结合为一体的一种高层次的文化旅游资源类型[51]。特色小镇中的产业科技丰富，如绍兴越城黄酒小镇的酿酒科技、德清地理信息小镇的数码科技、黄岩智能模具小镇的模具科技等，可以开发为研学旅游和考察旅游基地。

（8）文化旅游资源。随着消费时代的到来，文化旅游成为大众旅游消费的主要形式。文化旅游由两个核心构成：一是强调以物质文化资源为支撑内容的观光游览基本层面；二是强调旅游者对旅游资源文化内涵的深入体验和文化享受。特色小镇往往具有特色的企业的创业文化、产品文化、开拓创新精神文化，蕴含着丰富的现代或历史文化内涵。例如，历史悠久的经典产业本身就具有文化性突出的特点，就像历史故事书一样，内容丰富多彩。即使是产业型小镇的旅游资源，如路桥沃尔沃小镇的科技文化、黄岩智能模具小镇的工艺流程等，对游客来说，也都具有十分诱人的吸引力。

2．特色小镇旅游资源特征

1）特色小镇具有空间功能特色性

浙江省的特色小镇，集产业、文化、旅游于一身，生产、生活、生态于一体。与传统小镇相比，特色小镇的显著特点在于它不是简单地作为一种聚居形式和生活模式而存在，而是特色的文化旅游和休闲度假的场所。

2）特色小镇旅游资源具有类型多样性

总体来看，特色小镇类型的多样性决定了特色小镇旅游资源的多样性。特色小镇按照产业特征可分为历史经典类小镇、传统县域产业类小镇、新产业类小镇、旅游类小镇等，按照建设情况可分为科创小镇、高新小镇、金融小镇、高铁经济小镇、风情小镇、制造小镇。因而，特色小镇旅游资源类型多样，而且每一个特定的特色小镇往往也兼具多种自然旅游资源和人文旅游资源。

3）产业类旅游资源具有竞争优势

特色小镇是一个拥有产业特色的空间平台，无论是新兴产业型特色小镇还是经典产业型特色小镇，人文活动影响都较大。而且特色产业是特色小镇发展的生命力，产业特色也是吸引游客和旅游开发的最大优势。特色小镇的核心旅游资源是特色产业，主要有两种类型：一种是传承历史的经典产业，另一种是创新创业产业。产业旅游资源主要包括它们形成的产业活动的场所与产业活动等要素。

4）特色小镇旅游资源具有特色互补性

特色小镇旅游资源主要以特色的产业资源、历史文化资源和科技旅游资源为主，往往不同于其所在的区域的自然风光旅游资源和人文旅游资源，具有较明显的旅游资源互补性特征。例如，黄岩智能模具小镇的精诚企业展示厅，展示了薄膜模具、各类薄膜产品，并由导游介绍生产流水线，形成了薄膜及生产文化旅游资源，与黄岩及周边旅游资源特色差异性较大。

3.1.3　特色小镇旅游资源开发优劣势分析

1．优势分析

1）产业特色赋予旅游资源核心吸引力

旅游资源是区域旅游开发的物质基础，也是影响旅游者选择目的地的重要因素。浙江省各个特色小镇都有突出的产业特色，形成了类型多样的旅游资源，产业旅游资源是特色小镇富有特色的根本。按照产业特色差异，特色小镇可以分为产品与文化特色型、新兴产业特色型、绿色智造特色型、休闲养生特色型。

2）良好的区位因素保证了旅游可进入性

从空间相互作用理论看，区位是区域旅游发展的基础，区位因素同样是浙江省特色小镇旅游业发展的一个优势条件。浙江省位于长三角南翼，区域内立体交通网络体系已经形成，沪杭、浙赣、沿海高铁与全国铁路大动脉相连，公路网络四通八达。大部分特色小镇处于城市之中，或者是交通网络发达的镇区中。完善的立体交通网络体系大大提高了各个特色小镇的可进入性。例如，南湖基金小镇，其所属的嘉兴市位于江、海、湖、河交会之处，扼太湖南走廊之咽喉，与上海、杭州、苏州等城市相距均在 1 小时车程内，是浙江省北部的沪杭、苏杭交通干线中枢，交通十分便利。南湖基金小镇位于嘉兴市东南区域核心地块，距嘉兴高铁站、沪杭高速公路出口均约 2 千米，区位优势明显。

3）经济水平提供了坚实的旅游开发保障

浙江省处于我国经济发达地区，生产总值、人均生产总值和财政总收入均居全国前列。2019 年，地区生产总值 62352 亿元，全体居民人均可支配收入 49899

元，全国百强县市名单中浙江省有18个县市上榜。相对发达的省域经济发展水平为特色小镇建设提供了雄厚的基础，至2019年底，仅建德航空小镇就累计引进5000万元以上项目30个，建立了覆盖制造、服务和休闲旅游的通用航空全产业链。强大的经济投资实力为特色小镇的旅游设施建设、旅游项目投资和基础设施建设提供了坚实的保障。

4）特色小镇品牌给力打造小镇旅游知名度

自浙江省特色小镇谋划与建设以来，特色小镇作为新常态下浙江省转型发展的新引擎和改革创新的新空间载体，区别于原来的产业园区、经济开发区，是具有明确产业定位、文化内涵、旅游特色和一定社区功能的发展空间平台。根据创建要求，特色小镇的主导产业应在行业内有较大影响力，特色产业和品牌具有核心竞争力，在全省或全国有较大知名度。有鉴于此，创建的特色小镇应具备资深品牌知名度。例如，西湖龙坞茶镇、湖州丝绸小镇、南浔善琏湖笔小镇、嘉善巧克力甜蜜小镇、海宁皮革时尚小镇、桐乡毛衫时尚小镇、越城黄酒小镇、诸暨袜艺小镇、龙游红木小镇等，由“地名+产业特色”形成特色小镇的名称，具有明确的地理标志，同时也显示了较强的文化内涵，因而具有较好的品牌知名度。

2．劣势分析

1）地域空间狭小

按照建设规划要求，特色小镇规划面积一般不超过3平方千米，核心区面积在1平方千米左右。而且作为具有旅游功能的空间载体，特色小镇对环境建设要求很高，这就需要配置绿化、休闲等用地空间。可见，特色小镇用地空间较小，在狭小的空间内，排斥了主题公园、游乐园等大型项目建设，占地面积大的旅游设施建设都有可能与小镇内产业用地空间发生冲突。因此，特色小镇的旅游发展必须把用地要素作为重要的限制因素加以考虑。

2）旅游发展要素配置不足

特色小镇是在具有一定产业特色的空间区块上划定而成的，在培育建设前，不具有行政区、产业园区和旅游风景区的空间性质，因此，通常也未针对特色小镇发展空间做过专门的发展规划，更没有旅游发展导向的小镇规划，发展思路仍然不明了；旅游项目和旅游基础设施建设薄弱，对特色小镇景区化建设的认识还不到位，更谈不上深度的旅游发展研究。

3）缺乏高等级旅游资源

除旅游产业型特色小镇具有较高的资源等级外，其他非旅游型特色小镇旅游资源需要以小镇的文化资源、科技资源、产品资源、工业资源为基础，加以挖掘、提炼、融合和包装，才能为游客所接受。例如，黄岩智能模具小镇，其模具产业

市场吸引力不大，需要通过深度旅游策划和强有力的建设，才有可能达到 3A 级要求。同时，特色小镇由于空间限制，很难通过主题公园、游乐园等方式创造高等级旅游资源。可见，浙江省非旅游类特色小镇缺乏高等级旅游资源，同时也较难凭空地创造大型主题公园来增加旅游吸引力。

4）旅游竞争形势严峻

浙江省是一个旅游资源较为丰富的省份，风景名胜区、旅游景区、水利风景区、森林公园、地质公园、主题公园等旅游资源空间分布密度很高。随着乡村旅游开发和全域旅游化的推进，可以说，景区型旅游目的地遍布全省各地，旅游目的地数量与日俱增，而旅游景区的游客市场竞争对手多，可替代产品多。因此，如果单从市场竞争角度来说，旅游目的地数量的增多无疑给特色小镇的发展带来了很大的挑战。

5）多头管理，目标多样

按照建设构想，特色小镇是一个“产、城、人、文”四位一体有机结合的重要功能平台，这一描述性的界定使特色小镇具有更加不同寻常的发展目标。也就是说，特色小镇需要具有产业目标、环境和景观目标、社会和社区发展目标。而多目标指引下会削弱旅游发展目标的追求，如工业和信息化局、旅游局、镇政府形成了多头管理局面。虽然特色小镇组建了专门的领导小组，但是，政府、企业、社会联动发展旅游业的机制仍未实质性地建立，企业参与旅游发展的主动性和积极性不高，建设过程或项目决策中碰到问题时就会出现互相推诿现象。因此，处理多头管理和多目标协调也成为特色小镇旅游发展的较大挑战。

3.2　浙江省特色小镇旅游功能的空间逻辑

3.2.1　特色小镇的旅游发展指向

特色小镇是我国城镇化进程中新兴的一种城镇形态，它与工业园区、开发区、高新区具有共同的特点，即以产业为支撑，强调主导产业的发展，重视集约集群。不仅如此，特色小镇以一种新型发展理念，强调特色产业定位、文化内涵、旅游特色和社区功能，关注生产、生态和生活的整体营造。因而，特色小镇的“人、文、产、旅”功能与形态的变化呈现一定的逻辑性并与特色小镇的地理位置、区域环境、资源基础、产业定位、产业基础、政府政策、融资成本、人才与科技等因素高度关联，反映了特色小镇的管理者、企业从业者与社区居民之间及他们与区域环境的特定关系，我们将这种引领特色小镇空间形成发展的各种关系的总和

称为空间逻辑。空间逻辑反映了特色小镇空间演变的基本规律，也是保证特色小镇空间特征稳定且持续发展的深层逻辑，主要包含特色小镇的旅游发展指向和旅游功能的发展基础两个方面。

1．特色小镇建设理念的旅游发展指向

特色小镇从发展构想到发展定位与规划建设，无不渗透着旅游发展指向。从特色小镇的发展理念中可以看出，特色小镇自然而然地与旅游发展产生了必然的联系。特色小镇秉持四大发展理念，坚持产业、文化、旅游“三位一体”和生产、生活、生态融合发展原则，以“特”“精”“美”为内涵，为旅游发展创造了旅游资源优势。

2．创建审批中的旅游发展指向

按照《浙江省人民政府关于加快特色小镇规划建设的指导意见》，在审批要求上，特色小镇要立足自身的产业优势，实现产业、文化、旅游和一定的社区功能有机融合，旅游产业类小镇以5A级景区为验收标准，其他类别小镇以建设成3A级景区为验收标准，并把旅游产业作为其中一个大类。在第一批特色小镇中，旅游产业类特色小镇占比为19.0%，这意味着每5个特色小镇中就有1个是按照国家旅游景区最高标准建设的旅游类特色小镇。

那些非旅游产业类、旅游资源基础较好的特色小镇，如杭州西湖龙坞茶镇、龙游红木小镇、丽水龙泉青瓷小镇、金华东阳木雕小镇、绍兴越城黄酒小镇等绝大多数历史经典产业特色小镇，以及舟山定海远洋渔业小镇、温州文成森林氧吧小镇、宁波奉化滨海养生小镇、嘉兴平湖九龙山航空运动小镇、温州平阳宠物小镇等特色小镇，其旅游功能定位和产品开发与旅游类特色小镇基本相同，游客得到的艺术性、趣味性、刺激性、知识性的旅游体验等级高，可称为“泛旅游产业类特色小镇”。它们虽然在创建申报时定位各有差异，但所依托的资源、市场基础较好，政府也是有指向地同意建设以旅游为特色的小镇，并以旅游产业类要求创建验收。

3．在验收中的旅游发展指向

浙江省质量技术监督局发布的《特色小镇评定规范》由共性指标与个性指标组成：共性指标由功能“聚而合”、形态“小而美”、体制“新而活”3个一级指标构成，而功能“聚而合”指标由社区功能、旅游功能、文化功能3个二级指标构成。

在功能“聚而合”的共性指标400分中，旅游功能作为特色小镇建设四大功

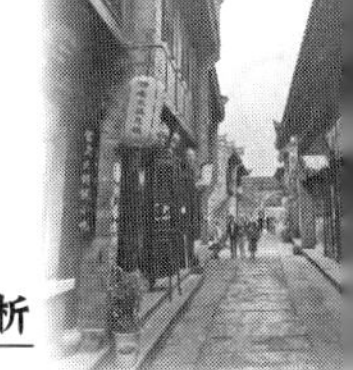

能之一，由景区创建、小镇客厅 2 个指标来考量，占 70 分。对于旅游小镇，通过国家 5A 级景区资源评估得 60 分、通过省级 5A 级景区资源评估得 40 分；创成 1 个 4A 级景区得 30 分。其他小镇创成 3A 级景区或通过 4A 级景区资源评估得 60 分。在形态“小而美”、体制“新而活”和产业“特而强”3 个指标中，除了旅游产业类特色小镇具体有产业专精发展和高端要素集聚的考核要求外，其他的 7 类特色小镇没有明确的考核要求。但是，要实现特色小镇景区资源评估的要求，旅游必须与形态“小而美”、体制“新而活”和产业双向互动。

3.2.2　特色小镇创生旅游功能的基础

1．特色小镇空间功能的融合性

特色小镇的发展定位是一个集产业、旅游、文化与社区多功能的新空间，具有鲜明特色的产业、优美的创业宜居环境、浓厚的人文气息，这就需要特色小镇的地域功能叠加，产业功能、文化功能、旅游功能和社区功能深挖、延伸、融合，形成叠加效应、推进融合发展。在建设标准方面，要嵌入旅游功能，有一定的旅游功能作支撑，所有特色小镇要建设成 3A 级以上景区，旅游产业类特色小镇要按照 5A 级景区标准建设。上述发展理念和发展定位为特色小镇创造旅游功能提供了可能。特色小镇单纯通过划定空间区域，或只靠打造特色产业和复制传统文化，都不可能达到特色小镇的发展定位。因此，特色小镇空间功能上是融合产业功能、文化功能、旅游功能和社区功能的多种功能体系，其中旅游功能更能促进各个功能之间的融合与互动。

2．特色小镇空间形态的景观性

特色小镇的空间形态不同于一般城镇建成区，它依托独特而有机统一的自然风光、错落的空间结构、多元的功能融合、多彩的历史人文之美，追求小而美的空间形态。特色小镇在建设用地布局方面应“保山保水”，空间组织应“依山亲水”，建设布局应“显山露水”，景观设计应“借山用水”，加强富有地方特色的整体空间布局形态的打造，形成特色小镇不同于其他产业区的空间发展目标，为特色小镇创造旅游功能提供空间景观性的要求。

3．特色小镇空间形象的叠加性

随着形象经济时代的到来，形象宣传越来越被人们重视，全国各城市无不投入精力塑造城市形象，宣传自己的城市特色。区域形象既对产业园区招商引资、产品营销等起到宣传作用，也对旅游市场开拓起到推动作用。特色小镇的特色产

品能够树立起良好的产品形象，随着产品的良好销售，小镇旅游形象不断扩大；反过来，小镇旅游的发展促进了游客对产品质量的进一步了解，必然会加大产品的销量。可见，特色小镇空间形象与旅游形象具有双向的互动关系。例如，绍兴越城黄酒小镇的黄酒知名度高，黄酒的质量被广大消费者所认可，促进了黄酒小镇旅游的形象推广，拉动了游客市场；反过来，黄酒小镇游客量的提高和游客的口碑效应等必然促进黄酒产品销量的提高。特色小镇特色产业的产品形象与旅游形象产生了叠加效应，产品的形象提高了，旅游形象也会提高；旅游形象提高了，小镇产品也会得到较好的宣传。因此，在特色小镇发展过程中，要充分考虑产品形象与旅游形象二者的叠加性与一致性，规避一个形象的不良反应对另一个形象造成的不良影响。

4. 特色小镇生态建设的共享性

人类的文明模式正在由传统的工业文明，逐渐发展为生态文明。生态元素是特色小镇最有魅力的要素之一，也是实现特色小镇旅游功能的基础要素。因此，特色小镇建设要以产业、文化、旅游“三位一体”和生产、生活、生态“三生融合”发展为重要原则。具体来看，一是要实现生态与生产的共享发展，围绕发展特色产业，提高土地产出率，以节能、降耗、减污、增效为目标，推进生活垃圾和工业废弃物集中处理和资源化利用；二是生态与生活的和谐共生，从建筑外观、环境设计、功能布局等角度着手，改善小镇居民生活环境和生态环境。

5. 特色小镇发展目标的导向性

特色小镇的发展是一种不同空间载体在“特色”目标引领下的探索实施，具有强烈的目标导向性。其最根本的目标是创建、营造一个生态、生产、生活三者融合的区域空间，这个空间既是充满人文气息的文旅空间，又是新兴产业或传统优势特色产业的发展平台，更是环境优美、配套齐全的宜居之地。而特色小镇的旅游开发既能挖掘利用特色小镇所具有的“特色”与“文旅空间”，又能加强生态、生产、生活空间的融合发展，从而促使小镇繁荣发展。特色小镇发展目标的导向性将引领旅游功能的进一步发展。

3.2.3 特色小镇的旅游功能

1. 特色小镇的旅游功能类型

特色小镇空间生产以产业加工流程、制造技艺和企业文化属性为对象，通过物理空间生产、景观符号的生产和体验空间的生产形成产业旅游功能。旅游功能

既是旅游空间生产实践的结果，又是权力对旅游空间构想的空间表征。

虽然我国特色小镇建设的主流方向不是旅游小镇，而是产业小镇，而且是高端产业小镇和经典产业小镇，但是，按照建设要求，特色小镇作为一个旅游地，必须形成相应的旅游系统。由于特色小镇产业特征和发展定位的差异性，其旅游系统的经济功能、环境功能和社会功能具有较大的差异性。尤其是对产业类特色小镇旅游系统，其旅游发展并不是追求经济功能，而是更加强调环境功能和社会功能，通过旅游功能的建设，促进特色小镇美化环境和吸引人才等。例如，浙江省在谋划特色小镇时就把旅游作为特色小镇的主要功能之一，把旅游发展定位作为推动特色小镇多种功能融合的重要路径。特色小镇主要有以下几个方面的功能。

（1）经济功能。旅游业作为一种综合产业，它的发展有利于缓解就业问题，有利于带动其他产业的发展，有利于促进区域经济的发展，更有利于加快旅游地的基础设施建设，改善当地居民的生活。仙居神仙氧吧小镇、嘉善巧克力甜蜜小镇等旅游类特色小镇，大多是以经济功能为导向，以特色小镇建设带动区域旅游的发展。

（2）生态功能。旅游业被誉为无烟工业，说明旅游业是环境代价比较小、产出效益比较高的行业。旅游功能就是要追求景观美好、生态优美的空间环境，也就是说，只有具备良好的生态功能，才能提高游客旅游活动的满意度。因此，特色小镇以旅游功能发展要求，促进特色小镇的生态功能建设，而生态功能发展要求倒逼特色小镇不能一味追求产业发展而破坏了特色小镇的生态功能。

（3）文化功能。在旅游中，不同文化得以交流、融合，在交流中碰撞出智慧的火花，在融合中提取出不同文化的精华。特色小镇为了促进旅游发展，每一个小镇都必须充分挖掘特色小镇的产业文化、产品文化、企业文化、生产文化，通过旅游促进文化交流，从而实现特色小镇的文化功能。

（4）社会功能。特色小镇旅游功能的实现，有利于企业产品信息和企业形象的传播，从而促进小镇知名度的提升。特色小镇通过美化环境，吸引员工在小镇内散步、锻炼、举行活动，消除紧张情绪，让居民和员工可以在特色小镇内进行休闲活动。特色小镇的特色产业往往具有产业的特色性、产品的文化性，开展特色小镇旅游可以满足游客的求知欲，实现教育功能。

2．旅游业对特色小镇的促进功能

1）旅游业是特色小镇旅游资源价值转化的重要途径

与传统小镇相比，浙江省特色小镇不是简单地被当作一种聚居空间、生活空间和产业空间，它集聚着许多特色的旅游资源和文化形态，包括产业旅游资源、文化旅游资源、科创旅游资源、体验旅游资源等。特色小镇的旅游方式不同于一般的观光旅游，在游客休闲观光的同时，更重要的是满足游客的好奇心和求知

欲，通过旅游来获知许多从未涉及的产业知识和信息，这对不同行业、不同区域和不同年龄段的旅游者都会产生吸引力。尤其是核电、健康等特色小镇，由于社会公众对特殊产业存在许多“认知黑洞”，因此，形成了强大的市场吸引力。例如，海盐核电小镇通过产业旅游，寓教于乐，向公众传递科技和产业知识，把旅游资源转化为旅游产品，进而促进旅游融合，促进特色产业延伸产业链。

2）旅游业发展促进特色小镇产品品牌新认知

浙江省特色小镇许多是在传统产业的块状经济基础上形成的，形态上具有“一乡一品”的格局。特色小镇通过旅游业的发展，充分利用已有的生产要素和产业资源，通过恰当的组合改造形成新的旅游产品，可以促进传统产业的形态重塑。例如，绍兴越城黄酒小镇、龙泉青瓷小镇、海宁皮革时尚小镇等通过旅游转变公众对老字号品牌的认知缺陷。对于新兴产业特色小镇，开展产业旅游对于企业来说等于低成本做广告，把游客变为顾客。产业旅游是宣传企业形象、提升品牌、促进销售、提高效益的新手段和新平台。例如，余杭梦想小镇、西湖云栖小镇等创业氛围浓厚、文化标识独特，园内一大批创业企业亟须扩大知名度，而工业旅游正好为此提供了“廉价通道”，将企业形象、生产操作、企业产品、企业文化展示给公众。此类产业旅游有助于快速提升特色小镇的社会关注度，甚至通过商务旅游等方式为小镇带来潜在的商业合伙人。另外，还可以通过产业旅游了解游客需求，掌握最新的市场动态和信息，为企业引入良好的外部监督机制。

3）旅游业发展有助于加强产业-空间-文化重组内生力量

特色小镇的内在驱动力主要来源于内部自组织的力量及其价值增值能力[52]。特色小镇建设的产业、空间、文化三维组织模式的运行是由许多参与主体决策及相互作用的结果，各利益主体的决策成为影响产业、空间、文化重组及其组织机能的关键性因素。旅游业通过促进小镇主体协同关系，以及建立在协同关系基础之上的三维融合功能，带来了巨大的空间增值机会及收益递增。通过以特色产业与旅游产业的“双产业”为主导，产业和旅游双轮驱动，产业引擎、旅游引擎、智慧化及互联网引擎的“三引擎”相协调，形成了产业链整合架构、旅游目的地架构（景区）、城镇化架构共同支撑的发展架构，实现了旅游发展倒逼特色小镇空间环境改善，提高小镇社区居住空间质量。

3.3 特色小镇旅游与产业共生关系

特色小镇建设在强调产业集聚的基础上，通过单个产业打造完整的产业生态圈。特色小镇的特色产业与旅游产业之间相互作用，特色小镇通过特色产业实现

产业支撑；反过来，如果产业没有旅游资源做依托，即便再有特色，也难以实现最佳效应。即使是高等级的景区型特色小镇，单一的观光旅游也难以做大产业，只有通过打造产业生态圈，才能更好地促进特色小镇的开发建设。因此，特色小镇旅游产业与特色产业之间存在着产业共生关系。

3.3.1　特色小镇旅游与产业共生现象

生物学视角下的“共生”，指的是不同物种及种群依据某种物质联系而相互紧密联系在一起。共生的概念应用到产业经济学，指的是经济主体之间存续性的物质联系。从浙江省特色小镇的旅游与特色产业关系看，旅游对于特色小镇具有经济功能、生态功能、文化功能、交流功能、休闲功能、教育功能，促进了特色小镇空间生产向着文化空间和消费空间转换，提高了特色小镇的空间价值，致使特色产业更容易吸引人才，产品知名度扩大，等等。但是，特色小镇的特色产业是核心，离开了产业，特色小镇也就失去了支撑。因此，特色小镇如果没有特色产业支撑，即便再漂亮，也是“空心菜”；反过来，产业如果没有通过旅游资源来挖掘，无论是历史经典产业，还是未来发展的时尚、金融、高端装备制造等七大产业，即便再高端，也只能是空中“摩天轮”。只有通过打造产业生态圈，才能更好地促进特色小镇。因此，特色小镇的旅游与特色产业之间存在着共生关系，产业可以带动旅游，旅游又可以推动产业发展。

特色小镇产业共生主要有两种情形。一种是空间功能互补共生。在特色小镇发展旅游的过程中，特色产业与旅游产业在完成其整体空间功能中，通过提供不同空间功能，互相依存，避免两个产业空间互相挤压。例如，磐安的“江南药镇”以中药材专业化培植、中医药生物研发、中医药休闲养生为产业选择，建设了投资 7.5 亿元、占地 315 亩①、建筑面积 28.8 万平方米的浙八味药材城、小镇客厅、旅游接待中心、数字指挥中心，以及参茸保健品一条街、中药文化风情街、药膳一条街、中药材博览馆等旅游景点，成功创建了国家 3A 级旅游景区。2018 年，“江南药镇”吸引游客数近 70 万人。又如，乌镇互联网创业小镇通过世界互联网大会的召开，依托互联网、新媒体等现代传播形式而打造得具有世界影响力，带来了庞大的客源，实现了旅游与产业的双丰收。另一种是企业共生，实现旅游企业与特色产业企业之间利益共享。产业共生有利于形成旅游业产业内、产业间及区域间等层面的产业共生系统推动特色小镇旅游业的健康、协调与可持续发展。例如，丽水莲都古堰画乡小镇已形成“自然景观—油画创作—文化产业—衍生周边产业”的产业链，产业旅游也从需求端倒逼企业传承传统加工工艺，更好地激发

① 1 亩≈666.67 平方米。

企业通过融合更多创新工艺来撬动新的市场需求，由此出现许多新的共生型企业。

3.3.2 特色小镇产业共生要素与共生方式

1. 共生要素

特色小镇旅游空间既是区域旅游系统的子系统，也是由吃、住、行、游、娱、购等子系统组成的。从产业共生角度来看，特色小镇共生关系主要是指旅游系统与特色产业系统之间的互相影响、互相联系。

1）共生单元

共生单元在旅游发展研究方面主要有三种类型：一是在区域旅游合作时，把旅游区与相邻旅游区看作共生单元；二是把旅游区内利益相关者看成共生单元；三是把旅游区不同产业看成共生单元。对于特色小镇而言，共生即为在共同体的各个利益主体之间或产业之间所存在的持续生存的物质联系。

2）共生界面

共生单元之间接触方式和机制的总和称为共生界面，是共生单元之间进行物质、信息和能量传导的媒介、通道或载体，是共生关系形成和发展的基础，对共生能量的形成和提升有着直接制约作用。共生关系可划分为外部界面和内部界面两种基本共生界面类型。内部界面包括特色小镇的空间形象、定位目标、景观与生态建设等；外部界面是指双产业的互动机制、对话平台、政府与游客影响等。

3）共生环境

共生环境是指能影响共生单元之间相互作用的各种外部和内部因素。在旅游产业与特色产业的共生系统中，共生环境主要是指影响“双产业”形成和发展的经济、科技、金融、文化、人才、政策法律等。

2. 共生方式

不同特色小镇在各自的发展条件、主导动力及主体作用下进行。因而，不同特色小镇旅游业与特色产业之间的共生关系就不同，产业共生的旅游空间形态也不同，主要表现为偏利共生、互惠共生关系。某些特色小镇在发展初期也存在寄生共生形态。

1）寄生共生

寄生共生表现为在共生单元之间一种单向的物质或能量转移，有利于共生单元的一方发展而不利于另一方发展。在一些传统制造业特色小镇建设初期，如黄岩智能模具小镇、诸暨袜艺小镇等一些传统工业类特色小镇和萧山信息港小镇、余杭梦想小镇、德清地理信息小镇等科技型小镇，管理者对旅游重要性认识不足，

旅游资源内涵没有被充分挖掘，对特色小镇的旅游建设只是为了应付 3A 级景区的验收而投入大量经费建成小镇会客厅、旅游厕所、招收景区服务人员，能量单向流动到小镇旅游业，导致旅游产品质量低、市场规模小、旅游功能没有充分发挥、旅游综合效益较小。或者大量游客到访影响特色小镇的生产环境和生活环境，能量单向转移到旅游经济共生单元，影响了特色共生单元的活力，导致共生环境受损，形成寄生共生形态。

2）偏利共生

偏利共生模式表现为在共生单元之间能量的分配虽然集中于某一方，但另一方没有净损失。例如，在特色小镇资源承载量、企业空间与环境容量许可的状况下，旅游产业共生单元的发展并不对特色产业共生单元产生影响，这期间尽管旅游产业共生单元快速发展，但不损害特色产业共生单元，这属于偏利共生形态。在一些高端装备制造业小镇、环保产业小镇、金融小镇，特色产业处于绝对地位，依托特色产业发展旅游产业时，旅游业对特色产业带来的利益相对较小，旅游业与特色产业属偏利共生关系，这个特色小镇的旅游形态呈现出偏利共生形态。

3）互惠共生

互惠共生表现为共生单元之间能量双向分配，旅游与特色产业两个共生单元共同得利，新的能量源源不断地产生，促进共生关系演化与发展，形成互惠共生模式。在寄生共生模式转型到互惠共生模式的过程中，往往出现过渡性的偏利共生模式。大部分特色小镇拥有一定规模的经典产业或其他产业，旅游融合在小镇产业之中，旅游业与产业形成双引擎作用，形成双产业平衡，推动小镇发展。这是特色小镇的最佳模式，也是浙江省大部分特色小镇的旅游形态。

3.3.3　特色小镇旅游产业与特色产业的共生度模型

1．旅游产业与特色产业共生度模型

在旅游产业与特色产业共生系统中，设其共生单元旅游产业的主质参量为 X，共生单元特色产业的主质参量为 Y，则旅游产业对特色产业的共生度为 G_{XY}，特色产业对旅游产业的共生度为 G_{YX}。

其中，G_{XY} 反映旅游产业主质参量 X 的变化率引起特色产业主质参量 Y 的变化率，体现了旅游产业对特色产业的推动作用；G_{YX} 反映特色产业主质参量 Y 的变化率引起旅游产业主质参量 X 的变化率，体现了特色产业对旅游产业的推动作用。

2．基于共生度分析的旅游产业与特色产业共生模式评判

基于共生度分析的旅游产业与特色产业共生模式的评判标准如下：

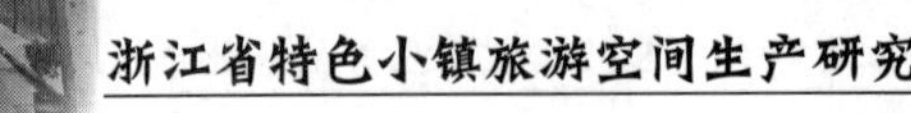

若 G_{XY} 和 G_{YX} 都大于 0，则旅游产业与特色产业处于互惠共生状态；

若 G_{XY} 和 G_{YX} 中的一个为 0，另一个大于 0，则二者处于正向偏利共生状态；

若 G_{XY} 和 G_{YX} 中的一个为 0，另一个小于 0，则二者为反向偏利共生状态；

若 G_{XY} 和 G_{YX} 都为 0，旅游产业与特色产业没有相互影响，属于并生状态，旅游产业与特色产业的任何变化都只依赖于自身；

若 G_{XY} 和 G_{YX} 都小于 0，旅游产业与特色产业处于寄生状态。

3.3.4 特色小镇旅游共生案例分析

1. 青田石雕小镇

青田石雕小镇位于浙江省青田县城西南的山口镇，其石雕文化距今已有 6000 多年的历史，曾获得国内外多项荣誉，被世人广泛认可并收藏，形成了“青田石雕”这一独特的文化品牌，进入浙江省首批 37 个特色小镇创建名单，主要发展传统经典产业——石雕产业。青田县山口镇的产业特征十分明显，“世界石雕看青田，青田石雕看山口”，石雕产业是其当之无愧的核心产业，在山口、青田，乃至全国都具有重要地位。青田县山口镇的石雕产业包含了从原石的开采到原石交易、雕刻创作、生产加工再到石雕销售的全产业链，并且向旅游业拓展，依托山水资源形成了 4A 级景区——千丝岩景区及石雕购物旅游。

山口镇在不断发展的同时，也面临着种种问题：一是产业结构过于单一；二是石雕企业规模化、集聚化程度不足；三是原石储量日减、生态保护压力、技艺传承等带来的产业发展不可持续；四是石雕文化与侨乡文化不够突显，石雕之乡原本的生活方式因城镇化冲击而遭改变[53]。表现在城镇风貌上，即为城镇特色形象不突出、景观体系不明确、城市意象缺失、活动空间缺失、产业空间单调无趣、特色空间不够彰显、整体风貌杂乱无章等问题，亟待通过规划建设对小镇的风貌品质加以提升，使石雕产业持续发展，石雕文化得以传承。因而，石雕小镇旅游发展定位与思路在特色产业发展中应运而生。

山口镇石雕产业历史久远，已经形成了源远流长的石雕文化名镇。山口镇在石雕产业基础上，依照特色小镇建设的相关要求，延长石雕产业链条，促进旅游与文化、工业、艺术等融合，形成了侨乡文化体验游、石雕文化主题游、养生休闲度假游等旅游产品。通过产业链条的延伸，在镇域范围内形成多样化的产业空间，丰富小镇的城镇风貌。首先，基于石雕产业链条进行延伸，将其与旅游、养老、文创产业相结合，规划建设项目，促进石雕产业精品化、高端化、特色化，丰富产业功能的广度。通过产业链条的延伸，在镇域范围内形成多样化的产业空间，丰富小镇的城镇风貌。其次，规划将石雕特色旅游业态进行细化，形成旅游服务、

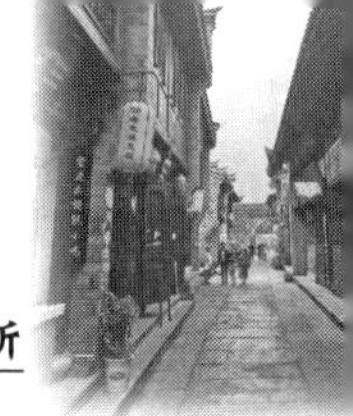

文化展示、生产体验、文化社团体验和传统宅院民宿五大类型功能，丰富产业业态。

总体来说，青田石雕小镇旅游发展是对原有的特色产业、特色产品、特色形象进行旅游融合，产业空间从非旅游功能向旅游功能转型，运用文化特色对空间的重构实现了旅游产业的共生。

2．绍兴越城黄酒小镇

越城黄酒特色小镇是第一批创建的浙江省级特色小镇，特色产业、特色商品、特色文化形成了该小镇的核心。绍兴越城黄酒小镇东浦片区坐落于绍兴黄酒的发祥地——千年酒乡东浦镇。小镇以“大绍兴、大黄酒、大文化、大旅游”为战略目标，按照“一镇两区”创建模式, 着力做好黄酒产业创新、黄酒文化旅游发展和黄酒养生社区打造工作。绍兴越城黄酒小镇东浦片区规划总面积约 4.6 平方千米（含水面 1 平方千米），共分为 12 个功能区块，投资 50 亿元，通过 3～5 年的建设和运营，打造一个国内国际知名的黄酒特色小镇。

黄酒产业是浙江省十大历史经典产业之一，是浙江省的“金名片”。浙江省立足绍兴越城黄酒小镇，发扬“国酒”文化，进一步扩大黄酒知名度，加强黄酒文化、当地民俗等元素组成的认知与行为体系的传承与运用。小镇通过优化空间结构，规划了 13 个旅游功能区，分别是黄酒产业创意园区、黄酒博物馆、酒吧街区、酒店区、越秀演艺中心、游船码头、游客中心及配套设施、酒坊街区、民宿街区、民俗街区、黄酒文化养生社区、名人艺术中心，每个区块都围绕黄酒延伸出产业、文化、旅游和社区等不同的功能，打造一个充满产业动力和生活气息的“特镇”。利用“旅游+文化+工业”模式，不仅建设博物馆展示历史文化，还开放流水线让游客直接零距离切身体会黄酒在设计制造中的快乐。

3．余杭艺尚小镇

余杭艺尚小镇入选浙江省首批特色小镇，是杭州市唯一发展时尚产业的特色小镇。小镇位于杭州主城区东北角——临平新城核心区块，东连桐乡、海宁，北接德清，南与杭州主城、下沙副城相连，是长三角城市群发展的核心位置，沪杭、环太湖、杭宁等发展轴的交汇点。小镇以区域特色产业——时尚服装产业为切入点，依托（跨境）电子商务开拓渠道、智能制造定制生产、时尚设计提升品牌，实现产品创新性供给过程中渠道、品牌、智造的互融互通，打造时尚服装产业发展创新创业生态系统。以“时尚+”的思维跨界融合，不断将其他高创意、高附加值、市场掌控能力强、能引领消费流行趋势的产业并入整个时尚产业生态系统中。建设环东湖时尚产业中心、时尚文化街区、时尚艺术街区、时尚历史街区，形成“一中心三街区”的物理空间，打造“产、城、人、文”融合的特色小镇。

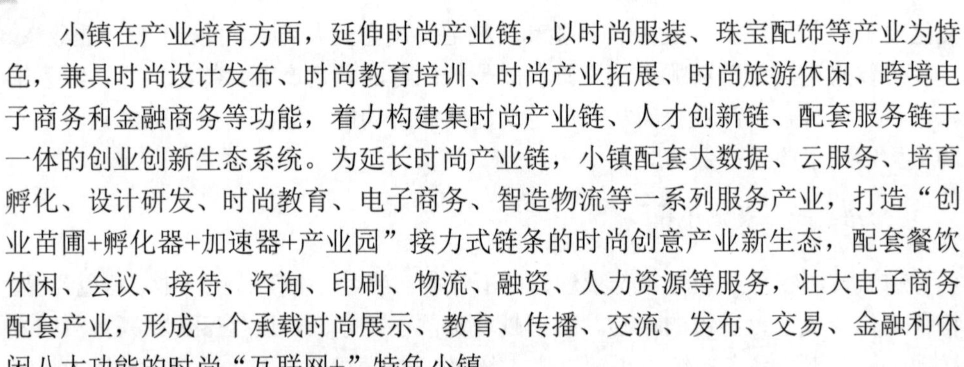

小镇在产业培育方面，延伸时尚产业链，以时尚服装、珠宝配饰等产业为特色，兼具时尚设计发布、时尚教育培训、时尚产业拓展、时尚旅游休闲、跨境电子商务和金融商务等功能，着力构建集时尚产业链、人才创新链、配套服务链于一体的创业创新生态系统。为延长时尚产业链，小镇配套大数据、云服务、培育孵化、设计研发、时尚教育、电子商务、智造物流等一系列服务产业，打造“创业苗圃+孵化器+加速器+产业园”接力式链条的时尚创意产业新生态，配套餐饮休闲、会议、接待、咨询、印刷、物流、融资、人力资源等服务，壮大电子商务配套产业，形成一个承载时尚展示、教育、传播、交流、发布、交易、金融和休闲八大功能的时尚“互联网+”特色小镇。

4．萧山信息港小镇

萧山信息港小镇由国家级经济开发区与萧山经济技术开发区投建，全部资产属于国有资产，土地性质为划拨用地，规划面积为 3.68 平方千米，于 2012 年底竣工。小镇以“互联网+”“人工智能+”为特色，重点引进软件和信息服务、互联网及“互联网+”产业，人工智能及“人工智能+”产业等信息经济产业。小镇积极打造宜居、宜业、宜文、宜游的环境，努力成为浙江省乃至全国先进的科技产业旅游示范点之一。

萧山信息港小镇以历史文化、自然生态、休闲度假为基础，丰富互联网信息产业的业态，挖掘人工智能产业旅游资源，增加科技体验式旅游项目，力求达到科普与旅游相结合。该小镇充分挖掘产业旅游资源，已逐步整合人工智能谷、场景科技谷、智慧家居谷、跨境电商园等科技体验式旅游资源，配以院士林、银杏大道、e 港党群长廊、信息港公园、青友林、宝龙城市广场等节点，开展旅游配套体系与空间标识体系建设，制作了萧山信息港小镇全景导览图，在信息港小镇各个主要路口设置交通指示牌，在景区核心区域设立制作指引标识标牌，规划设立景区停车场，建设集咨询服务、企业预约、休憩参观、便民服务于一体的小镇游客中心。

3.4 浙江省特色小镇的旅游融合

3.4.1 特色小镇旅游融合的含义

1．特色小镇旅游融合功能

产业融合是不同产业及同一产业内部不同行业之间相互交叉、相互渗透，产

生出新的业态和新的产品，其类型分为产业内融合和产业间融合。当前产业融合既是产业发展的一种趋势，也是产业发展的现实选择，制造业与服务业融合、以互联网为纽带进行跨界融合、金融投资与实体投资融合等趋势已在发达地区明显表现出来。特色小镇能够让多种资源实现融合。一是产业和文化的融合。特色小镇延续着许多地方历史文化和产业遗存，利用其丰富的制造文化和历史资源，以旅游融合为载体，促进旅游与产业和文化的融合。二是产业与居住的融合。立足特色产业，延伸产业链，扩大就业人口，提高小镇居住环境质量，吸引企业员工在小镇居住，构建一种工作、居住、休闲在小镇的模式，实现产业、生态、生活的融合。三是旅游与文化、工业的融合。特色小镇具有深厚的历史文化，如绍兴越城黄酒小镇、龙泉青瓷小镇、青田石雕小镇等，文化特色突出，也是社会文明的源头，产品与文化旅游资源吸引力强。在小镇建设中，应充分挖掘文化内涵，发扬光大。随着旅游消费需求个性化的推动，产业融合成为旅游产业发展过程中重要的经济现象，浙江省作为全国旅游产业发展前列省份，在特色小镇建设中大力推进“特色产业+旅游”的融合发展模式。

各类特色小镇集聚信息经济、金融、高端装备制造等核心产业，在服务理念、产品创新、市场特点等方面与旅游产业具有内在的一致性，且在资源特性上与传统旅游资源具有良好的互补效果。特色小镇产业间融合的主要方式在于特色产业的旅游利用，即小镇的景区化发展，最大限度地实现特色产业的旅游功能价值，开发游客喜闻乐见的体验产品，开展独具特色的产业之旅。例如，滨江物联网小镇以“旅游+”的模式推动小镇旅游业与物联网科技、物联网医疗、智能家居、商务会展、休闲商业等具体产业融合，挖掘旅游新业态，努力将物联网科技及其产品植入旅游、生活和生态的细节中，促进基础设施和服务设施的智慧化和艺术化。

2．特色小镇旅游融合的价值网络理论解释

企业价值网络的形成主要从价值链理论寻求理论依据。价值网络理论的研究成果主要集中于两个层面，即企业层面和产业层面，其核心议题是产业结构的优化研究。按照价值网络理论，具有不同核心能力的企业把各自的价值链连接起来，形成包含上下游企业、顾客及竞争者的关系网络，从而共同创造差异化、整合化的客户价值，最终获得群体竞争优势、网络结构优势和抗风险能力[54]。一般来说，价值网络理论主要应用在企业与企业之间如何交互运作促进价值不断增值，提高市场满意度，形成更大竞争优势。然而，企业内部也存在价值网络，它涉及企业内部运行各个方面的要素，主要是指由整个企业内部的单个要素的价值判断构成的网络，如企业文化、企业工作环境等。企业内部价值网络与企业间的价值网络相互作用，相互影响，推动企业及整个价值网络的不断进步。价值链网络主

要有三个关键环节：一是逻辑起点，始终围绕顾客需求（客户价值）；二是作用过程，各主体之间相互合作，形成关系网络；三是产生效果，实现价值外溢，形成价值网络[55]。

在旅游产业领域，价值网络理论也被用以重构旅游业价值网络体系。旅游业价值网络体系体现在核心旅游要素与节点旅游要素之间的互动耦合，核心旅游要素是指吸引物，交通、住宿、支持设施和基础设施等属于节点旅游要素，要素内部与要素之间的联动通过“旅游+”得以实现，从而形成一张以游客需求为中心的关系网络，同时也是一张以合作共赢为核心的价值网络[56]。一方面需要不断丰富和增加旅游吸引物（核心旅游要素），通过“旅游+”，将更多元素纳入旅游体系中，由此扩大旅游景观空间；另一方面要不断完善交通、住宿、支持设施和基础设施（节点旅游要素），通过“旅游+”，强化节点要素对核心要素的支撑，由此扩大旅游活动空间和环境保护空间。旅游吸引物借助交通等节点要素，实现吸引物之间的连点成线、连线成网，由此形成立体式的旅游空间网络，丰富旅游空间的维度。基于价值网络理论的特色小镇旅游空间开发就是要以旅游融合为思路，挖掘旅游资源价值，充分利用一切资源要素来延展旅游空间的深度和广度，实现旅游空间创新。

3.4.2 特色小镇旅游融合过程

旅游融合是旅游业与其他产业或旅游业内不同行业相互延伸、相互渗透、相互交叉，逐步形成新产业、新产业链、新业态的动态发展过程[57]。旅游业具有极强的产业关联性，在特色小镇旅游空间生产过程中，旅游与特色产业有着极为广泛而密切的经济技术联系，旅游通过功能互补、功能延伸，赋予特色产业新的附加功能，促进了特色小镇空间向旅游融合空间形态转变。依据旅游要素“集聚—共生—融合”这一低级向高级逐渐演化的过程，特色小镇旅游空间生产经历了“集聚—共生—融合”的发展阶段[58]。

1. 旅游要素挖潜

深挖特色小镇旅游资源的存量和增量，确定是生产环节、企业文化、产品商品，还是创造旅游资源、丰富旅游吸引物的类型，使得特色小镇内有更多可看、可玩、可游的景物。

2. 旅游要素集聚

围绕确定的核心吸引物，配套旅游要素，把特色小镇各个零碎的资源，通过旅游线路相连接。实现各类旅游要素的集聚，形成完整的旅游线路。

3．旅游要素耦合

通过要素耦合，实现核心旅游要素之间的互补合作、价值共创，构筑旅游业与特色产业的桥梁，形成共生、融合关系，提升多产业耦合过程中的价值溢出能力。

3.4.3 特色小镇旅游融合方式

为了突出特色小镇旅游空间创新，特色小镇旅游融合方式主要有旅游+文化融合型、旅游+智造科技两种方式。

1．旅游+文化融合型

1）旅游+产业文化

浙江省一批特色小镇以历史经典产业为特色通过审批，它们以小镇为新载体，通过旅游融合，聚合资源，传承文化，积极发展文化休闲旅游和工业旅游等功能，依托产业和文化来丰富旅游产品，借助旅游功能传承和提升历史经典产业，又反过来提升产业内涵。例如，湖州丝绸小镇拥有 4700 多年的丝绸文化与丝绸产业历史，小镇选址在西山漾湿地景区，规划区面积 1800 亩，围绕西山漾水域沿岸，建设钱山漾遗址博物馆、丝绸文化体验园、丝绸企业研发中心等一大批丝绸文化、丝绸创意及丝绸产业项目，并策划丝绸市场及会展交易、丝绸文化创意体验等休闲区。

2）旅游与企业文化

特色小镇许多企业拥有特色的企业文化，包括企业家创业精神文化、企业产品文化和企业历史文化等。例如，路桥沃尔沃小镇的吉利，其“学习精神”为：敢于学习、善于学习，要在变化中学习与适应，在适应中生成与发展，把主动学习、善于学习视作一种工作能力，提倡“人人是老师，人人是学生”的学习观。“创新精神”是吉利的灵魂，吉利通过管理观念和手段的现代化、信息化及规范化，实现管理创新。“精益求精精神”是对产品的高质量、低成本及外协配套体系的精细建设，这些都值得游客学习和体验。吉利的“拼搏精神”体现了“不到长城非好汉”的豪迈情怀。旅游与“学习精神”文化、“创新精神”文化、“精益求精精神”文化、“拼搏精神”文化的融合促进了小镇旅游的发展。

3）旅游+地方文化

任何一个镇的历史都是人类历史的一部分，都是宝贵的精神财富。建设特色小镇，保护和延续这些历史很重要。传统具有特色的建筑、街道街区的格局和风貌、见证过历史事件和人物的场所、树木、巨石、各种具有鲜明特色的风土人情

的载体……这些文脉载体，即使已经是断墙残垣、破败和不完整，仍可以通过文化挖掘、景观修复，达到文化意象再现，形成旅游魅力，从而实现文旅融合和历史文化价值的传承。例如，桐乡乌镇互联网小镇就是一个范例，它流淌着千年的文化痕迹，是互联网让这个小地方闻名遐迩。

4）嫁接异域文化

例如，嘉善受美国好时巧克力小镇的启发，想做一个产业与旅游融合的中国版巧克力小镇，复制了异域文化资源。2015 年 6 月，嘉善的巧克力甜蜜小镇又成功入选浙江省首批特色小镇创建名单，小镇项目投资 9 亿元，规划用地 430 亩。小镇在规划设计和发展理念上从一般性的工业旅游拓展为巧克力工业旅游与巧克力主题乐园相结合的旅游景区产品。小镇以当地自然乡村田园风光为背景，保留原始水系和原始风貌，展现的是一座以发展巧克力文化旅游产业，谋求资源型企业转型，为人们留下近代工业城市完整记忆的“巧克力文化创意园”；在定位和规划上，嘉善巧克力甜蜜小镇丰富了歌斐颂巧克力小镇的内涵，并扩展了外延。度假区和特色小镇的建设打造两者衔接联动，不仅可以优化资源配置，推动度假区实现创新和跨越式发展，还可以实现“1+1>2”，是打造集合优势、提升当地整体实力和竞争力的新动力和新途径。

2．旅游+智造科技

叠加旅游文化功能是智造科技型特色小镇的一大亮点，即小镇中环境优美且具有旅游和文化体验功能。例如，在青山湖科技城的临安云制造小镇，从事智能装备的企业被迅速集聚。小镇不仅聚集了杭叉集团股份有限公司、杭州制氧机集团股份有限公司、万马科技股份有限公司、西子电梯集团有限公司等装备行业的龙头企业，还吸引了一大批“有技术、有野心”的科技型中小企业。它们为工厂设计高温自动报警系统，为电厂定制炉膛氧含量在线监测平台，为机械臂配套安装高清相机。又如，路桥沃尔沃小镇的产业定位是汽车制造，在汽车制造中嵌入汽车体验，既具有旅游文化功能，又具有品牌推广功效，让旅游与汽车制造融为一体、相得益彰。制造类小镇是这样，其他特色小镇也是这样。

3.4.4 特色小镇旅游融合类别

在浙江省特色小镇旅游功能中，不同小镇旅游功能表现出差异性特征。在已经通过审批的特色小镇中，各个特色小镇以其产业的特色性、产品的特色性、文化的特色性、环境的特色性，为其旅游空间的形成与发展创造了较好的条件，形成了不同的旅游功能，在经济功能、生态功能、文化功能、交流功能、休闲功能等方面也表现出差异性。除了旅游类特色小镇外，旅游功能更多地表现为倒逼特

色小镇加强环境优化。

从浙江省第一批、第二批特色小镇创建名单看，多数特色小镇位于自然环境优越的市区或城郊，有的直接选址在景区内或周边，拥有相对理想的人文生活环境和公共服务配套设施，有的把旅游融入生产区之中，因而形成了不同的旅游空间类型。按照分类标准不同，空间可以划分为不同的类型。无论何种类型的划分，都必须以“7+1”产业为基础。各种产业类型的旅游空间要素情况见表3-1。

表3-1 浙江省特色小镇旅游空间要素情况

特色小镇产业类型	旅游产品	旅游产品特色	产业共生性	旅游产业地位	旅游发展定位
旅游产业特色型	康养、娱乐	资源主导型	互惠共生	旅游业为支柱产业	以旅游业为主导产业，带动小镇发展
健康产业型	康养、休闲	资源主导型	互惠共生	旅游业为支柱产业	以旅游业为主导产业，带动小镇发展
历史经典文化型	文化体验旅游产品	资源主导型	互惠共生	旅游产业与特色产业互赢发展	以深厚的历史文化底蕴和购物带动小镇旅游发展
时尚产业型	文化体验旅游产品	市场主导型	互惠共生	旅游产业与特色产业互赢发展	以时尚文化和购物带动小镇旅游发展
传统智造特色型	生产科技旅游产品	科技主导型	以偏利共生为主	特色产业为主，旅游产业为辅	以旅游与工业融合带动小镇旅游发展
信息产业型	生产科技旅游产品	科技主导型	以偏利共生为主	特色产业为主，旅游产业为辅	以产业和科技考察带动旅游发展
环保产业型	生产科技旅游产品	科技主导型	以偏利共生为主	特色产业为主，旅游产业为辅	以产业和科技考察带动旅游发展
金融服务特色型	生产科技旅游产品	科技主导型	以偏利共生为主	特色产业为主，旅游产业为辅	以产业与科技考察带动旅游发展

根据表3-1，按照旅游产业地位与特色产业的共生性程度，特色小镇旅游融合类型可以划分为旅游支柱型、旅游深度融合型和旅游辅助型三类。在特色小镇申报的产业类型中，旅游产业类小镇、健康产业类小镇以旅游业作为特色小镇支柱产业，归为旅游支柱型特色小镇。历史经典文化产业型和时尚产业小镇，产业共生性突出，旅游融合性强，归为旅游融合型特色小镇。而信息产业类、高端装备制造业类、环保产业类和金融产业类等类型的特色小镇，旅游产业地位不突出，属旅游辅助型特色小镇（表3-2）。相比较而言，旅游支柱型、旅游深度融合型这两种类型旅游空间吸引力大，旅游产业地位高。

表 3-2　浙江省特色小镇旅游融合类型

结构形态	旅游支柱型功能	旅游深度融合型功能	旅游辅助型功能
特色小镇类型	旅游产业类小镇、健康产业类	历史经典产业类、时尚产业类	信息产业类、高端装备制造业类、环保产业类、金融产业类
旅游产业地位	旅游产业处于绝对地位，依托旅游业发展其他相关产业	旅游业与相关产业互动发展，两者处于平衡发展状态	旅游产业为衍生产业，旅游以综合效应促进空间优化、产业品牌宣传、产品营销，辅助小镇发展
旅游产业特征	旅游产业优势突出，旅游发展基础较好，旅游业是小镇的核心产业，是小镇经济发展的核心动力	旅游功能对特色小镇主导产业促进作用较大	旅游产业地位低，旅游只是辅助功能
旅游资源条件	旅游资源（含可用于旅游开发的自然、人文资源）富集或旅游区位优势明显	文化旅游资源优势明显，品牌产业、工艺技艺、艺术文化等资源优势明显且具有较强的旅游转化、延展能力	现代科技资源突出，以知识、信息、智慧作为最基本的吸引要素，小镇环境较好
旅游活动类型	观光、度假功能突出	观光功能相对弱化，休闲、体验、购物、商业、文创、商务等功能成为核心吸引点	体验、休闲、科普、商务
旅游功能特征	旅游经济功能、旅游社会功能	旅游经济功能、旅游社会功能	旅游宣传营销功能、旅游环境功能
旅游经济模式	“门票+旅游经营性收入”为主	旅游收入+产业收入，其中旅游收入大多以“门票+旅游经营性收入”为主，总体占比高	产业收益占主体，旅游收入相对弱化
旅游开发模式	政企合作成立旅游开发公司共同开发	企业自主开发运营模式占绝对主体	企业自主开发运营模式占绝对主体
空间特征	度假养生地、健康产业区、风景名胜区	历史经典文化产业区、时尚产业区	信息、环保、金融、高端装备制造产业园区
生产原理	以5A级景区品牌建设为载体，以扩大旅游经济和发展高质量旅游产业为目标，促进旅游空间升级	以传承传统文化或创新时尚文化为目标，把文化资源转变为体验消费资源，文化空间向旅游消费空间转向	以旅游发展优化空间品质，促进工业生产空间向生产空间和消费空间叠加转型
典型案例	奉化滨海养生小镇、仙居神仙氧吧小镇、莲都古堰画乡小镇、景宁畲乡小镇、瓯海生命健康小镇、文成森林氧吧小镇、桐庐健康小镇、武义温泉小镇	龙游红木小镇、常山赏石小镇、开化根缘小镇、龙泉青瓷小镇、青田石雕小镇、越城黄酒小镇、余杭艺尚小镇、天台山和合小镇、西湖龙坞茶镇、嘉善巧克力甜蜜小镇	上城玉皇山南基金小镇、江干丁兰智慧小镇、西湖云栖小镇、余杭梦想小镇、富阳硅谷小镇、临安云制造小镇、磐安江南药镇、诸暨袜艺小镇、路桥沃尔沃小镇

3.5 浙江省特色小镇旅游发展定位

3.5.1 旅游支柱型特色小镇

1. 旅游产业类特色小镇

从谋划特色小镇建设开始，旅游产业类就作为单独一类，被列入浙江省培育和规划建设的 100 个特色小镇之中。旅游产业类小镇通常在高等级旅游资源基础上申报而成，旅游资源优势突出，创建验收时以 5A 级景区合格验收为旅游发展指标评定标准。从区位特征看，既有位于交通可达性较好的，也有远离城市的，如景宁畲乡小镇。旅游产业类特色小镇空间规模上与其他类别特色小镇相同，在发展中同样要注重彰显产业特色，注重功能叠加，促进旅游共享，与原先的 A 级景区、旅游度假区建设各有侧重、错位发展。但是，旅游产业类小镇与特色产业类小镇在主导产业、区位要求和旅游发展思路等方面具有一定的差异性（表 3-3）。

表 3-3 旅游产业类小镇与特色产业类小镇旅游发展差异的比较

类型	主导产业	区位条件	旅游发展思路
旅游产业类小镇	大旅游（自然与人文景观）游览、休闲、娱乐、民俗体验、健康养生	可位于乡村区域，但要具有较好的可进入性，拥有高等级的旅游资源	人文自然景观酒店或民宿餐饮、民俗体验、娱乐与健康疗养设施
特色产业类小镇	高端装备制造、科技创新，影视、动漫、设计等文化创意产业	一般位于城镇之中，对区位条件要求较高，需要有便捷的交通	融资、法律、信息等各种产业开发服务平台建设，学校、医疗、综合购物设施建设

从各小镇的空间功能定位来看，休闲游乐是旅游产业类特色小镇最核心的旅游功能，几乎每个小镇都规划了相应的游乐休闲功能空间，而且每个小镇都立足自己的优势资源，延伸发展相关产业空间。例如，杭州湾花田小镇规划了实践教育基地、婚恋文化体验基地的功能空间，以丰富旅游功能内容。各个小镇资源基础与旅游发展定位如表 3-4 所示。

表 3-4 旅游产业类小镇资源基础与旅游发展定位

小镇名称	旅游资源基础	旅游发展定位
杭州湾新区滨海欢乐假期小镇	非物质文化遗产、温泉度假	结合多类主题公园和非物质文化项目，着重发展旅游娱乐产业，配套发展休闲度假和文化创意功能与产业

续表

小镇名称	旅游资源基础	旅游发展定位
安吉天使小镇	凯蒂猫家园主题公园、童话部落等	以亲子家庭旅游、养生养老等健康旅游，以及创意旅游为核心内容，建设集旅游、休闲娱乐为一体的综合旅游产业群
柯桥酷玩小镇	乔波滑雪馆、天马赛车场、酷玩乐园等	以各类运动项目为主题，打造门类丰富、体验性较强的休闲娱乐旅游项目群体
嘉善巧克力甜蜜小镇	斯麦乐巧克力工业旅游、歌斐颂巧克力主题园、云澜湾休闲度假区	以温泉度假旅游和巧克力工业旅游为主导，联动健康养生、休闲、购物、生态人居等相关产业链的产业复合体
武义温泉小镇	武义溪里湾"陌上花开"、中国温泉萤石博物馆、矿山遗址公园、百泉谷温泉养生园	以温泉度假为核心，扩展运动养生休闲旅游项目，形成多产业、多功能、多业态并进的态势，打造互补互助生态旅游产业
永康赫灵方岩小镇	书画创作艺术村、文化休闲旅游体验街区、方岩文化学术中心	依托优秀自然景观，整合各类资源，形成以风景旅游产业为主导，协同发展外围服务产业的泛旅游产业模式
杭州湾花田小镇	海上花田景区、中国古村落博物馆、花田欢乐大世界、四季花田主题民宿	主要发展现代农业观光、特色酒店群落、实践教育基地、养生度假基地、婚恋文化体验、总部商务经济六大产业
天台山和合小镇	中华佛教城、和合文化资源、和合天堂养心谷	依靠悠久而著名的和合文化底蕴，致力于发展休闲文化旅游、健康服务和文化创意等产业
景宁畲乡小镇	畲乡文化资源、自然风景资源	凭借优质的民族风情旅游资源，重点发展休闲旅游、商贸和文化三类主导产业
普陀沈家门渔港小镇	休闲渔村文化、渔港的养殖基地观赏	以海洋捕捞和海产养殖业为支柱，重点发展渔港休闲娱乐、美食体验、渔文化创意、水产电商、贸易、渔时尚商业等特色产业
朱家尖禅意小镇	佛教文化资源、海岛风景资源	重点发展佛教文化博览与体验、创意产业、健康养生服务业及休闲度假旅游产业

从发展基础和主导产业看，旅游产业类特色小镇大多是自然旅游资源和文化资源相结合，以资源为导向发展的小镇，有些以自然资源为主要吸引力，如普陀沈家门渔港小镇、永康赫灵方岩小镇、武义温泉小镇；有些是以文化资源为主要吸引力，如朱家尖禅意小镇、景宁畲乡小镇、天台山和合小镇；还有些在优美的自然环境基础上嫁接外来文化，如嘉善巧克力甜蜜小镇。另外，有些由主题游乐公园升级而成，如杭州湾新区滨海欢乐假期小镇、杭州湾花田小镇、安吉天使小镇和柯桥酷玩小镇。从产业特征看，旅游产业类小镇依托高等级旅游资源，围绕旅游业经济规划与建设项目，以休闲娱乐、健康疗养、文化旅游为主要产业，并向文化创意、婚恋文化、运动养生产业延伸，形成以高端养生服务业为核心的产业定位。除了旅游产业外，部分小镇还以旅游为平台，增加其他产业的内容，促进产业与旅游融合发展，如普陀沈家门渔港小镇延伸发展渔文化创意、水产电商、

贸易、渔时尚商业等特色产业，永康赫灵方岩小镇拓展影视文化产业，嘉善巧克力甜蜜小镇发展巧克力制造产业，等等。

2. 健康产业类特色小镇

从区位来看，健康产业类特色小镇或者是养生资源优越区域，或者是在与健康相关的产业集聚区基础上发展而成，与交通区位或基础设施较好区位基本无关，而是较为零散的分布。健康产业类特色小镇基本上都以高端旅游养生服务业为核心产业，可以分为两种类别：一类是以康体运动、医疗养老等健康养生为产品的特色小镇，如仙居神仙氧吧小镇、文成森林氧吧小镇，它们依赖于优美的自身生态环境、清新优质的空气资源，具备养生旅游资源优势，可以进行产业塑造与升级；另一类是由医疗产业、食品产业和航空运动产业等形成的特色小镇，如瓯海生命健康小镇、桐庐健康小镇、嘉兴马家浜健康食品小镇和平湖九龙山航空运动小镇，它们依赖原有的产业基础，进一步提升服务品质，延伸产业门类，完善产业体系，从而实现产业升级转型的目的。健康产业类特色小镇旅游资源基础与旅游发展定位如表 3-5 所示。

表 3-5 健康产业类特色小镇旅游资源基础与旅游发展定位

小镇名称	旅游资源基础	旅游发展定位
桐庐健康小镇	江南养生文化村、生态资源优越、清新优质的空气资源	依托优质的生态环境和健康产业基础，打造以健康养生为核心，以旅游保健产业为配套的服务业
瓯海生命健康小镇	度假养生资源、医学医疗资源	以康复医疗、医学旅游为主导产业，同时结合医疗科教、健康养老等综合服务
文成森林氧吧小镇	优质生态资源、天鹅堡度假村、天圣山文化园	以康体运动、健康养生产业、旅游观光为主导产业，结合静养与运动，发展丰富的养生项目
嘉兴马家浜健康食品小镇	健康食品产业资源	重点发展健康食品制造业、生产文化体验、旅游业三大产业，致力于构建健康食品特色产业生产链。以制造业+旅游业为旅游发展途径
平湖九龙山航空运动小镇	山地自行车休闲运动、赛马俱乐部、航空俱乐部项目、水上乐园	以航空运动产业为核心吸引力，致力于构造面向多层次群体的门类众多的休闲运动体验式服务业体系
仙居神仙氧吧小镇	神仙居国家级风景名胜区	以山水田园、古村古镇为基底，重点发展以文化体验、养生养老、休闲度假、康体美容和医养结合的大健康产业

该类小镇迎合当前健康养生市场发展趋势，立足特色小镇的健康养生资源，包括优质的空气资源和健康产业资源，发展高端旅游服务业。除了对健康核心产业进行空间布局之外，还通过丰富多种产业实现空间功能互补，提升空间功能多样性和空间价值。其中，仙居神仙氧吧小镇和文成森林氧吧小镇以空气资源和风景

资源为主要消费内容，加入文化体验、运动等空间功能，如亲子乐园、美丽乡村游乐区等。以医疗健康食品养生为主题的特色小镇，在以医疗运动养生为主导的前提下，延伸了产业链，加入了较完善的配套服务体系，如养老度假社区、药膳美食保健品产业等，在丰富空间功能多样性的同时，也增加了特色小镇整体的吸引力。

3.5.2 旅游深度融合型特色小镇

1. 历史经典产业型特色小镇

历史经典产业型特色小镇是指以某一地方特色的历史经典产业为核心，延伸发展旅游产业、健康产业、文化产业、休闲产业，在工艺（如中药、青瓷、木雕、根雕、石雕等）、生产、民居、建筑或商贸等方面的文化景观特色性突出，形成产、文、旅、居于一体的特色小镇。《浙江省人民政府关于加快特色小镇规划建设的指导意见》（浙政发〔2015〕8号）把历史经典产业列入特色小镇特色产业的选择范围，并把茶叶、丝绸、黄酒、中药、青瓷、木雕、根雕、石雕、文房等作为产业类型，这些产业历史传承时间长，蕴含了深厚的文化底蕴。从旅游空间要素看，历史经典产业型特色小镇在产业、文化和空间表现出独有的特征：在产业特征方面，以其悠久的历史传承为特色和优势，并作为该地经典产业的发源地与传承地；在文化特征方面，历史文化深厚，产业文化悠久更加突出；在空间分布方面，位于经典产业的生产核心区或集聚区（如黄酒、茶叶、中药和丝绸等原材料生产依托型产业）[59]。在浙江省第一批省级特色小镇创建名单中，大部分以打造旅游景区型特色小镇为目标（表3-6）。

表3-6 浙江省第一批历史经典产业型特色小镇资源特色

特色小镇名称（分布）	经典产业与工艺历史	特色工艺或产业特色性	小镇美誉
西湖龙坞茶镇（杭州市）	茶叶（1200多年）	茶叶种植、采摘、加工	“西湖龙井茶产地保护区”“万担茶乡”
湖州丝绸小镇（湖州市）	丝绸（4700多年）	种桑养蚕、缫丝、纺织、纹饰设计、印染	“丝绸文化的发祥地之一”“丝绸之府”
南浔善琏湖笔小镇（湖州市）	文房（2000多年）	前端设计、笔头及墨水制造、笔芯制造、模具开发与注塑	“中国笔都”
越城黄酒小镇（绍兴市）	黄酒（2500多年）	原料种植、酿造、包装	“醉乡”“酒国”“水乡”
磐安江南药镇（金华市）	中药（1000多年）	药材种植、采摘、精深加工、制药	“中国药材之乡”
龙泉青瓷小镇（丽水市）	青瓷（1700多年）	采土、制坯、绘画、烧制、施釉	“青瓷之都”
青田石雕小镇（丽水市）	石刻（1700多年）	采石、设计、雕刻加工	“中国石雕之乡”

历史经典产业中以制造业居多，大部分小镇规划了相应的制造业功能空间。此外，针对历史经典产业的上下游产业，既有安排在同一功能区域内的，如龙泉宝剑小镇、南浔善琏湖笔小镇、开化根缘小镇等；也有分散布局的，如定海远洋渔业小镇、常山赏石小镇、西湖龙坞茶镇等。针对历史经典产业进行升级转型，实现文化创意、旅游休闲等产业的发展，往往会安排相对独立的功能空间，规划明确的产业发展方向。

从旅游产业融合看，首先是产业链的延伸，从最为原始的制造业或者产品加工向产业两端拓展，形成全面的产业体系。例如，松阳茶香小镇从原来单一的茶产业拓展成采茶、精加工、展销一体化的产业体系。其次是多种业态的结合，从单一的产品集散销售到发展相关的产品加工制造与网络营销创业，形成了“2+3”的多业态发展模式。例如，庆元香菇小镇在原有香菇市场的基础上，增加了电子商务产业和香菇食品加工产业。

浙江省历史文化产业型特色小镇旅游产品创新主要体现在以下几个方面。

（1）主题内容创新。它是旅游产品成功开发的基础，对于旅游吸引力的形成和市场竞争力的培育至关重要。主题的确定要植根于特色小镇的地脉、史脉与文脉，随着市场形势的变化，在动态中把握并引导旅游需求，紧贴游客出游新趋势，适时推出新的旅游产品，凸显个性、特色与新奇。例如，黄酒棒冰融入古越龙山陈酿、糯米饭、奶油等纯天然产品，经先进工艺精制而成，将传承千年的绍兴黄酒文化与冷饮充分结合，堪称极具创新意义的一款产品。与此类似的还有黄酒冰激凌、黄酒面膜、黄酒奶茶等。

（2）结构创新。从旅游产品的结构来看，产品结构创新主要是对现有旅游产品的补充，在把握游客出行需求的前提下，加强度假、商务、会议、养生、亲子、研学等多种旅游产品开发，不断提升旅游产品的丰富度，提高游客的满意度。例如，磐安江南药镇可加强保健食品、中医康复、保健养生、休闲度假等产品体系，形成集中药材种植基地、深加工、市场贸易、生态旅游为一体，以中医药为特色的健康服务产业链。

（3）类型创新。深入挖掘历史经典产业型特色小镇的旅游资源，打破传统的以“观光型”为主要形式的旅游发展模式，突破单一雷同的旅游产品结构，丰富特色小镇旅游产品类型，强化旅游的体验性、文化性、生态性、参与性、休闲性、度假性，打造独特的旅游品牌。例如，西湖龙坞茶镇依托生态资源优势，对接杭州市第一条“运动休闲自行车赛道”和“西山国家森林徒步登山路线”，组合开发“生态旅游产品+运动旅游产品”；利用“西湖龙井茶产地保护区”的品牌，通过对人文资源和自然资源的整合，组合开发“茶特色旅游产品+生态旅游产品+休闲度假旅游产品”。

（4）功能创新。旅游产品的主要功能不仅是满足人们生活的需要，更多地体现在精神层面上，如用于馈赠、储存旅行记忆、传递当地特色文化等。同时，旅游产品的竞争异常激烈，通过旅游产品创新，一方面能够充分满足广大游客喜新求变的消费心理，另一方面又可以为企业经营带来显著的经济效益。例如，越城黄酒小镇在特色小镇建设的推进下，以千年古镇为基础，重点推进黄酒产业创新提升、黄酒历史文化和生态旅游，打造出融生产观光、展示体验、文化创意、休闲旅游等多种旅游产品，实现了小镇生产功能附加旅游功能的创新。

（5）过程创新。过程创新即旅游产品形成过程的创新，它以市场为导向，在不改变产品本身的情况下，对产品生产的过程重新认识、重新设计。创新过程中要做到三个方面的转变：一是由静态、线性游向动态、深度体验游转变，充分挖掘文化内涵，增加更多具有参与性和体验感的旅游产品；二是加大时尚、创意、文化、科技等要素投入，由低层次、单一化旅游产品开发向创意性、复合性旅游产品开发转变；三是由零散型、区域式旅游产品向集聚型、全域式旅游产品转变，与周边旅游产品和业态联动，实现对社会经济的综合带动效应。另外，可以运用高科技手段和最新的技术，对某些特殊景点和服务设施进行多功能化综合设计，如利用先进技术成果对工业生产遗址加以保护，“复活”历史，让游客身临其境，提高旅游产品的科技含量，增加旅游产品的文化内涵；融合运用幻影成像技术还原历史经典产业的制作场景，运用 LED 技术和 5D 效果真切展示特色小镇自然资源和文化资源，让游客领略逼真的场面。

2. 时尚产业型特色小镇

与先进制造、休闲旅游、文化创意等产业特色鲜明的小镇相比，时尚产业特色小镇更具有差异化定位和指向性发展。该类特色小镇分布不均衡，除了温州有两例、诸暨有一例外，其他都在杭州与嘉兴区域。从产业发展路径看，除杭州的西湖艺创小镇和余杭艺尚小镇是新生以外，其他几个特色小镇都是通过特色小镇建设实现地方传统服务制造业的升级改造，例如，以服装类轻工业产业园区为发展基础的时尚设计类特色小镇，其区位选择依赖原有产业园区。而位于杭州的两个特色小镇主要发展艺术设计、新媒体和销售展示等产业，对交通区位、基础设施和文化氛围的依赖度较高，相对而言更偏离省会城市核心区域。

从产业发展情况看，时尚设计类特色小镇差异较大。例如，余杭艺尚小镇和西湖艺创小镇以文创设计为主导产业，瓯海时尚智造小镇和诸暨袜艺小镇以时尚产品的设计制造为主导产业，而海宁皮革时尚小镇则选择文创产业和时尚智造并举。部分该类小镇有一定的制造业或贸易业基础。例如，桐乡建设毛衫时尚小镇是基于桐乡濮院镇已有的国内最大羊毛衫贸易中心，吴兴区建设美妆小镇是基于

吴兴已有的欧莱雅化妆品工业基地。

从功能区布局看，大多保留了制造业的功能区域，如桐乡毛衫时尚小镇的针织产业园区、诸暨袜艺小镇的智能制造区域、平阳宠物小镇的宠物用品核心制造基地；也有些针对制造产品的贸易或者展销的功能空间，如海宁皮革时尚小镇的皮革城市场区、吴兴美妆小镇的产业服务区、瓯海时尚智造小镇的电子商贸区。从旅游功能布局看，全都安排了空间体验功能区，将各类文化都融入特色小镇，如余杭艺尚小镇的时尚历史街区、吴兴美妆小镇的旅游休闲区、桐乡毛衫时尚小镇等。时尚产业型特色小镇产业构成与旅游发展定位见表3-7。

表3-7　时尚产业型特色小镇产业构成与旅游发展定位

小镇名称	产业构成	旅游发展定位
余杭艺尚小镇	产业融合文化特色和“互联网+”，以设计研发、销售展示小镇，以时尚产业与教育培训等作为主导产业	挖掘时尚文化，文化创意艺术，策划旅游项目
西湖艺创小镇	依托中国美术学院，以设计服务业为主，并发展现代传媒、信息服务、动漫游戏等产业	建设“美术+音乐”“艺术+”生态环境的总体公园，包括两大山体艺术公园和7个主题性生态艺术公园。结合艺术节庆，形成“以公园构造空间、以节庆串联日常”的艺术生活系统，打造人文旅游的目的地
瓯海时尚智造小镇	依托纺织服装、鞋革、香水、眼镜等制造业，配合发展研发设计、展销检测等产业	时尚生活+休闲，时尚智造+休闲，形成休闲旅游体验产品
平阳宠物小镇	依托知名的宠物时尚用品制造业基础，发展宠物休闲旅游、产品研发等产业	技术成熟型制造业+旅游休闲业，形成休闲旅游体验产品
吴兴美妆小镇	重点打造以化妆品生产为主导的全产业链，并注重护肤产品、彩妆香水等产品的研发创新	制造业+旅游休闲业，形成旅游休闲区和创意体验区
诸暨袜艺小镇	依托全球最大的袜业制造业基础，植入设计与时尚元素，实现产业链的扩展整合，形成智造硅谷、时尚市集和众创空间三大区域	建成袜艺文化体验馆，挖掘袜业文化内涵，形成文化体验游、时尚购物游、创业创新游
海宁皮革时尚小镇	通过皮革工业研发与制造振兴皮革产业，配合发展服装工业设计、会展和时尚发布、时尚生活休闲产业	以时尚产业为主导，商务、购物、会展、休闲于一体的旅游目的地
桐乡毛衫时尚小镇	依托桐乡毛衫产业优势，发展集设计、贸易展览、文化体验于一体的时尚毛衫产业群	以“一核两翼两带”（“一核”即时尚产业核心，“两翼”即旅游文化中心、博览制造中心，“两带”即时尚产业交融带、绿色生活漫步带）为中心，打造地域性休闲旅游一站式消费胜地

3.5.3 旅游辅助型特色小镇

“旅游辅助类”小镇包括高端装备制造、信息经济、环保产业、金融等类型，有些学者把该类小镇称为创新创业型小镇[60]，该类小镇以科技研发、企业孵化、互联网与大数据等作为最基本的产业，在浙江省特色小镇中占有较大比例。它们是以创新性企业为主体，通常以某个大企业集团或某些具有相似经营性质的企业为龙头，引导信息、技术、资本、人才等要素高度集聚的创新活力空间，产业定位主要聚焦浙江省未来发展的核心产业，进而形成独具特色的新兴产业型小镇。这类特色小镇缺乏传统的观光型旅游资源，从产量看，特色产业占绝对优势，旅游产业无足轻重。旅游资源主要特征表现为以下几个方面。

（1）区位优势明显。旅游辅助型小镇是以科技与互联网为核心，离不开人才的支持，因此，该类小镇基本上位于杭州、宁波等大城市边缘区的经济开发区，或科技园与高新区内部，在区位选址上交通十分方便，市场通达性好。例如，路桥沃尔沃小镇位于台州经济开发区，富阳硅谷小镇位于杭州富阳经济技术开发区内，西湖云栖小镇位于杭州转塘科技经济园区，余杭梦想小镇位于余杭区未来科技城内。

（2）研学旅游资源具有较大优势。以科技为特色的特色小镇以智力密集型的创新创业产业为核心而形成，以科技研发、企业孵化、大数据等高新产业为主，在科技资源上具有很大的优势。在当前知识经济时代，对创新创业感兴趣的人群规模十分巨大。创新创业型特色小镇内部是技术与知识、资源的共享，这种共享在外向上体现为各种实体空间的共享，因而，小镇内部要考虑技术与智慧的输出空间，这为研学旅游创造了条件。

（3）产业旅游资源类型多样。浙江省创新创业型特色小镇都是以科技研发与创新为特色，形成了丰富的研学旅游资源。例如，江干丁兰智慧小镇由杭锅智慧产业园、智慧企业总部园、中小企业创新园三个智慧产业园构成，重点是发展电子商务企业，包括电商产业集聚中心和软件、互联网等信息服务业；西湖云栖小镇聚集千余家云企业，涉及应用开发、游戏产业、互联网+金融产业、数据挖掘等研学资源；黄岩智能模具小镇以模具产业与产品为核心，延伸产业链，建成小镇模具主题公园、精诚时代“梦工厂”等旅游设施。

（4）旅游与小镇深入融合，但旅游产业地位不突出。创新创业类特色小镇支柱产业一般不是传统的制造业、旅游业、轻工业、商业，而是科技研发、大数据、互联网等智力密集型的高新产业，但是对以生产型为主的特色小镇而言，产业区的转型升级和多维目标的追求首先需要特色小镇产业结构的调整，实现产业多元化，提高产业区土地利用效率，旅游产业的发展则是特色小镇产业结构调整和产

业多元化的重要途径。因而，该类特色小镇也要求达到 3A 级景区验收标准。例如，西湖云栖小镇在打造完整的云计算产业生态的同时，建设云栖科技博物馆、云咖啡吧、机器人餐厅、数字体验图书馆、智能硬件体验馆等设施；余杭梦想小镇重点发展互联网创业和天使基金两大产业门类，同时，积极推动文化、旅游和产业功能的有机叠加，保留小镇历史遗迹与自然生态，以维持原始景色，发展旅游业[61]；富阳硅谷小镇在重点发展智慧经济的同时，结合周围优美的资源环境，发展旅游业。

为了顺应当前旅游发展的需要，这些类别的小镇注重小镇建设的景区化与小镇功能的旅游化，旅游发展目标定位为建成 3A 级景区，年旅游接待达到 30 万人次以上。旅游辅助类产业型特色小镇具有信息经济、金融、高端装备制造等核心产业，在服务理念、产品创新、市场特点等方面与旅游产业具有内在的一致性，且在资源特性上具有良好的互补性；在旅游产品创新上，主要向体验旅游产品和独具特色的智慧之旅方向发展，对 90 后高校毕业生、大企业高管、科技人员具有较大吸引力。

第四章

浙江省特色小镇旅游空间生产分析框架

按照空间生产的空间实践、空间表征和表征空间的三元分析框架，空间生产不仅包括空间中的物质生产，也包括空间中社会关系的生产。特色小镇旅游空间生产也不例外，它是满足企业员工、社区居民和游客活动的地理空间、产业空间、文化空间、社会空间的交融性生产。特色小镇旅游空间生产就是指在各种作用力的相互作用下，通过旅游空间实践对特色小镇物质空间、旅游功能和产业经济收益产生影响，进而影响社会关系的改变和权力机构对特色小镇的管理情况，营造出新的物理空间和社会空间。本章从旅游空间实践、旅游空间表征和旅游表征空间三个方面构建特色小镇旅游空间生产分析框架。

4.1 特色小镇旅游空间生产理论解释

4.1.1 特色小镇旅游空间内涵及其类型

1．特色小镇旅游空间内涵

特色小镇不同于产业园区和开发区的空间生产，也不同于古镇、文化仿古街、历史文化名城等地的空间生产，是当前新兴起的一种特殊类型空间。特色小镇是一个“产、城、人、文”等多种要素高度融合发展的空间，汇集产业、人文、生态、社区等理念，具有明确产、文、旅、居功能的新型共同体[62]。特色小镇是以产业特色、文化特色和空间特色为内涵的空间发展平台，而旅游是游客追求资源特色性而开展的体验活动，这就使得特色小镇作为旅游空间成为可能。

特色小镇旅游空间的形成必须达成两个条件：一是具有相对独特的旅游吸引物，包括自然吸引物和文化吸引物；二是将旅游吸引物转化为旅游产品，并以“小

镇景观化”的方式建构小镇旅游意象的独特表达。

特色小镇旅游空间就是指在特色小镇空间生产过程中所形成的具有旅游功能的实体空间和社会关系的总和，是承载旅游吸引物的场所及其文化和社会关系所形成的空间实体。特色小镇的旅游空间在特色小镇空间生产中形成，即是企业的生产空间、社区居民的生活空间和旅游空间的结合体，有别于风景区旅游空间、城市旅游空间和文化街区所形成的旅游空间，有着不同于产业园区的生产空间和城镇居民日常生活空间的特征和符号内涵。它是以特色小镇空间为载体，通过旅游产品“量”的扩张与“质”的提高，被旅游规划设计人员、企业以及政府管理人员开展旅游化和景观化而创造出来的。

特色小镇旅游空间是以特色小镇的旅游吸引物为主体，既包括物质文化资源，又包括精神文化资源，具有以下四个方面的属性。

一是物理性。特色小镇旅游空间依托于物质实体，如旅游资源实体，并具有明确的自然地理空间范围。

二是社会性。任何人类活动的空间都具有社会属性，特色小镇旅游空间也不例外，也具有社会属性。例如，旅游开发影响下产生的游客与居民的关系、政府与企业的关系，是特色小镇与游客共同建构的具有开放性与公共性的社会空间。

三是符号性。作为旅游吸引物的旅游标识与旅游景观，特色小镇旅游规划、游客体验、特色产业文化展示通过产业特色象征符号与旅游消费符号来体现。

四是可生产性和可消费性。旅游空间是特色产业资源被商品化生产、旅游产业化开发与旅游消费市场互动的体现，是特色产业与旅游融合发展的行业特征。

2. 特色小镇旅游空间的类别

按照旅游功能强弱分，特色小镇旅游空间主要有以下几类。

（1）旅游支柱产业型旅游空间。例如，仙居神仙氧吧小镇、乐清雁荡山月光小镇等，旅游资源特色性优势明显，旅游产业地位突出，起到支柱性作用。

（2）旅游融合型旅游空间。这种旅游空间又有两种类型：一种是旅游与历史经典产业类小镇融合，形成文旅小镇，如绍兴越城黄酒小镇；另一种是产业资源的特色性突出，旅游吸引力大，旅游与特色产业融合，如余杭艺尚小镇、德清地理信息小镇。

（3）旅游辅助型旅游空间。产业资源空间旅游吸引力不大，旅游融合程度不深，旅游功能不突出，特色小镇的旅游空间开发只是为了优化特色小镇空间环境，提高社区居住质量，如上城玉皇山南基金小镇、下城跨贸小镇、临安云制造小镇。

4.1.2 特色小镇旅游空间生产的理论建构

1. 特色小镇旅游空间生产的“三元一体”

空间生产就是空间被开发、设计、使用和改造的过程，从空间生产的角度看，特色小镇建设是资本、权力和利益等政治经济要素和力量对空间重新塑造。根据勒菲弗的空间三元辩证框架，即以空间实践、空间表征、表征空间为内容的“三元一体”的理论，旅游空间生产表现为“旅游空间实践”“旅游空间表征”“旅游表征空间”。“旅游空间实践”属于“感知的空间”维度，承担着特色小镇旅游吸引物的生产和再生产的职能；“旅游空间表征”通过“构想的空间”来表达，在旅游导向下，特色小镇形成了新的生产关系和权力主体之间的关系；“旅游表征空间”属于“生活的空间”维度，是指企业员工、社区居民和游客的生活空间。特色小镇旅游空间生产分析框架见图 4-1。

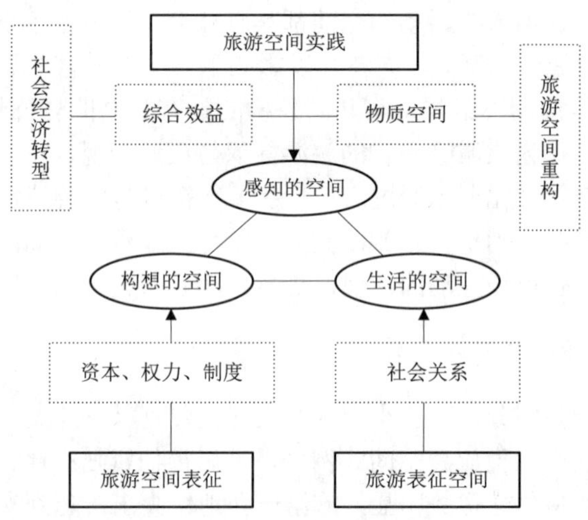

图 4-1 特色小镇旅游空间生产分析框架

2. 特色小镇旅游空间生产内涵

从空间生产的角度看，特色小镇旅游空间生产就是指依托特色小镇旅游吸引物，在资本和权力的推动及社会运动的共同参与下，通过复杂的社会关系构建，生产出功能“聚而合”、形态“小而美”、体制“新而活”的特色小镇新空间，这个新空间是具有旅游景观、旅游功能和旅游体制特征的旅游空间（图 4-2）。也就是说，特色小镇建设是在资本、权力和利益关系等政治经济要素和力量作用下，实现空间重构[63]，并以旅游空间作为介质或内容，形成以特色小镇空间为“底板”

的社会关系过程。因此，特色小镇旅游空间是在特色小镇空间生产中产生，从这个意义上来看，特色小镇建设与特色小镇的旅游空间生产具有同步性和紧密性，旅游空间的建构离不开特色小镇空间产业特色、建筑特色、环境空间等要素，也离不开资本与权力的作用。

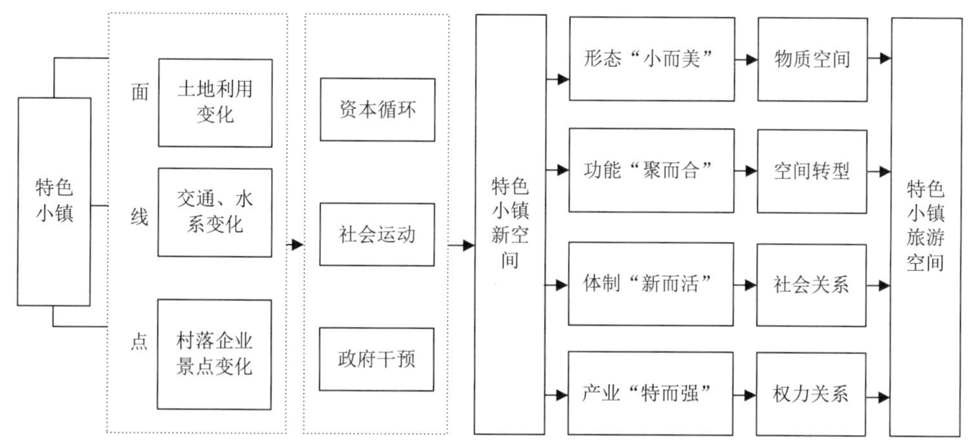

图 4-2　特色小镇旅游空间的形成

特色小镇旅游空间生产具体内涵包含以下四个方面。

物质空间：空间实践对特色小镇物质空间的改造体现在特色小镇旅游空间要素的构建，促进旅游景观的形成。

空间转型：空间实践对特色小镇旅游空间体现在特色小镇向“人、文、社、旅”于一体的社会经济空间转型，形成旅游功能。

社会关系：不同企业之间、企业员工及社区居民与外来者（包括游客、企业客人及其他新进入者）之间的社会关系网络，属于表征的空间范畴。

权力关系：资本权力制度影响下，企业、政府及政府组织、开发商等多权力主体对特色小镇旅游空间生产的规划与控制，属于空间表征范畴。

3. 特色小镇的空间生产与旅游空间生产的关系

特色小镇在空间上是生产功能、生活功能和生态功能的有机整合，同时又是“人、文、产、旅”的统一体。其中，产业空间是特色小镇生产能力的反映，以利用自然环境、特色产业资源和社会经济资源为基础的旅游开发，突出产业特色，实现特色资源优势向产业优势转化，并成为小镇特色产业延伸与增值的主要渠道与方式。旅游促进生活空间就是促进特色小镇强化生活功能配套与自然环境美化，决定了小镇的现代性水平，符合现代都市人的生产生活追求。旅游促进生态功能就是在旅游开发过程中，在新发展理念支持下，注重生态保护、规划、保障水平

的反映，要求特色小镇在产业发展过程中要重视生态协调性、系统性、可持续性。可见，旅游功能促进了特色小镇空间形态的变化，是“三生融合”的助推器。

按照空间生产理论，当代生产重心正逐步由“物的生产”向“空间本身的生产”转移，当空间成为资本生产的直接对象时，空间就被资本化了，意味着一切空间要素都被纳入资本生产的逻辑[64]。空间被作为一种可以增值的商品，如同其他产品设计一样，其规划和设计是空间生产的重要环节。由于旅游功能的综合效益，特色小镇空间生产通过空间的发展定位、规划与设计，把旅游功能定位和旅游要素建设作为空间规划与设计的一个内容，也就是说，旅游要素被作为空间增值的一个要素。也正因为如此，资本与权力才会对旅游空间生产产生兴趣和动力，推进旅游空间生产。因此，旅游空间生产是特色小镇空间生产过程中的一个方面，特色小镇旅游物理空间、景观符号空间和体验空间是在其空间整合下形成的。

但是，旅游空间生产的主体主要由政府、企业和市场构成，而特色小镇空间生产的主体则由政府、企业、企业员工和小镇社区居民构成。即使同一主体，对空间生产的内容与方式侧重点也不同，政府在旅游空间生产中，主要表现在旅游公共服务建设、旅游设施、旅游规划编制等方面，而在空间生产中，主要表现在确定特色小镇定位、制定政策、招商引资等方面。尽管二者有区别，但本质上，特色小镇的旅游空间生产就是特色小镇旅游空间与产业空间进行叠加的过程。

按照二者的空间整合先后，特色小镇的旅游空间生产可分为滞后型旅游空间生产和同步型旅游空间生产。

（1）滞后型旅游空间生产。特色小镇的核心是特色产业，在一些私募基金、创意设计、互联网金融、大数据和云计算、健康服务业，或其他智力密集型产业等新兴产业特色小镇，一方面必须通过招商引资引入核心企业，另一方面，特色小镇也是一个宜居宜业的大社区，既有现代化的办公环境，又有宜人的自然生态环境、丰富的人性化交流空间和高品质的公共服务设施。在此类特色小镇发展初期，往往旅游空间生产关系没有形成。因此，在特色小镇的空间生产过程中，旅游空间通常滞后于产业空间的建设。

（2）同步型旅游空间生产。在一些旅游产业类特色小镇或者历史经典文化特色小镇，其空间是旅游开发提供基础条件，其空间生产贯穿于旅游开发的全过程。在旅游开发前，特色小镇空间要素是吸引旅游者前来旅游的旅游资源，满足游客的审美需求；在旅游开发后，旅游开发过程就是特色小镇空间要素被策划、规划、设计、改造为旅游产品的过程。在旅游开发过程中，特色小镇空间要素被纳入资本生产的逻辑中，在利益相关主体的参与下，通过复杂的社会关系构建生产出具有旅游审美价值的空间产品，同时这些空间产品又构成了进一步社会生产的基础和前提。而特色小镇空间生产是特色小镇空间要素被开发、设计、使用和改造的

全过程，因此，旅游开发与特色小镇空间生产是同步进行的，旅游开发过程就是特色小镇空间生产的过程。

4.1.3 特色小镇旅游空间生产的层级

特色小镇旅游空间转化既包括建筑、空间成为游客的视觉消费，如厂房建筑、生产区空间、社区空间、厂区环境，兼具旅游功能，直接转化为旅游空间；也包括厂房建筑物的旅游化经营，如开放展示厅，生产车间、生产管理区、企业文化成为旅游空间生产的对象，通过生产场景对游客的开放，以及生产文化的提炼与加工，运用旅游体验所特定的空间元素、文化符号延伸与嫁接，以及符号的生产、复制、拼贴和仿真，使得景观、事件、现象、空间可以被展现出来，成为旅游空间生产的重要手段和方式。从旅游地空间生产层级看，特色小镇旅游地空间可分为感知的旅游空间、构想的旅游空间、生活的旅游空间三个层级。

1．感知的旅游空间

1）概念解释

感知的旅游空间生产主要通过特色小镇旅游空间生产的“空间的实践”来完成，主要表现在旅游物质空间的构建，即在原有特色小镇建筑物、道路、环境要素等基础上，进行旅游化改造与设计，并开展旅游景观符号设计、旅游线路构建、旅游服务化等旅游体验设计，从而实现特色小镇从生产到旅游消费的空间转型。物质空间建设离不开资本的投放，资本成为影响旅游感知空间的核心驱动因素。

特色小镇首先作为一个地理空间，过去传统意义上往往重视空间内的生产和生活，空间本身只是一个承载物而已。按照勒菲弗的空间生产理论，特色小镇这一空间其本身的生产功能得到了关注和重视。特色小镇空间实践是感知的空间生产，在旅游功能影响下，“感知的空间”与特色小镇的“旅游物理空间的生产”相对应，主要是指旅游地空间区位与配置组合、地理景观与特色小镇物质载体的开发实践，旅游空间实践就是对特色小镇物质空间的改造，体现特色小镇空间旅游化的建构，也对特色小镇企业关系、旅游效益等社会经济产生影响，体现了特色小镇的社会经济转型。旅游物理空间生产属于旅游空间客观的物质形态部分，包含实体性旅游资源与旅游环境，如建筑、交通、特色工业产品、展示厅等，具有地理意义上的客观物质实体的生产特点，因此，特色小镇的旅游空间生产本质是对特色小镇空间的景观化与旅游化塑造。

2）感知的旅游空间构成

在景观生态学中，把景观结构分为“斑块、廊道、基质”，由此，可以将特色小镇旅游空间从旅游节点、旅游轴线、旅游功能区和旅游域面几个方面来进行构建。

（1）旅游节点。旅游节点是旅游空间最基本的空间形态，是吸引游客驻足的具体空间。具体来说，旅游节点包括主要旅游景观、旅游文娱中心、旅游体验与服务中心。其中，旅游景观是旅游空间的集中体现，体现了空间最具特色和吸引力的节点，是游客关注点最高的基本物质元素。旅游节点不仅是旅游空间中的集聚点，承担旅游空间内游客体验的功能，也是空间的转折点，具有“通道连接”功能。

（2）旅游轴线。旅游轴线是由旅游节点空间连接而成，具有特定旅游线路主题和审美体验的通道，能展示特色小镇旅游空间特色产品内涵。特色小镇的旅游轴线可能由一个企业的旅游节点组成，也可能由几个企业旅游节点组合而成。游客可以通过旅游轴线获得特色小镇特色文化审美体验与生产科技知识的享受。旅游轴线不仅是游客的游览与体验的主轴线，还起着连接不同旅游空间景观区、功能区的功能。

（3）旅游功能区。旅游功能区是旅游空间最具活力的空间形态，由“旅游轴线”串联“旅游节点”，以不同方式组合，形成了不同特色的空间形态。特色小镇旅游空间的生活生产方式、节庆活动、旅游活动都在不同的旅游功能区中展开，并生成特定的旅游景观。特色小镇通常由几个旅游功能区组成，可能由一个企业形成，也可由几个企业共同组成。因此，旅游功能区能够反映出人与景观的活态社会文化关系。

（4）旅游域面。旅游域面是特色小镇旅游空间内“旅游节点”、“旅游轴线”和“旅游功能区”与周边其他要素相互耦合而成的集合，是旅游空间的腹地，也是游客感知的自然、社会背景的地理的空间区域，被称为旅游景区。旅游域面的特征会随着空间内点、线、面相互耦合、作用而产生形态上和文化结构上的差异。

2. 构想的旅游空间

1）概念解释

构想的旅游空间生产通过特色小镇空间表征来完成，特色小镇旅游空间生产的“空间表征”，表现为空间主体对特色小镇旅游空间的构想，而制度（权力）是影响构想空间的关键因素。构想的旅游空间生产主要是指在特色小镇物质空间进行开发和生产的过程中，规划师、策划者、开发商、政府等角色，通过语言、文本、意识形态来设计、指导、统治、支配等方式，对特色小镇旅游空间功能和发展产生影响。政府对特色小镇要达到 3A 级景区的验收要求、特色小镇建筑风貌的控制、企业生产工艺的开放等，完全是在各地政府对特色小镇顶层设计的制度框架下完成。

2）构想的旅游空间构成

按照特色小镇的构想，“产、城、文、旅”的综合功能和生产、生活、生态的“三生融合”特征是特色小镇最突出的表现，不同于传统的产业园区空间特征（表 4-1）。特色小镇是一个集产业、文化、旅游和社区四大功能于一体的一个新型聚落单位。虽然产业功能与产业定位是特色小镇的关键，但特色小镇不再是单一空间，而是一个集生产、文化、旅游和生活功能于一体的综合体。这样的综合体空间目的是形成快速推进升级转型、促进有效投资增长、推进新型城镇化、加快城乡一体化等多项的“溢出效应”。

表 4-1　特色小镇与产业园区用地类型表征差异的比较

类别	空间类型	用地类型表征
产业园区	生产空间	工业用地和公共服务用地等
	生活空间	满足企业员工零时性需要的食堂与住宿用地
	生态空间	园区内生态环境用地，通常面积很小
特色小镇	生产-旅游复合空间	重点包括在现有生产企业用地基础上，形成旅游节点；并以旅游线路形式，把多个企业生产点连接成旅游线路
	生产-生态复合空间	以现有的生态用地为基础，被用于旅游活动的水体、绿地、林地等
	生活-生产复合空间	以社区为基础发展起来的旅游餐饮用地、旅游购物用地、旅游娱乐用地等

3）构想的旅游空间特征

首先，营造一个跨越空间边界的特色产业平台。生产是特色小镇的核心与基础，要求特色小镇重视产业竞争力、产业创新、产业融合。特色小镇“非镇非区”，突破行政区划单元和产业园区边界，形成一个特色明确的产业集聚区，是一个集聚产业的空间发展平台。应在夯实特色产业优势之后，向上下游实现链向延展，包括加强旅游融合，创新旅游发展业态，对外部的资金、人才、技术、服务等各种资源形成集聚效应，最终搭建起多元化的跨界产业整合平台，形成与其他地区具有较强差异性的吸引力，以推动相关产业的发展，为特色产业的发展提供支撑。

其次，营造一个环境优美的生态空间。生态包括自然生态与社会人文生态，生态是特色小镇的特色与风格，特色小镇建设构想坚持生产、生活、生态“三生融合”发展，其中生态元素是特色小镇最有魅力的元素之一，也是特色小镇可持续发展的重要保障。在发展生产、旅游与经济的过程中，必须注重对生态环境的改善和保护，减少产业活动所带来的污染和影响。

最后，营造一个舒适的生活空间。特色小镇建设的根本是提高生活质量，包括物质生活质量与精神生活质量。特色小镇最根本的目标就是营造一个由社区居民、通勤员工、旅游消费群体、创投群体共创共享的舒适生活环境。

3．生活的旅游空间

1）概念解释

特色小镇的表征空间是特色小镇居民和企业生活与感知的空间，既是特色小镇运作的基本载体，又是人们生存和发展的实践场所。生活的旅游空间是指特色小镇内居民、企业员工生活的空间，以及游客所体验和感受的空间，其社会关系的改变主要表现为居民及企业员工之间和旅游者与企业员工、居民之间的社会关系。

通过旅游空间生产，特色小镇的物质空间、经济收益等方面都发生了一定程度的变化，特色小镇原有的社会网络关系随之改变：一方面，由于旅游的发展，特色小镇的知名度提高，游客量不断增长，特色小镇外来人流量提高；另一方面，特色小镇基础设施和配套设施改善，小镇员工就地居住增多，对小镇的归属感和依恋度都会提高。生活的旅游空间是企业、企业员工、社区居民和外来旅游者在日常生产生活和消费中的博弈和对抗的结果。

2）生活的旅游空间构成

景观是特色小镇生活空间必不可少的基本要素，无论是旅游资源还是旅游产品，构成旅游景观才能吸引旅游者开展旅游活动，特色小镇才能达到 3A 级景区要求和创建验收要求。从表征空间看，特色小镇旅游空间由产业旅游空间、社区生活旅游空间、生态与休闲旅游空间构成。

（1）产业旅游空间。特色小镇是在某一特色产业基础上形成，不仅在特色产业上具有强大的竞争优势，而且通过产业的上下游产业链的扩展与延伸而形成产业生态圈。特色产业通常具有特色的文化、特色的工艺流程、特色的产品和特色的企业历史等，因而，特色小镇的产业旅游空间包括了产业文化旅游空间和生产空间。特色小镇是以人类活动为特征的生产区域，除了旅游产业类特色小镇外，在大多数特色小镇中，产业旅游空间被作为特色小镇的特色与优势。

（2）社区生活旅游空间。社区是特色小镇的重要组成部分，也是特色小镇区别于开发区和产业园区的重要体现。小镇更强调的是“产、城、人”的融合发展，并要求社区空间、基础设施、自然环境与特色产业发展融合适应，以促进高层次人才的引进，社区建设必须追求形态、环境、景观、文化等方面具有特殊的品质，突出产业、景观、文化在社区建设上的延伸。因此，社区空间也会成为特色小镇旅游空间的一部分。

（3）生态与休闲环境旅游空间。特色小镇是以建设生产、生活、生态为一体的美丽小镇为目标，空间建设上强调生态性、景观性和生活性。特色小镇空间内除了产业旅游空间和社区旅游空间外，需要保留一定的休闲与环境旅游空间，以

便于企业员工、社区居民、游客的休闲活动和日常生活。

4.1.4 特色小镇旅游空间生产的内容

特色小镇旅游空间生产是特色小镇企业员工的生产、生活实践，兼具旅游功能的空间生产。特色小镇旅游空间生产包括物质性空间生产，即它是人类经过生产生活实践，被物化下来的旅游景观；也包括社会性空间生产，即它是特色小镇生产主体与游客之间社会关系的生产，具有时空性、活态性、开放性与展示性的特征；还包括文化体验性空间生产，即它是文化景观与文化象征符号的生产。特色小镇旅游空间的生产是旅游业空间生产最直接的途径，主要是通过资源的提炼与空间要素的创生，将其注入特色小镇的旅游物理空间、旅游景观符号和旅游参与体验空间之中。

1．旅游物理空间的生产

根据空间生产理论，特色小镇旅游地旅游物理空间的生产，就是指在特色小镇原有物质空间进行旅游空间生产和再生产，与特色小镇旅游地感知的空间、空间的实践相对应。也就是为了旅游开发，进行新建筑建造、旅游设施建设、旅游基础设施建设等，具有地理意义上的客观物质实体的生产特点，属于旅游空间客观的物质形态部分，包含实体性旅游资源与旅游环境。按旅游物理空间的性质与功能划分，其生产内容又有三个层次。

一是核心层，是指特色产业体验区，是游客对特色小镇最期望获得体验的区域，包括特色产业生产区及生产设备、产品展示区，产品品尝区，企业发展史和文化展演区，企业景观建筑等实体。旅游物理空间核心层相当于旅游者参与特色小镇各种特色性旅游活动的载体。

二是辅助支持层，是指特色小镇的管理区和小镇客厅、商品购物区和休闲服务区或接待购物中心等，主要满足游客对特色小镇开展吃、住、行、购、娱的服务需要，提高游客在特色小镇正常的生活需要和常规休闲娱乐层次。

三是扩展边缘层，是指特色小镇的周边生态保护区域和员工生活区，产生了新的旅游内容，能够满足全方位特色小镇体验需要的空间区域，从而能够满足游客更多的体验需求。

2．旅游景观符号空间的生产

旅游景观符号空间的生产与构想的旅游空间生产、空间表征相对应，在资本权力制度影响下，企业、政府、非政府组织等多权力主体根据特色小镇的特色文化与特色产业和市场需求，对特色小镇旅游活动中各种旅游要素进行规划与控制，

有意识规划生产的概念化的空间想象。特色小镇旅游景观符号空间的生产，就是进行标志性景观符号系统的制造及符号性旅游产品的舞台化表演与产业化开发，是旅游景观符号系统的制造与呈现、旅游产品舞台化再现与产业化开发，为旅游者认识了解进而认同小镇特色文化提供了体验与互动的空间。

旅游景观符号空间包括旅游资源景观空间、旅游设施景观空间、旅游企业景观空间、旅游环境景观空间。景观符号往往是小镇特色与文化的展示，或者是旅游景区中能够给游客增添旅游体验效果的符号，或者是景区导引的符号。特色小镇从产业空间向生产空间和消费空间综合体转换，必须通过旅游景观符号化才能得到有效的加强。因此，旅游景观符号空间的生产是特色小镇旅游化的重要环节。

3. 旅游参与体验空间的生产

随着社会的发展，旅游产品需求和人性化体验设计越来越高，旅游产品独特性、新奇性、地方性加强，由“物”的层面转向“非物”的层面越来越突出，体验经济时代已经到来，旅游体验性质量已经成为人们旅游质量的主要关键指标，旅游市场不断从观光型向度假型、体验型旅游发展。根据空间生产理论，特色小镇旅游参与体验空间与小镇企业及职工生活与上班的空间相对应，是在旅游物理空间与旅游景观符号空间基础上的生产，也是旅游利益相关者共同建构的旅游体验原真性的场景空间，这一空间反映了特色小镇职工真实的生活，亦包含旅游者亦真亦幻的参与体验，是获得特色小镇旅游参与体验的重要空间，具有精神意义上的个体主观心理生产的特点。参与体验空间主要通过游客与企业员工、游客与社区居民、游客与企业之间的社会关系网络来体现，属于表征的空间范畴。

4.2 特色小镇的旅游空间实践

“空间实践”指的是空间性的生产，它既是人类各种物质实践活动和行为本身，又包括这种活动和行为的结果[65]。特色小镇旅游空间形态的实践过程强调特色小镇旅游景观与旅游要素被感知空间的演变过程。

4.2.1 特色小镇旅游空间形态的类型

特色小镇旅游功能形成基础各有差异，有些特色小镇在原有基础上创建，有些由产业区与周边相邻的景区空间整合而成，也有些挖掘产业区资源特色，通过旅游融合而成。由于特色小镇旅游发展基础和空间布局的差异性，特色小镇形成了多种旅游空间形态。根据特色小镇旅游空间形态的生成，特色小镇旅游空间形态主要有景区扩容型、景区与产业区整合型、旅游融入型三种空间形态（图 4-3）。

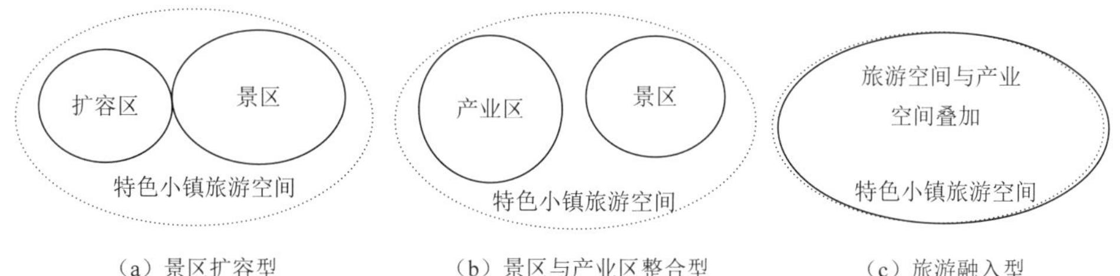

（a）景区扩容型　（b）景区与产业区整合型　（c）旅游融入型

图 4-3　旅游空间结构形态

这三种形态特征的比较见表 4-2。

表 4-2　特色小镇旅游空间结构形态特征的比较

比较项目	景区扩容型	景区与产业区整合型	旅游融入型（产旅合一型）
空间形态生成	对原有旅游景区进行扩容、提升而成为旅游产业型特色小镇	生产区与景区紧密相邻，将景区与产业区空间进行整合	旅游空间融入生产区空间，并与生产区空间基本重合
资源基础	旅游资源具有突出优势	依托邻近景区资源	产业特色性强，产业活动和产品知识性、趣味性、科技性突出
发展定位	以旅游经济为主导功能，发展度假康养型产品，提升旅游品牌	景区与生产区互动发展	促进旅游融合效应，提升产业竞争力
发展方向	在原有景区基础上，丰富旅游业态，发展高端旅游产品，促进景区升级	发挥特色小镇品牌功能，加强旅游与产业经济互动，提升产业区发展环境，优化特色小镇空间功能结构	旅游与工业、产业文化融合，促进产业旅游化；旅游促进产业发展，优化空间环境
案例	仙居神仙氧吧小镇、乐清雁荡山月光小镇	玉皇山南基金小镇、龙游红木小镇	萧山信息港小镇、黄岩智能模具小镇、嘉善巧克力甜蜜小镇等

1．景区扩容型

浙江省部分特色小镇直接选址于景区，如武义温泉小镇、仙居神仙氧吧小镇、乐清雁荡山月光小镇，这类小镇在旅游景区或旅游度假区基础上发展起来，原有的空间类型就是旅游空间。无论是旅游景区还是旅游度假区，按照《住房城乡建设部关于进一步加强国家级风景名胜区和世界遗产保护管理工作的通知》（建城〔2017〕168 号），必须加强规划实施，严格控制工业项目进入，依法实施生态保护，完善旅游要素，加强建设管控，合理控制建设规模，做到建筑风格与景区环境相协调，因

而在景区空间内，建筑设施被严格控制。旅游特色小镇建设的空间结构变动主要表现为景区周边的空间拓展与扩容，通过土地性质的变更，审批为旅游建设用地。空间转型特征主要表现为景区内部空间提升，并拓展景区周边空间，成为国内外更有影响力的旅游重要目的地。景区扩容型旅游空间形态是指在原有高等级景区基础上，通过景区空间扩容，延伸旅游产业链，或以当地资源为基础发展相关产业，加强旅游与产业互动发展提升而成的特色小镇。例如，乐清雁荡山月光小镇在原有5A级景区基础上，围绕“大雁荡、大旅游、大产业”发展战略，推动雁荡山旅游功能区建设，通过招商引资和景区扩容，建设旅游综合体、雁荡山乐园、雁荡山生态农业休闲观光园、雁荡山非物质文化博览园、高端星级酒店、旅游购物一条街，展示雁荡山茶文化和石斛文化，打响“雁荡毛峰”和“雁荡石斛”品牌，引导建设一定数量和规模的特色民宿等，发展休闲度假产品，丰富雁荡山旅游产品，推动单一的观光旅游向复合型休闲度假旅游转型发展，进而打造“月光小镇”。又如，湖州市安吉“大年初一”风情小镇，通过引入中华传统美食城、特色文化体验街、酒吧街等核心项目，以及全地形车俱乐部、房车露营、隐居西湖和安吉鸟巢民宿、有机蔬菜园等旅游配套项目，促进了原有的文化小镇旅游空间规模的扩大和产品的提升。

2. 景区与产业区整合型

部分特色小镇依托紧邻的周边景区，开放生产区，构建生产区与景区互动关系，以旅游功能提升特色小镇居住空间，形成特色小镇生产区与景区结合的空间综合体。旅游与生产区整合型形态是以产业联动理论为指导，以产业园区经济发展为导向，以旅游经济发展为附属功能，把相邻的产业园区与景区空间整合起来，促进旅游系统与产业区产业系统的共生发展而形成的。在景区与产业区整合型形态发展中，在政府层面上，为了区域的共同发展而采取共同制定产业规划、产业政策等产业合作行为；在社会层面上，实现社区、园区、景区对环境保护、社会风貌的共同遵守、相互协调，形成和谐发展的态势。

例如，江干丁兰智慧小镇邻近远近闻名的孝道之乡（《二十四孝》丁兰故里），依托优美景色、皋亭山旅游区、千桃园、风情小镇、龙居寺等人文自然景观，以“一河春水穿镇过、一面山水一面城”的环境特色，建设城北中央水景公园、杭州孝道文化馆、智能游步道、智慧禅修、茶园民宿及4D影院等特色智慧配套设施，打造4A级智慧景区环境。又如，杭州上城玉皇山南基金小镇、西湖云栖小镇、拱墅运河财富小镇等特色小镇，集聚了大量的高级知识分子和商业精英，对优质工作环境的要求高，因此这几个小镇依托开放式的西湖、运河景区来满足人们居住空间的休闲旅游功能需求。

3．旅游融入型

旅游融入型是指以区域内现有文化空间与特色产业空间及产业融合理论为基础，通过旅游要素的嫁接、创造、集聚和耦合，构建以旅游功能为核心的多元价值网络，将生产、生活、生态空间融入旅游空间，同时各个产业通过适当的方式进行有效融合，使旅游业成为该区域空间内产业融合的连接点。侧重通过创新旅游项目、策划旅游产品、加强旅游营销等方式，提升现有旅游空间价值和竞争力，促进产业旅游化的形成和旅游效益更大的产出，从而促进旅游与特色小镇相融合的旅游空间形态。

例如，黄岩智能模具小镇，是一个以模具产业为核心，以项目为载体，嫁接工业旅游及区域特色乡土文化休闲旅游功能的特定区域，通过资源融合、技术融合、市场融合、功能融合等途径，以智能模具产业与文化、艺术、旅游相结合，促进旅游与工业、产业文化、生态环境相融合，把景区周边的生活空间、生态空间、生产空间转化为旅游空间，融“智造、研发、孵化、休闲、旅游”等功能于一体，打造具有较强国际竞争力的模具产业基地、国内领先的模具产业集聚区。

在浙江省特色小镇中，部分特色小镇属无中生有，既没有传统产业区块，也没有景区基础支撑，就在一片农用地或低产值的土地上新建起来。这类小镇旅游空间的形成从一开始就把旅游空间结合到小镇规划建设之中，虽然原有空间几乎没有旅游资源要素和文化要素，但凭借科技创新而形成新兴产业，或者借助市场需求形成特色小镇，其空间转型主要表现为农业用地或闲置的低强度经济用地转变为特色小镇。例如，嘉善巧克力甜蜜小镇以甜蜜为旅游主题，在一片农用地上，新建设“碧云花海”项目、歌斐颂巧克力主题园区、巧克力风情文化体验园、婚庆蜜月度假基地和文化创意产业基地，融合巧克力、水乡、花海、温泉、农庄和婚庆六大旅游元素，将文化生活体验空间发展为旅游空间，逐步形成了“旅游+X（工业、农业、文化、休闲）”的旅游空间新形态。

4.2.2 特色小镇旅游空间实践过程

“空间实践”作为空间生产理论框架的第一个层面，包括旅游空间的生产与再生产。旅游空间生产实践过程主要体现在旅游空间中物质空间形式及其变化上，它促进了旅游空间形态的形成与演变，主要包括特色小镇旅游空间的扩展和旅游空间内部要素重构。按旅游空间形成过程，旅游学家麦肯内尔（MacCannell）的研究指出：任何旅游地或景点，都要经过 5 个阶段的发展过程，才能从“非旅游地”转变为旅游地。这 5 个阶段分别是命名阶段、围圈与提升阶段、供为圣物阶段、机械复制阶段和社会复制阶段。特色小镇也是如此[66]。对应于特色小镇旅游

空间生产，则有特色小镇IP的引入、旅游空间的资本与权力要素投入、旅游空间景观再生、旅游产品构建、旅游空间的经营与管理等几个过程。

1. 特色小镇IP的引入

特色小镇的IP就是特色小镇的产业核心，就是小镇的核心吸引力和竞争力，赋予了小镇独一无二的内涵。突出旅游小镇的特色，需要主题化打造手法。用一个核心主题体现整个小镇的文化灵魂的主题特点，这是常规的手法。但主题文化不一定是单一主题，可以通过梳理文化，以打造主题文化为重点，多种文化整合、延伸形成旅游小镇，把多元文化景观化、建筑化、娱乐化。

根据《浙江省人民政府关于加快特色小镇规划建设的指导意见》（浙政发〔2015〕8号）的文件精神，至2019年，共有4批139个获得了特色小镇称号，享有了特色小镇的牌子和政策。例如，湖州丝绸小镇在促进本土丝绸行业发展转型的同时，也致力于打造国际丝绸时尚中心、东方丝绸交易中心和丝绸文化体验中心，从而形成了特色小镇独有的IP。

2. 旅游空间的资本与权力要素投入

旅游业具有综合性的特征，特色小镇旅游空间生产是一个综合体系。为了实现特色小镇旅游空间生产的形成，促进特色小镇旅游空间具有区域竞争力，需要通过资本与权力要素，对特色小镇突破产业区空间要素的要求，进行结构性重整，通过系统结构的改变实现特色小镇旅游系统功能的实现和空间资源的优化利用。通常采取空间规划调整、空间功能多元化、产业功能多元化等方式，完成空间表征向空间实践，再向表征空间的让渡和转化。宏观上，实施高级别旅游发展战略，促进特色小镇从产业空间转变成产、旅、文等多元空间；微观上，形成了生产区空间、特色产品商业区空间、休闲区空间、管理与服务区空间等多种空间生产类型，使其小尺度下的旅游空间组织更加合理。

1）空间功能旅游化

随着旅游需求的个性化、多样化和旅游消费的大众化、日常化，旅游产品的范畴不断拓展，旅游资源的内涵不断丰富，旅游业与农业、工业及服务业中的其他产业不断融合。在需求、资本、文化等要素的作用下，功能单一的传统工农业生产空间衍生出参观、体验、游憩等旅游空间。特色小镇凭借产业特色优势能够吸引旅游者，产业流程、产业设备、特色工业产品等通过新的旅游空间的生产将独特的产业科技蕴于旅游产品当中。其间，作为空间实践主体的特色小镇在“政府引导、企业主体、市场参与”的表征化空间中获得空间生产的价值，通过利益相关者的协调实现特色小镇旅游产品化。

2）空间布局旅游化

需求导向功能，功能导向产品。旅游小镇需具备观光、休闲、住宿、商业、娱乐、生活六大主体功能，这也是小镇用地布局及旅游产品设计的依据。旅游小镇的功能分区、用地布局要围绕休闲活动及休闲游线展开。合理的功能分区和用地布局搭建出小镇的骨架，塑造出小镇的形态，结合文化主题的历史和地域特征，形成小镇独特的肌理结构。

3．旅游空间景观再生

1）旅游资源的提炼

产业资源并不等于旅游资源，只有具有旅游吸引力和开发价值的产业资源才是旅游资源，因此，产业资源需要提炼和评估。主要针对特色产业生产技术、产业与企业文化、特色产品，开展旅游景观化与旅游产品设计，构建旅游线路，注入旅游空间要素，从无到有地叠加出一个集观光、游憩、求知、体验、购物、娱乐于一体的消费空间，实现特色小镇空间系统的格局演化和重构。例如，上城玉皇山南基金小镇以南宋吴越文化、工业文化、现代创新文化相互交融为载体，把周边的玉皇山、天龙寺组团纳入特色小镇范围，整合金融集聚区与八卦田景区空间，形成宜商、宜业、宜居、宜游的空间，打造了全国首个“金融+旅游”小镇4A级景区。

2）特色产业旅游化

特色产业是特色小镇的灵魂，也是其特色性所在，特色产业的功能不仅是生产产品的功能，也是特色小镇的核心旅游资源，其旅游开发离不开对特色产业资源的有效利用。通过旅游化开发挖掘特色产业的经济价值和社会价值，拓展了产业生产场所的空间功能，让原本承载生产功能的生产空间向承载游客活动的生产空间转变，实现产业功能多样化。

3）特色产业文化的提取

在特色小镇旅游空间生产过程中，为了使特色小镇特色产业资源等要素适应现代人旅游消费的需求，产业文化自身也不可避免地要进行不同程度的改造、延伸与创新，逐渐从产业和产品中被提取，成为被旅游商品化为符号价值的象征。因而，旅游空间生产过程被演变为对产业文化的符号提取、策划、加工和销售的生产过程，产业文化资源根据游客的喜好被开发为旅游产品，其文化的外在形态、文化的内涵都能被表象化。

4）旅游景观要素设计

特色小镇作为一个景区，需要对旅游节点进行设计，尤其是对入口景观、特色景观点、休闲广场或集散广场，以及旅游公共标识等的设计，把整个小镇构建

成一个景区概念。

4. 旅游产品构建

1）多向度休闲体验空间设计

休闲生活的丰富性是特色小镇的特质，通过多向度休闲体验空间设计展示小镇的休闲气质。第一，特色小镇构成要素的整合。特色小镇构成要素包括社会、历史、文化、自然元素等，旅游空间生产就是如何将社会、历史、文化、自然元素组成一串感官的东西，让旅游者通过旅游了解完整的目的地，能够体验目的地的完整性，形成小镇的整体形象。第二，建设小镇文化展示馆，把小镇的发展历史、企业文化及产业特色等内容集中在文化展示馆，加深游客对小镇文化的了解。第三，景观美化。特色小镇的环境是职工社区与游客活动的共有空间，景观美化能够提高游客对小镇认知的美誉度。

2）旅游线路空间设计

在自然空间营造的基础上，根据旅游空间的功能分区与布局设计游客旅游线路和体验活动。例如，嘉善巧克力甜蜜小镇考虑到游客对巧克力加工制作及活动中心充满好奇，组织旅游路径空间就按照旅游空间的“内在秩序”。在平面上采用了树枝型的布局方式，由巧克力加工场和体验馆开始，在体验馆内先参观加工场，然后阅览巧克力博物馆知识、体验世界巧克力文化，最后提供五花八门、形式各异的巧克力供游客观赏，并提供购物；结束后进入花果园，或水上乐园，或草坪休闲区。通过点、线、面结合的布局方式和旅游线路的穿插连接，实现了旅游路径空间体系的实践。

5. 旅游空间的管理与经营

1）成立管理机构

例如，为了保证特色小镇建设的顺利开展，浙江省专门建立了省特色小镇规划建设工作联席会议制度，省委副书记担任召集人，省政府常务副省长担任副召集人，与特色小镇相关各部门负责人为成员。联席会议办公室设在省发展和改革委员会，负责联席会议日常工作。各县（市、区）相应地成立特色小镇工作联席会议制度，特色小镇创建验收申报与旅游项目建设进入联席会议制度讨论之中。

2）特色小镇融入区域旅游网络

由于特色小镇形态各异，产业富有特色，资源具有较大吸引力，通常与区域内其他景区具有资源互补性，因此，当地政府通常把特色小镇纳入所在地的区域旅游网络之中，以增强区域旅游竞争力。

4.3 特色小镇的旅游空间表征

特色小镇的旅游空间表征是特色小镇旅游开发中抽象空间关系的表征，主要是指政府、企业及规划师和社会工程师等对特色小镇的构想旅游空间。政府和企业作为小镇旅游空间生产的直接参与者，主要决定特色小镇旅游空间发展定位、提供旅游公共服务引导、制订旅游政策调控资本有序参与等，如特色小镇的品牌认知与建设、旅游形象策划与塑造都属于旅游空间表征范畴。为了实现特色小镇旅游空间表征的空间实践，政府与企业产生了一系列的旅游空间行为。

4.3.1 政府旅游空间行为

1．旅游空间生产中政府行为的形成

在特色小镇旅游空间生产中，一方面，政府本身就是特色小镇空间生产的行为主体，政府制定创建与验收特色小镇的制度，积极开展招商引资等，不仅起到特色小镇旅游发展的引导与推动作用，还承担着维护特色小镇社会公共利益的重要责任；另一方面，特色小镇的主体是企业，企业活动以利益为导向，特别是那些主营业务不是追求旅游收入的企业，往往对特色小镇旅游空间生产积极性不高，即使是旅游类特色小镇，在特色小镇的旅游产品如何策划、旅游竞争优势如何分析、旅游空间如何打造等方面，也往往没有足够多的经验，通常需要政府指导与介入，参与特色小镇旅游空间规划、开发、建设中，提供和丰富旅游公共产品。因此，需要政府引导来开展特色小镇的旅游建设，才能实现特色小镇的旅游空间表征。在小镇景区化建设初期往往选择政府主导型的响应模式。政府对旅游空间生产通过政府角色、政府职能和治理目标，实现旅游空间生产[67]（图 4-4）。

1）政府部门与特色小镇旅游空间生产

能够直接参与特色小镇旅游空间生产的具体的重要职能部门主要包括特色小镇基层管理部门、城市建设局、自然资源与规划局、发展和改革局、经济和信息化局、文化和广电旅游体育局。

（1）特色小镇基层管理部门。浙江省特色小镇规划建设工作联席会议办公室，下辖各个地市级特色小镇建设领导小组及指挥部，针对各个具体特色小镇管理业务，又设基层政府的特色小镇规划建设管理部门。特色小镇基层管理部门为完成上级政府制定的既定目标，通常以完善特色小镇旅游功能为核心，加速推进旅游规划编制与实施工作，着力完善旅游基础配套设施，美化小镇生态环境，努力挖

掘、传承传统文化。

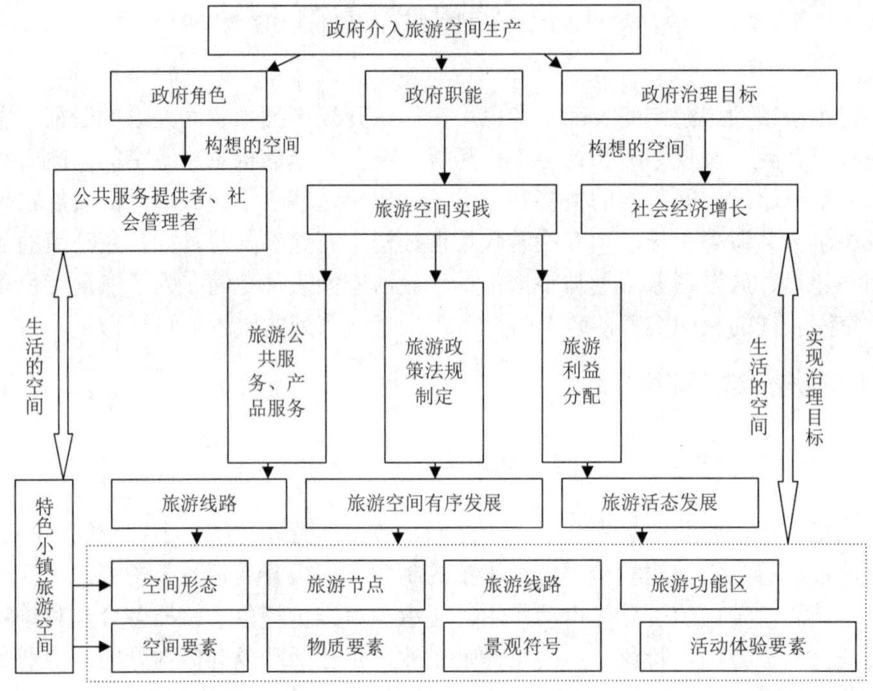

图 4-4　政府介入特色小镇旅游空间生产示意图

（2）城市建设局。主要为社会公众提供基本公共服务，主要表现为特色小镇的水电供给、交通规划建设、公共绿化等公共空间方面的投入、建设与管理工作。

（3）自然资源与规划局。特色小镇旅游空间生产有时需要原有土地空间的非旅游建设用地向旅游建设用地转变，土地是特色小镇旅游空间生产核心的要素之一。国土资源管理部门通过规范管理和控制建设用地指标的审批等行政手段，实现对特色小镇空间生产过程的干预。

（4）发展和改革局。在特色小镇立项和建设过程中，政府通过发展和改革局发起并起草相关文件，通过控制特色小镇的申报和审批及资金来干预和调节空间生产的开展。

（5）经济和信息化局。通过指导工业、商贸流通业、软件业和信息服务业的技术进步、技术创新、技术引进、消化吸收和再创新、新产品开发、工业设计、重大技术装备国产化、重大技术装备研制和设备招标工作，制定相关的产业政策。

（6）文化和广电旅游体育局。引导特色小镇贯彻落实国家发展旅游业的方针政策和旅游管理法律、法规，指导旅游产品和重点项目建设，制订旅游规划，促

进旅游业招商融资，负责旅游商品的开发工作，指导游客中心和旅游公共服务建设。

2）政府角色与特色小镇旅游空间生产

政府的社会管理者角色定位已经由经济建设者向公共治理者转型，由行政管制者向公共服务者回归，由理性逐利者向公正协调者转变[68]。政府作为特色小镇发展中的公共服务提供者，一方面，为特色小镇企业员工和居民提供公共交通、基础设施建设、旅游规划编制、旅游发展政策等一系列社会公共产品；另一方面，还要建设相关的旅游基础设施与服务设施，为游客提供高质量的特色小镇旅游体验。

政府社会管理者角色表现为通过宏观调控和微观管制手段，主动参与社会生产活动当中，协调不同角色群体利益诉求，有效维护社会秩序，促进经济生产健康发展。政府在管理特色小镇旅游空间生产时，一方面通过土地空间管理、财政和产业政策，以及出台相关法律制度等宏观调控手段规范特色小镇旅游空间生产秩序，合理开发特色小镇旅游资源，保障旅游空间有序生产；另一方面通过微观管制，设立特色小镇管理机构，实现空间整合和产业融合，协调特色小镇各利益主体诉求，鼓励企业、员工和居民参与旅游空间生产当中，共享旅游发展成果。同时对那些不利于旅游空间生产的外部因素予以干预，增强旅游空间凝聚力，使旅游空间健康可持续发展。

可以看出，政府在特色小镇旅游空间履行社会管理者角色时，实际上是保障特色小镇空间内生产力关系再生产。特色小镇旅游空间内实际上是一个多元结构的社会关系，政府通过创新管理体制，更好地协调空间内各方面利益，保障空间有序生产，鼓励和引导企业、员工、居民参与旅游空间生产过程，就是稳定和调节空间劳动力再生产及生产关系再生产。

3）政府职能与旅游空间生产

政府职能是指行政主体对国家政治、经济和社会公共事务进行管理时应承担的职责和所具有的功能。对于特色小镇来说，政府职能主要表现在政治、经济、社会、文化等方面。政治职能体现在维护特色小镇建设中的社会秩序，经济职能体现在特色小镇的土地配置、税收、财政支持等方面，社会职能体现在小镇的公共服务供给、权益维护等方面，文化职能主要体现在特色小镇的文化资源利用、保护与传承等方面。具体表现为以下几个方面。

（1）执行行政管理与相关政策。按照旅游空间生产的需要，依法执行国家关于旅游地发展的旅游政策、法律法规，制定促进特色小镇旅游发展相关制度，引导和组织各类资本进入特色小镇旅游空间生产，并有针对性地进行全域旅游空间统筹规划，协调发展，调控参与旅游空间生产市场资本的类型和方式，消除外部负效应和不经济行为。

（2）提供旅游公共服务和旅游产品。政府在介入特色小镇旅游空间发展初期，

一方面通过编制旅游发展总体规划、特色小镇发展规划等，开发特色小镇的特色旅游资源，让其由产业空间向旅游空间价值转变；另一方面，通过扩大财政开支，投资于特色小镇的旅游基础设施建设，如公共交通、电信电讯、水电等配套设施，开展旅游展会、旅游商务论坛、旅游节庆、网络宣传等活动，提升旅游地文化空间知名度和美誉度，促进产业空间形态向旅游空间形态演变，逐渐形成具有旅游内涵的旅游节点、旅游轴线、旅游功能区和旅游景区，不仅要满足特色小镇生产、生活需要，还要满足游客在特色小镇获得观光与审美的双重体验。

（3）旅游利益分配与旅游责任承担。大多数特色小镇由多家企业集聚而成，特色小镇旅游空间的形成需要各家企业共同支撑，这就涉及特色小镇的旅游利益分配与旅游责任承担问题。一方面，特色小镇旅游空间的激发与旅游融合发展需要政府切好旅游经济“蛋糕”，合理分配旅游利益，使特色小镇旅游空间各生产主体都能享受到旅游发展带来的效益；另一方面，则要安排好特色小镇旅游线路、旅游功能区在各个企业之间的分工协调，避免旅游空间生产中的矛盾和问题，尤其是特色小镇旅游空间生产中过度趋利性生产的困局，确保旅游效益、社会效益与产业效益的平衡，维持空间生产的正义和公平。

4）政府治理目标与旅游空间生产

在政府引导的特色小镇框架下，以经济、社会、文化发展为总体目标，对于旅游空间生产，政府一方面希望发挥旅游产业经济性和综合性，改善经济结构，增加就业岗位，促进旅游与产业融合，形成“双轮驱动”的特色小镇产业发展态势，提高空间效益；另一方面，希望通过旅游景区建设的倒逼机制，提高特色小镇的环境美化、社区生活化水平，实现空间美化和空间结构优化。

2．政府介入旅游空间生产的内容

政府介入特色小镇建设主要通过项目培育、产业优惠、财政支持、众创空间、科技服务、金融支持、人才培养、创新机制等环节，进行特色小镇扶持。政府在特色小镇旅游空间生产中，主要有三类行为：一是通过制定有关旅游政策、法律法规保障旅游业健康发展，明确旅游发展定位与空间管控；二是针对特色小镇的旅游公共服务、公共产品来引导旅游发展；三是通过合理利益分配，引导旅游各利益主体合理参与旅游发展，提升旅游发展质量与效率。

政府作为公共服务提供者的角色，通过提供特色小镇旅游公共物品和公共服务，使特色小镇从生产空间向生产与旅游双重空间转变，实现空间增值，为特色小镇旅游空间生产奠定了基础。例如，界定旅游空间生产方向、建设小镇会客厅，不断地完善旅游空间形态，不仅可保证特色小镇生产环节的正常运行，也可满足游客“吃、住、行、游、购、娱”等旅游活动的需求，形成区域旅游网络中独具

地方特色的旅游空间节点，还能够通过基础建设改善特色小镇空间的周边环境，吸引企业等市场主体共同参与特色小镇旅游空间建设，使特色小镇的旅游域面和旅游影响力不断扩大。此外，特色小镇还需政府提供旅游市场预测、旅游人才培训、区域旅游合作引导等旅游公共服务。

（1）政府对特色小镇空间发展的定位。浙江省政府为了规范特色小镇发展，围绕特色小镇是产业定位、文化内涵、旅游和社区功能新平台的发展定位，制定了《浙江省人民政府关于加快特色小镇规划建设的指导意见》（浙政发〔2015〕8号）的审批文件，以及《特色小镇评定规范》的创建验收文件，对产业定位、产业选择、城镇形态都做了明确的定位与规定，提出了政府对特色小镇的构想。

（2）政府制定特色小镇的政策制度。特色小镇作为一项省级层面主导的政策设计，具有明确的政策准入要求。在产业选择上，“特色小镇应符合信息经济、健康、环保、旅游、高端装备制造等七大主导产业或历史经典产业的定位”。在创建方式上，特色小镇采用宽进严定、年度考核、验收命名的方式，由各地方自主申报。申报创建成功的，3～5 年考核验收通过后方可认定命名为省级特色小镇，并享受一定土地指标、财政返还等方面的优惠政策。在运营模式上，特色小镇要求有明确的建设主体，以企业为主体推动项目建设。在投资上，对投资总量、投资强度和投资结构有特定的要求。简言之，浙江省的特色小镇政策其实包含了建设理念和政策操作两个层面的内容架构。特色小镇的建设理念是围绕地方产业升级、高端要素集聚、创新能力提升和空间品质塑造等提出的，体现了创新与融合的特点。而在政策操作层面，特色小镇具有规定性、强制性和执行性的特点。

（3）政府对特色小镇的空间管控。政府逐渐转变为特色小镇旅游空间规划的角色，成为旅游空间生产的调控工具。当前政府较少直接参与特色小镇空间生产的具体过程，仅通过制定旅游规划战略等公共政策从宏观上对旅游空间生产进行指导，并通过相关职能部门对空间生产行为进行规范管理。从特色小镇空间管控与要素组织的视角看，其改革导向主要为以下几个方面：特定空间性质定位是“非镇非园”空间，不是一个行政区概念；特定空间尺度区位，应根据“小而美”的原则，规划面积一般控制在 3 平方千米左右（旅游类特色小镇可适当放宽），核心区建设面积控制在 1 平方千米左右；特定空间功能管控，注重特色产业的特定功能管控，应把重点放在特色产业的区域分工上；特定空间投入产出，亩均投入达 300 多万元；特定空间要素组织，关注基础设施要素、文化要素和旅游要素的配置。

4.3.2 企业旅游空间行为

1. 旅游空间生产企业行为的形成

企业作为特色小镇空间的原有者，它们既是特色小镇空间的生产者，又是特色小镇空间的使用者。企业充分利用已有的生产要素和产业资源，致力于旅游功能建设与旅游发展的驱动要素建设，以“产业+旅游”的融合形式，通过恰当的组合改造，开发产业旅游体验产品，不断延伸旅游相关产业链。从宏观上看，企业给小镇带来了经济、社会与环境三大效益。经济效益包括增加收入、提高产品附加值、旅游资源转化等；社会效益包括与游客分享旅游体验、吸引人才、提高企业知名度、交际与结友等；环境效益包括优化小镇生态环境，提高景观美感。从微观上看，特色小镇的打造有利于企业品牌提升，打开市场渠道，降低宣传促销成本，从而提高企业经济利益。特色小镇集“产、人、文、旅”一体的空间载体，其区域品牌已经形成，这有利于集聚企业人才、增加小镇就业岗位、促进市场推广等。为了提高特色小镇人居生活环境，特色小镇的环境建设必须加强，从而优化企业生活环境和生态环境。

2. 旅游空间生产企业行为的主要内容

企业是特色小镇建设中的主导者，不仅要考虑自身的直接利益需要，还要充分考虑小镇的产业链上下游建设、旅游发展、配套设施建设、社区环境建设等需要，以保持小镇的竞争力与可持续性。企业是特色小镇旅游资源和旅游产品的载体与主要承担者，在特色小镇旅游空间生产过程中，必须开放企业空间，开发产业与文化旅游资源，否则特色小镇建设达不到验收目标。旅游空间生产中企业行为主要表现为以下几个方面。

（1）主动投资建设与拓展景区空间。在一些大型企业，利用品牌吸引力，以自身的核心产业、核心技术、品牌产品为主题，在企业内部投资建设主题园旅游模式，在欧洲和北美等地较早兴起。例如，德国的大众、宝马等名牌汽车企业都建有类似主题公园的商业性汽车城或博物馆，美国的耐克、可口可乐等公司建有产品观光园，荷兰喜力啤酒公司建有体验园。在浙江省特色小镇中，如龙游红木小镇也主动投资建设产业展示区，并按照“制造基地+文化旅游”模式，依托紧邻衢江优势，利用江河景观和白地圩岛旅游资源，对现有的岛屿进行主题化的改造，采用喷雾、水面喷泉等手段，烘托纯美意境，开通游船，打造江心休闲的世外桃源。

（2）主动开放生产场所。在国外，旅游被融入工业园区已经较为普遍，如美国的硅谷、日本的筑波、英国的剑桥科技园等。近几年，我国工业旅游开发也得

到了重视，深圳、天津、北京、苏州、武汉等地的工业区、科技园或工业园区、开发区等地都在尝试着接待大众游客，也都取得了较好的成效。对于特色小镇来说，最具特色的旅游活动是针对产业特色而开展的旅游活动，但是企业的产业活动在不需要旅游活动时，生产活动场所通常是封闭的，不允许外人进入。而对于企业主导型旅游空间生产的特色小镇来说，则能够主动开放生产场所，策划与设计旅游项目。

（3）主动投资建设旅游设施和旅游项目。基础设施与旅游设施是保证旅游服务质量的基本要素，特色小镇旅游空间生产必须开展必要的设施建设。例如，黄岩智能模具小镇探索实施“高端工业+旅游”发展模式，投入了3200多万元，全面提质改造小镇内的旅游景区基础设施，包括公共厕所、游客服务中心、休闲设施、停车场等配套设施和景区标志标识，都进行了全方位设计改造，专门出台相关制度，鼓励小镇内的名优企业设置展览馆，让游客能进入企业观看模具生产。

4.4 特色小镇的旅游表征空间

根据空间生产理论，空间不仅是物质实体和“容器”，也具有社会性，即具有物质性和社会性双重属性。作为一种新型的区域发展空间形态，特色小镇的功能和形态是物质属性的主要构成要素，社会、经济、政治、制度则是社会性的主要内容。表征空间是旅游地意象与象征直接表征出来的空间，属于居民和使用者的空间，处于被支配和消极地体验的地位。特色小镇的“旅游表征空间”是旅游空间生产的一个方面，就是指在特色小镇空间生产中，通过旅游空间的建设与形成，旅游者、企业员工和社区居民通过日常的社会实践、社会互动而建构出来的空间关系，也就是说，特色小镇旅游功能加强后，旅游表征空间从企业员工、社区居民与游客的关系上体现出来。

4.4.1 旅游空间生产中的公众行为

进入消费型社会后，需求决定供给，消费决定生产。特色小镇是集“人、文、产、旅”于一体的空间载体，既是一个生产空间，又是一个消费空间，其建设离不开公众参与。特色小镇建设要充分“发挥当地社区居民的主动性和积极性，引导各方社会力量参与特色小镇的规划建设，使市场主体和当地居民成为特色小镇开发建设的真正主体”[45]。公众是旅游空间最主要的消费者，没有游客的购买和消费、社区居民的支持、企业商务客人的认可，特色小镇旅游空间作为商品的价值就无法实现，生产者投入资本所追求的增值目标也将成为空谈。然而，为消费

者服务的旅游利益相关者作为生产主体，将公众对特色小镇旅游空间的想象融入空间生产的集体想象之中，最终将公众与旅游空间的生产联系起来，公众参与空间的生产，通过旅游利益相关者的生产实践活动实现对特色小镇空间的想象，也成为旅游空间生产的间接主体[24]。特色小镇旅游空间的公众包括企业从业者、社区居民及游客与企业商务人员等。

（1）特色小镇的企业从业者。包括企业管理者及员工，是特色小镇的生产者，没有企业从业者，特色小镇的发展就无从谈起。特色小镇实现生产、生活和生态“三生融合”，“产、城、人、文”四位一体，目的也是促进企业从业者生活质量的提高。特色小镇产业旅游活动的开展离不开企业人员的支持，企业从业者与游客形成互动的关系，在旅游过程中，企业从业者既是产业旅游的对象，也是旅游项目与旅游产品的利益相关者。

（2）社区居民。特色小镇不是传统意义上的开发区、工业园区、服务业集聚区，社区是特色小镇的重要组成部分，但特色小镇的居民主体一般是与“特色小镇”产业链各级相关的高层次人才、生产服务者及配套服务人员等，这要求在旅游化过程中，一方面，特色小镇要关注特色小镇社区生活环境的改善的建设，另一方面，社区居民与企业从业者是特色小镇重要的旅游空间生产主体，必须认可与支持旅游空间活动。

（3）游客与企业商务人员。游客与企业商务人员是特色小镇的旅游消费者，游客需求特征影响特色小镇旅游发展定位与建设思路。“特色小镇”是一个相对独立完善的单元，又被作为一个旅游景区，要求每年接待游客 30 万人。离开了对游客的旅游吸引力，特色小镇就谈不上拥有旅游景区的品牌。因而，特色小镇要加强内部景区的打造、旅游设施的完善和产业的特色化旅游产品塑造，以吸引外来游客。

4.4.2 公众参与旅游空间生产的内容

特色小镇作为一种新型的旅游目的地，尽管公众参与程度不同，但公众都参与了特色小镇旅游空间生产；公众参与旅游空间生产过程中的主要形式包括三大类：一是在旅游空间规划编制中征询公众意见，它代表了政府在引导特色小镇旅游空间生产行为中对公众意见的重视；二是特色小镇社区居民和企业员工通过对外来游客的态度——支持还是反对，反馈到政府管理者和规划师，从而改变特色小镇旅游空间规划和政策制定，浙江省特色小镇建设在生态理念指导下把社区功能纳入其中，凸显出社区的重要地位；三是游客对旅游空间的购买行为，这说明公众开始提升对旅游空间商品的期望，逐步用自己的消费行为参与到小镇旅游空间生产的过程中，并影响和促使政府和企业提供更为优质的旅游空间商品，进而

引导旅游空间的生产。

4.4.3　旅游空间生产公众参与行为特征

旅游空间生产政府行为模式带有行政色彩，旅游空间生产企业行为往往是为了适应小镇景区化的发展思路，特色小镇通过适度开放部分场所、美化企业自身环境等方面来配合整个小镇的旅游开发，而小镇企业和居民社区在其中的表现多为被动式配合。旅游空间生产公众参与行为特征强调协调利益相关者、完善社区基础配套设施、丰富社区文化及社区福利性参与小镇旅游利益分配等方面，关注社区生活品质，从而建立广泛的群众与市场基础，推动旅游业的可持续发展。

第五章

浙江省特色小镇旅游空间生产动力机制与模式

旅游地空间生产的驱动机制与模式主要研究空间生产主体的参与、驱动和协调，动力因子的识别，权力、资本、制度等要素的作用模式。特色小镇的感知空间、构想空间、生活空间的生产，是在资源、资本、制度与市场的作用下，实现旅游空间生产。特色小镇旅游空间生产涉及的主体主要有基层政府、小镇企业及市场与社区居民，因各自的立足点不同，他们对小镇旅游空间生产持有的态度也表现各异，呈现出三种典型的响应模式——政府主导型、企业主导型和社区主导型响应模式。这三种动力模式的选择与小镇发展所处的阶段、主体间的合作关系、产业集聚程度等因素有着密切联系，特色小镇应根据自身特点进行合理性响应。

5.1 特色小镇的资本、权力与空间

5.1.1 基于空间生产理论的空间结构

按照空间生产理论，特色小镇空间结构包括功能-物质空间、社会-经济空间和政治-制度空间三类。

1．功能-物质空间

美国城市设计理论学家凯文·林奇（Kevin Lynch）在研究城市意象时，把人们能感知到的城市物质形态分为区域、边界、节点、路径和标志物 5 种构成元素，其中自然空间要素、建筑与道路空间是特色小镇最基本的物质空间。特色小镇旅游自然环境空间要素是指依托当地区域特征所形成的地形、水文、植物等元素。例如，黄岩智能模具小镇位于黄岩城市西北的城市边缘区，全区由平地组成，空间集中连片，新江浦水系贯穿小镇从北向南穿过，农田、水系、植被分布其中，地形、水文、植物等元素构成了黄岩智能模具小镇的自然环境元素。建筑与道路

空间主要包括企业厂房建筑及小镇行政管理与服务建筑等。

特色小镇是区域发展中的经济空间平台，诸多企业构成的产业系统是其发展的核心内容，强大的经济活动是特色小镇的主要特征之一，因此，生产功能是特色小镇最主要的功能，同时特色小镇兼具生活功能、文化功能与旅游功能。

2．社会-经济空间

社会-经济空间包括特色小镇的企业文化元素、产业文化元素等。例如，龙游红木小镇、绍兴越城黄酒小镇、龙泉青瓷小镇等都渗透着当地的传统民间工艺技术，沃尔沃汽车小镇渗透着许多现代电子产品和高科技生产知识的现代科技文化，黄岩智能模具小镇具有关于模具产业链的各个环节，以及产品介绍、产品原料、产品营销等形成的产业文化。特色小镇还包括经济空间元素，以产业为核心，配置商业、旅游、居住、文教等多种活动的场所，将生产和生活有机地融为一体成为复合用地单元，其中产业、旅游和商业等形成了特色小镇的经济空间元素。

3．政治-制度空间

政治-制度空间就是指特色小镇发展的特定政策、法规所界定和推动的现象，主要包括培育产业、配套专项设施、提供公共服务设施、加强社会治理、创造制度环境等方面内容。特色小镇是体现空间制度维度的形态之一，是一个以地理空间为表现形式的一种社会经济生活组织方式，它以一定区域范围内实行某种规章、政策等制度为特征，包括特色小镇的 PPP 财政金融制度、小镇验收制度、企业入驻制度等。

5.1.2　资本与特色小镇的空间

1．资本的三重循环

大卫·哈维（David Harvey）提出了“资本的城市化理论”，阐述了资本的三次循环过程：在第一次循环中，资本投资于一般生产资料和消费资料的初级循环，创造了本地化生产性空间、流通空间，以及传统的城市商业中心、新兴的 CBD、RBD 消费和休闲娱乐空间，如城市大型商业综合体的建造、滨水区的更新改造、工业遗产的保护与开发等；在第二次循环中，资本流向城市建成环境，包括生产性建成环境和消费性建成环境；在第三次循环中，资本流向科研和技术及各种社会消费，主要目的是维持劳动力的再生产和生产关系的再生产[69]。在第二与第三次循环中，资本均作用于居住空间、各项基础设施、社会事业的发展等，其中，资本的第二次循环与城市化的关系最为紧密，第三次循环与城市消费环境最为紧密。

2. 资本作用于社会-经济空间的生产

特色小镇的灵魂和核心是特色产业和产业文化，摒弃“大而全”，力求“特而强”，以创新创业为因子，突出一产与二产、三产相融合，多种经济元素聚合的一种新的经济形态。资本作用于特色小镇，主要通过以下三种方式[70]。

一是政府主导方式，主要特征为小镇建立小镇建设管委会负责特色小镇“政府引导”。政府负责政策的制定、规划的编制、宏观调控与协调及服务工作，设立全资国有建设公司负责特色小镇中所有的具体建设，对特色小镇进行市场化经营管理，主要负责土地储备、基础建设、孵化重大建设项目等工作。

二是企业主导方式，主要特征为小镇的主要驱动主体为企业或是企业联盟。企业成立与特色小镇相关的子公司，小镇中的所有建设项目都由企业主体负责，属于企业内部项目，投融资由企业独立解决，所有盈利也属于企业的营业收入。由于小镇是“非镇非区”，不属于行政上的单元，因此政府对特色小镇的行政约束力比较小。

三是政企合作方式，主要特征为小镇的主要管理与资金驱动主体是政府及企业。其中政府也成立小镇建设管委会负责小镇的“政府引导”工作，小镇中的全资国有建设公司负责小镇公共基础类的建设工作。以企业为主体的建设投资公司则负责小镇的产业类项目实体运作，而建设融资等各项产业类经营性的管理由政府与企业各展所长，服务于小镇的建设。

5.1.3 权力与特色小镇的空间

1. 权力对空间生产的作用

空间的生产受到资本与权力的双重作用，任何空间都置于制度环境、政治环境和文化环境之中，受其影响和制约，而政府权力则是制定政策与制度的主体。因此，权力不仅在帮助资本维持稳定的生产关系方面具有调节作用，而且对其具体的空间建成环境也具有约束作用。

2. 权力作用于政治-制度空间的生产

从特色小镇的政府定位来看，根据《浙江省人民政府关于加快特色小镇规划建设的指导意见》的精神，特色小镇的运作方式是“政府引导，企业主体、市场化运作”。这既能凸显企业主体地位，充分发挥市场在区域资源配置中的决定性作用，又能加强政府引导和服务保障作用。政府在特色小镇公共服务中主要起到保障作用，包括在规划编制、资源要素保障、基础设施配套、文化内涵挖掘传承、

生态环境建设与保护等方面更好发挥作用。

从制度来看，自特色小镇规划构思提出以来，浙江省陆续出台了多项文件来保障其建设，如 2015 年 5 月发布的《浙江省人民政府关于加快特色小镇规划建设的指导意见》（浙政发〔2015〕8 号）、2015 年 9 月发布的《关于加快推进特色小镇建设规划工作的指导意见》（浙建规〔2015〕83 号）、2016 年发布的《浙江省人民政府办公厅关于高质量加快推进特色小镇建设的通知》（浙政办发〔2016〕30 号）等，涉及特色小镇范围、区位、规模、评选、考核及建设等多项要求。在产业选择上，限定七大特定产业和历史经典文化产业。在条件审核上，实行宽进严定。在考核制度上，实行土地要素保障与财政支持奖励政策。

5.1.4　特色小镇的空间生产特征

特色小镇是在资本与权力作用下形成的。特色小镇不仅是一个生产空间，也是精神空间、社会关系和权力空间的象征。特色小镇的创建通过微观生产空间的打造，以空间规划推动区域经济和城镇化的发展模式，从单一追求空间规模的扩大，到注重空间要素的优化和互动作用，构建起新型的空间生产关系。与产业园区相比，其空间生产特征主要体现在以下几个方面。

1）空间管埋和运营从政府主导转向市场为主

特色小镇空间生产中虽然政府力量在特色小镇空间生产的过程中占据重要地位，但特色小镇各个主体各司其职，按照特色小镇的建设构想，强调政府引导、企业主体、市场化运作。在行政管理上不同于行政单元和产业园区，建立起独特的发展空间，实现经济转型和空间发展的统一。微观空间突破政府主导的限制，资本集聚、空间经济管理与运营都实行市场化运作，政府在制定特色小镇发展战略、政策引导、项目操作中，都是坚持以市场化组织原则为导向，根据当地实际和特色小镇自身的发展规律，由特色小镇工作机构来具体操作，不需要政府直接参与。从产业的特色发展到小镇资源的融合、从发展思路的突破到政府市场关系的处理，特色小镇坚持市场对资源的配置起主导作用，发挥政府引导作用，加强政府服务保障功能[71]。特色小镇在审批时，采取选址和产业可行性分析及宽进严定的方式，使特色小镇的建设具有极强的可操作性和现实性，并配合以动态化的监测体制和考核机制。通过严格审批和创新化的考核体制，保证了产业的特色化发展。

2）空间规划与建设呈现系统化、融合化、多维度的特征

特色小镇具有产业特色明显、体制机制灵活、人文气息浓厚、生态环境优美、多种功能叠加等特点。在规划编制上，坚持一次规划、分步实施，建设面积 3 平方千米左右，建设用地面积 1 平方千米左右。在功能融合上，浙江省强调“三生

融合”发展，即生产、生活、生态相融合，推动产业、文化、旅游协同发展，打造具有明确产业定位、文化内涵、旅游特征和一定社区居住功能的综合开发项目，是旅游景区、消费产业聚集区、新型城镇化发展区三区合一，产、城、乡一体化的新型城镇化模式。要求所有特色小镇建设成为 3A 级以上景区，旅游产业类特色小镇按照 5A 级景区标准建设。特色小镇的发展不仅需要特色产业的空间规划，而且要具有产业、居住、游憩等功能的多规合一的规划，打造“产城融合”的差异性空间。特色小镇在有限的空间内实现了不同人群、不同服务功能的融合，满足了差异化的群体需求，提供了多层次、多元化的公共服务供给[72]。

3）在空间产业定位上以特色产业为核心，形成产业生态链

特色小镇依赖某一特色产业和地域特色、生态特色、文化特色等环境因素，是一个新型的产业空间组织形式[73]，承担着高端要素集聚、产业创新和产业升级的重要使命[74]。特色小镇的特色产业培育与发展问题是产业生态链的关键，是经济空间生产力布局的一次改革和创新。

5.2 特色小镇旅游空间生产主体分析

5.2.1 特色小镇旅游空间生产的主体构成

旅游空间生产主体包括生产者和消费者两个方面。旅游空间生产者是旅游生产过程中的支配者，对旅游空间生产具有影响和决策的作用，空间消费者是体验和使用空间的承担者。特色小镇旅游空间生产者包括政府、企业、企业从业者、旅游规划者、社区居民；消费者包括社区居民和游客。而社区居民既是生产者，也是消费者。因此，特色小镇旅游空间生产的主体可分为政府主导行为、企业主导行为和公众参与主导行为三类。政府主要通过政策与制度、基础设施建设、财政资金方式对旅游空间生产产生作用，企业通过新景点建设、开放生产空间、投入资金等方式对旅游空间生产产生作用，游客与社区通过旅游空间的消费，约束与评价政府与企业的行为，参与旅游空间生产，如图 5-1 所示。

各个主体推动旅游空间生产的目的不同。在具有多目标导向的特色小镇建设过程中，规划专家、政府官员、社区居民、企业管理者、旅游者站在不同的角度和立场，得出不同的结论。政府对特色小镇旅游空间生产是以追求社会福利最大化为目的，较多地考虑社会公平和公共利益；小镇企业参与旅游空间生产有一些是直接追求旅游经济效益，有一些虽然不能直接获得旅游经济利润，但通过提高小镇景观环境，提升了企业品牌，从而提高了企业产品竞争力。专家关注的是特

色小镇产业、环境、社区协调发展，因为特色小镇设计之初就是为了发挥土地的最大效用，追求综合效益。而社区居民关心的是政府或者企业家在特色小镇建设中，给予特色小镇更多的配套建设，使他们能够尽快地从住房面积狭小、卫生条件差、居住环境恶劣、交通不便的环境中解放出来，改善自己的居住环境。小镇管理机构作为小镇这一有形资产的管理者，一方面面临着"有所为"的压力，要通过招商引资等途径，提高特色小镇经济产值与效益，另一方面要切实改善小镇生态环境和旅游功能。

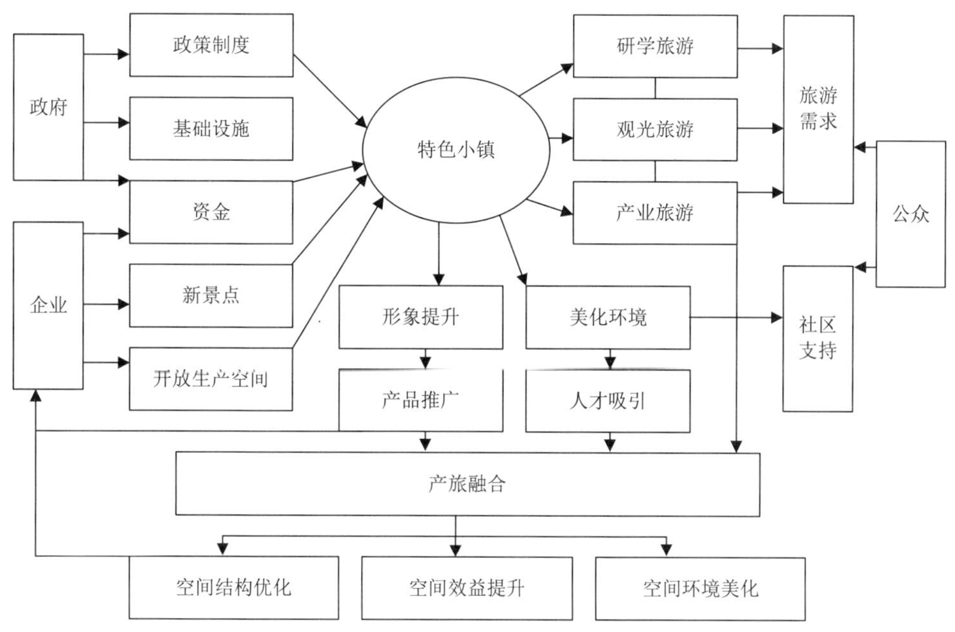

图 5-1　旅游空间生产主体行为作用路径图

特色小镇旅游空间生产中存在主体缺位现象。企业作为市场经济构成单位的独立法人，首先要追求企业利益最大化，除了承担发放员工工资、特色小镇政府所要求的企业任务指标、企业社会责任、按照国家政策规定的纳税人的角色外，通常不愿意实施其他影响企业总体利益的行为，这就往往会导致特色小镇环境美化和基础设施等公共建设缺乏。小镇的企业主要关心的是政府给予小镇配套建设，能否让员工在小镇内居住，留住企业人才，能否在厂房建设和税收方面具有优惠政策，获得企业利益的最大化。企业股东希望对企业的投资能够得到资本的保值和增值，经营者与员工希望从企业岗位上得到较高的收入。社区希望企业为他们提供就业机会和教育资源，本地社区居民和通勤员工，希望获得更优质的公共服务条件、更高的收入水平。从以上分析可以看出，各个主体对设立游客服务中心、

配备合格的服务人员和导游，或者奇特景观要素等建设可能就没有较大兴趣，对旅游空间生产经常存在明显的缺位现象。

5.2.2 特色小镇旅游空间生产的主体行为

在旅游空间生产中，特色小镇的旅游空间生产与空间消费构成相互作用的互动关系。空间生产是空间消费的必要前提和逻辑起点，空间消费是空间生产的必然结果和逻辑延伸，二者通过相互作用而形成相应的社会关系，决定着旅游空间的发展。旅游空间的生产与消费行为共同推进特色小镇旅游空间产旅融合，促进空间结构优化、空间效益提升、空间环境美化（图 5-1）。

1. 特色小镇旅游空间生产是不同主体行为共同作用的过程

来自不同主体的资本按照相应的制度汇集到特色小镇，并与当地政府组成了空间生产的主导力量，资本循环、政府干预和社会运动共同推动着特色小镇旅游空间生产的进行。在特色小镇旅游空间生产中，政府、企业和特色小镇管理机构的分工不同，政府把有限的资金投入企业不愿开发而又非常重要的项目，如基础设施、安全卫生设施、文化体育设施等，管理者通过政府投资引导开发商的社会投资，促进旅游空间持续、健康、稳定发展。无论何种特色小镇，在旅游空间生产中政府与企业都起到至关重要的作用。政府同企业间实现交流互动，合力促成所预期的目标，针对重大事项的商定中发挥作用。政府与企业为了追求特色小镇人、文、旅整合与 3A 级景区的空间要求，实现特色小镇创建与验收是他们共同的目标。在促进特色小镇旅游发展时提供必要的旅游服务保障，并在编制旅游规划、策划旅游项目、宣传小镇旅游形象时，还要体现市场需求、市场满意度和社区居民支持度，体现出不同主体行为共同作用的过程。而特色小镇管理机构既代表政府利益，又要得到企业的支持，必须寻求政府与企业之间的平衡，既考虑社会的公平，又注重效益的提升，同时兼顾旅游空间的可持续发展。

2. 旅游空间生产不同主体的行为内容不同

在推进特色小镇旅游空间生产过程中，地方政府不完全等同于“行政区镇”中政府的主导地位，更多的是发挥服务者作用，实施审查、监督、协调的功能，引导特色小镇发展。政府通过政策制度的制定、旅游企业的引进、基础设施建设、财政经费支持来保持特色小镇内部各主体及企业之间的责任均分与利益均衡，作用于特色小镇旅游空间生产，同时还要创新创建发展建设和投资机制等，在编制旅游规划、引进旅游企业、挖掘历史文化资源、生态环境保护等方面发挥积极作用。企业以资金、新景点建设及生产空间开放等方式，作用于特色小镇旅游空间

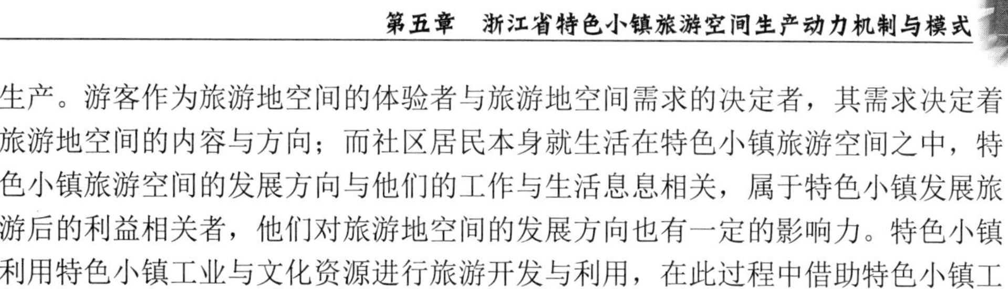

生产。游客作为旅游地空间的体验者与旅游地空间需求的决定者，其需求决定着旅游地空间的内容与方向；而社区居民本身就生活在特色小镇旅游空间之中，特色小镇旅游空间的发展方向与他们的工作与生活息息相关，属于特色小镇发展旅游后的利益相关者，他们对旅游地空间的发展方向也有一定的影响力。特色小镇利用特色小镇工业与文化资源进行旅游开发与利用，在此过程中借助特色小镇工业资源与文化资源的资本化获取最大经济利益。

3．特色小镇旅游空间生产不同主体作用方式不同

尽管特色小镇的旅游功能和旅游经济形态是由政府提出并引导的，但归根到底其运营主体是企业，而不是政府。特色小镇旅游企业主体不同于其他旅游地开发企业主体，旅游景区的旅游企业主体往往以招商引资的方式进入旅游地空间生产主体的社会关系网络中，而特色小镇旅游企业通常就是特色小镇内的生产企业，政府通过对生产企业进行引导，促进企业开展旅游空间生产。

另外，基于特色小镇发展中政府失灵和市场失灵的同时存在，特色小镇不仅要重视旅游市场的重要作用，也要强调政府调节旅游项目建设的必要性。从特色小镇建设伊始，政府并没有直接去指定某个小镇建设的某个具体旅游项目，而是通过权力对旅游空间生产起作用。政府的权力主要表现为对特色小镇实施政策优惠，提出创建与验收时的旅游景区等级要求，在特色小镇制定规划时对空间的旅游发展进行规划与定位、界定旅游地空间范围等方面，增强对特色小镇旅游功能的“聚焦”。而有些特色小镇，尤其是旅游产业类，旅游市场需求对其发展起到较大的推动作用，如嘉善巧克力甜蜜小镇，主要依靠市场拉动和社区支持开展旅游空间生产。

5.3　特色小镇旅游空间生产动力构成

特色小镇是生产、生活和生态相统一的区域发展空间，旅游空间生产就是通过其生产空间、生活空间和生态空间的旅游化、景观化，并将其提供给外来旅游者开展旅游活动。其空间的独特性和旅游产品的特殊性导致小镇社区、企业顾客和旅游市场成为特色小镇旅游空间生产的重要推动力。因此，特色小镇旅游空间生产动力除了权力和资本两大动力源以外，社会支持力和旅游市场共同成为其动力构成，推动特色小镇由单纯的产业区向旅游与产业融合的综合空间转变。

5.3.1 旅游空间生产的权力

特色小镇是有明确边界的非镇非区非园空间，隶属于地方政府行政管辖范围。特色小镇旅游空间生产的权力是指政府和企业所形成的控制权与管理权。权力对于特色小镇旅游空间生产的内容与过程都起到决定性的作用。

1．权力塑造特色小镇旅游空间

权力首先表现为政府为了推进特色小镇旅游空间生产，针对每一个特色小镇，专门设立管理机构，确定旅游管理职能。权力是特色小镇旅游空间生产动力系统中的规范者，通过引导空间开放性、编制旅游规划、旅游发展等级要求、旅游用地标准、旅游服务层次、公共符号标识、小镇环境保护、空间效率与公平等因素，起到引导与约束作用，挖掘产业旅游资源，构建旅游线路，按照政府意图开发相应的旅游产品。政府在特色小镇旅游空间生产过程中引导企业与社区在参与旅游空间生产、形成旅游供给系统、建设旅游基础设施和配套系统等方面介入具体事务中，使旅游基础设施、旅游接待中心、旅游标识体系、旅游购物场所、旅游宣传推广，以及停车、网络等配套设施更加完善。通过旅游公共产品的打造和公共服务平台的搭建、空间权益的协调、旅游线路的整合、企业空间的开放及社区与游客的和谐等来确保旅游与特色小镇融合发展。

政府政策的调整可以使特色小镇空间成为旅游化的空间，促使政府支配空间，编制旅游规划文本，从而引导资本的第二次循环在特色小镇旅游空间生产中发生，实现空间的再生产。如果没有政府的干预，在资本的第二次循环过程中，特色小镇内的企业资本倾向流入企业内产业发展，很难自发进入特色小镇旅游公共空间和旅游产品建设。

权力还表现在空间的选址、范围的界定、空间的定位和政策的注入等方面。特色小镇空间上限定在核心区 1 平方千米，外围区 3 平方千米，并被定位为“非镇非区”，即不同于开发区和产业园区，也不同于行政区的镇。在政策上，从财政、产业类型、考核等方面，有针对性地颁布了一系列的政策和制度。在财政资金的支持上，通常的做法是，不仅投入特色小镇的公共建设与专项建设，而且投入特色小镇内配套的旅游设施空间。在特色小镇创建与验收要求中，把 3A 级景区验收作为必备条件。浙江省按实际使用建设用地指标的 50%给予配套奖励，其中信息经济、环保、高端装备制造等特色小镇再增加 10%的奖励指标；对 3 年内未达到规划目标任务的，加倍倒扣奖励指标。特色小镇在创建期间及验收命名后，规划空间范围内的新增财政收入上交省财政部分，前 3 年全额返还、后 2 年返还一半给当地财政。

2．权力目标引领特色小镇旅游空间生产

在我国的政治体制下，下级政府必须接受上级政府的考评，而考评结果又会对官员产生影响，这样一种考核机制形成了政府权力的目标体系。根据目标体系，权力通过采取行政的、经济的措施来引导和规范特色小镇旅游市场活动，也会对特色小镇的企业与社区居民的生产和生活、旅游支持等发挥引导和约束功能。特色小镇已经成为浙江省当前空间发展中一个突出的品牌，每一个区域成功创建特色小镇的数量和质量，将会影响政府政绩的考核。因此，政府会根据当地特色产业与发展环境，尽可能多地选择若干个空间作为特色小镇来建设。而特色小镇旅游景区等级评定作为特色小镇成功创建的必要条件，通过问责制和审批制、奖励机制等权力实施，必然会加强政府对特色小镇旅游空间形成的关注。

3．权力促进特色小镇旅游空间生产资金支持

权力通过影响资本的进入或流动来影响特色小镇旅游空间的发展变化方向，资本是特色小镇旅游空间生产动力系统中的推力。市场资本在改造空间的过程中追求增值，而非旅游类特色小镇旅游空间投资增值效果差，市场资本在特色小镇内进行旅游空间改造的意愿性较差，大多是迫于政府要求。同时，特色小镇作为政府扶持的项目，要实现其文化、旅游、产业和社区四位一体和生产、生态和生活三生融合的空间定位。政府通过政策和制度，采取多种方式，除了财政资金、政策奖励外，还鼓励以 PPP 方式获得资金，开展特色小镇旅游空间的项目建设，推动特色小镇旅游空间的形成和发展变化。

4．权力促进高质量旅游规划编制

旅游空间生产需要在旅游空间规划的带动下设计社会需要的旅游空间产品，权力的旅游构想通过制定相应的旅游规划来表达，主要包括两个层面：旅游发展战略规定了特色小镇旅游空间生产的尺度和能级；旅游规划则规定了空间生产和重构的基本格局。旅游空间规划在旅游空间生产中起着十分重要的作用，也是政府、规划师、开发商等空间生产主体实现空间表征的主要手段之一。浙江省的第一、第二批共 79 个小镇基本上都完成了特色小镇旅游概念性规划，为开展较好的旅游空间生产提供了参考。纵观各个特色小镇，其旅游空间大多包括生产体验旅游区、产品购物区、产业文化区、休闲活动区、游客接待中心，构成了旅游产品要素。

5．权力促进区域旅游网络和区域旅游合作

旅游线路和旅游网络的形成是政府力作用于特色小镇旅游空间生产的另外一种重要方式，主要通过区位整合、治理整合、产业整合来实现。在区位整合方面，将特色小镇旅游空间与周边旅游景区共同串成旅游线路，实现区域旅游空间格局质的改变和旅游产业能级质的提升。在治理整合方面，特色小镇与文旅管理部门、地方管理机构的管理体制增加了旅游空间整合的可能。在产业整合方面，通过规划、资源、产品、交通、企业等方面的合作，清除各自为政和市场壁垒，促进产品和要素自由流动，实现区域旅游一体化。特色小镇旅游空间网络反映的是区域旅游统一市场的建立，应处理好政府力与市场力的关系，通过建设统一开放、竞争有序的旅游市场体系，使市场真正在空间资源配置和空间生产中起决定性作用。

6．权力加快旅游空间再生产进程

权力对特色小镇旅游开发投入资金，打造特色小镇旅游景观，发展公共事业，不仅改善了特色小镇的物质空间环境，也提高了特色小镇的生活、生产环境和旅游空间质量，使整个特色小镇空间在旅游开发中成为直接的生产对象，由此实现“再生产”中的不断增值。特色小镇旅游开发，促使其由生产空间向有商业价值、旅游价值、文化价值的复合功能空间转变。特色小镇在重置整体功能的同时，也表现出消费空间的特征，游客中心、旅游标识体系、旅游购物场所、商业消费场所随之产生。

5.3.2 旅游空间生产的资本力

资本通过改造特色小镇的旅游物质空间和社会空间来推动旅游空间的形成和发展变化，实现增值与循环。因此，资本循环是空间生产的源动力。资本循环的目的是实现资本的增值。当特色小镇旅游要素被纳入资本生产的逻辑，特色小镇空间就被资本化。

1．资本作用于旅游空间生产

消费空间的生产是资本创造需求的有效手段，旅游空间的生产成为资本循环的重要目标。当前，旅游已经成为居民生活的重要方式之一，随着全球经济不断发展，旅游市场日趋成熟，旅游需求呈现出个性化的趋势。为了满足其个性化市场，新的旅游地不断涌现，风景区型、主题公园型、乡村度假型、人文活动型等旅游地不断增多。

随着求知型、教育型、休闲型游客市场不断扩大，特色小镇利用其特色产业

与特色文化资源优势，挖掘自身的空间优势，向国内外旅游客源市场宣传和展示已生产和将要生产的旅游空间产品。在这种背景下，政府和企业以不同的目的对特色小镇开展了旅游投资行为，加速了特色小镇旅游空间的形成。资本的进入导致特色小镇旅游产品和业态的变化，进而导致旅游生产和消费空间的多元化。资本的循环通过空间生产这一行动变量在特色小镇空间资源配置中发挥决定性作用。

2. 特色小镇旅游空间生产的资本构成

在旅游空间的基本生产要素中，资金是非常关键的环节。特色小镇要从开发区模式转型为“三生融合”模式，关键是美化环境，并开展旅游策划、旅游设施建设和市场营销，这就需要必要的投资。特色小镇建设资金的来源可分为政府投资和非政府投资，融资方式包括基金资金、开发性银行政策资金、PPP 开发资金、商业银行信贷资金、贷款资金等。各种资金喜好有所不同，如 PPP 开发资金参与的项目主要适用于准公共产品的开发，包括基础设施、公共服务设施及产业发展及服务类项目。受企业逐利行为影响，企业旅游开发投资积极性不高，特别是在高端装备制造业型、互联网型、金融产业型等特色小镇。大多数特色小镇目前正处于建设阶段，资金扩张领域往往在产业升级和必要的办公建筑建设上，企业不太愿意花资金和精力在旅游开发项目上。因此，必须加大政府的引导资金的投入力度。引导资金作为特色小镇旅游空间生产的原始资金，主要用于旅游公益设施、旅游项目前期工作配套设施完善、重点旅游项目的贷款贴息，充分发挥政府引导性资金投入的带动作用，以带动社会各方面资金更多地投入旅游空间生产与建设之中。

3. 特色小镇旅游空间生产的资本增值逻辑

资本的逐利性是支配企业行为的首要准则。按空间生产理论，资本三次循环分别追求不同层次的资本价值，即从资本流向一般生产资料和消费资料的初级循环，到资本流向城市建成环境，再到资本流向生产性建成环境和消费性建成环境。其中，资本的第三次循环与旅游空间生产的关系最为紧密，核心是消费性建成环境。

浙江省特色小镇从产品构成看，包括制造业产品、金融服务、旅游服务产品等类型。制造业产品类的企业以生产型企业为主，其投资的核心动机是获取利润，即企业通过生产资料的生产，生产出产品，以出售产品来获取利润。基金小镇以银行企业为主，利用自有资金发放贷款，从而获取利息收益。旅游小镇则通常以具有竞争力的高等级旅游景区为核心为游客提供服务，从而获取旅游收入，并围绕旅游六要素，延伸旅游产业链。浙江省特色小镇是在产业区块基础上形成的，如果特色

小镇的资本投入仅满足于企业利润，那么，特色小镇与产业园区就没有差别。因此，特色小镇从一开始就定位于“小而美”“特而强”“聚而合”“活而新”，这就要求特色小镇的资本完成了初级循环后必须进入第二次循环和第三次循环。资本流向特色小镇建成环境及科研和技术的消费领域，才能促进特色小镇的空间发展。

特色小镇与产业园区和开发区最大的差异就是特色产业的特色性。也就是说，特色小镇的产业通常由一类产业和延伸的产业链所组成，不能是任意产业都可进入园区，产业具有“特而强”。第二个差异就是特色小镇空间具有生活性，小镇内拥有生活空间，满足企业从业者住在小镇、生活在小镇的需要。第三个差异就是，特色小镇是“人、文、产、旅”的空间综合体。由于特色小镇的差异性，因此把达到 3A 级景区要求作为验收条件。那么，旅游资本与大卫·哈维的后两次循环有什么关系呢？首先，特色小镇以旅游项目建设为载体，通过景区化促进环境美化，达到“小而美”要求，完成了特色小镇资本第二次循环。其次，环境美化和生活化有利于吸引人才，为实现资本的第三次循环提供了条件。最后，通过小镇的景区化建设，提高了特色小镇的知名度，促进了特色小镇的产品营销，拉动了特色产业扩大再生产规模，因而也实现了旅游资本的第一次循环[75]。

5.3.3　旅游空间生产的社会力

参与特色小镇旅游空间生产的社会力有政府工作人员、专家学者、新闻媒体、企业从业者、企业顾客、本地居民、小镇社区居民等。政府工作人员、专家学者、新闻媒体等群体参与特色小镇旅游空间生产的动因多是工作和研究及宣传报道等需要，与利益驱动下的本地居民和企业员工不同。特色小镇旅游空间生产的主要服务对象包括企业从业者、社区居民、外地旅游者三类，这是与工业区、旅游景区、城市和传统村落等类型空间生产的不同之处。因此，特色小镇旅游空间生产的社会力主要是指企业从业者、社区居民对旅游空间生产的支持力。特色小镇既是生产空间，又是社区居民和企业从业者的生活空间，旅游空间生产就是要对这个生产空间和生活空间进行再生产，并将其提供给外来的旅游者。也就是说，特色小镇旅游空间生产的主要服务对象包括当地居民、企业从业者和外地旅游者三类，这是与工业区、旅游景区、城市和传统村落等类型空间生产的不同之处。

1. 旅游空间生产社会力作用过程

特色小镇旅游空间生产必然导致空间使用者的复杂化及空间权益的变化。在权力的引导作用下，政府财政资本进入特色小镇，建设旅游设施与服务项目，可能因挤占而改变物质空间和社会空间。面对资本与权力的巨大冲击，特色小镇原有企业从业者与居民形成的社会阶层做出了应对，这种应对行为也在一定程度上

对特色小镇的空间生产发挥了作用。因此，社会力是特色小镇空间生产的反馈动力。特色小镇旅游空间生产立足于满足企业与社区，造福于民，通常以特色小镇“三生”品质提升为核心，将旅游产品植入特色产业经典元素，企业从业者、居民社区满意度提高，旅游者人数增加，社会效应提高，企业管理者更加重视旅游化建设，积极参与小镇旅游管理。

2．旅游空间生产社会力作用方式

旅游空间生产社会力主要表现为特色小镇居民对旅游空间生产的作用力。居民对特色小镇旅游项目态度的差异直接导致了其行为的差异，居民的不同行为反馈到权力者，对特色小镇旅游空间的塑造是不同的，为特色小镇旅游空间生产提供了反馈动力，在一定程度上改变了资本和权力生产空间的原始路径。特色小镇旅游空间生产社会力包括主动配合、被动接受、被迫跳槽或厌恶三种作用方式。

（1）主动配合。对特色小镇持支持态度的企业从业者与居民的行为表现为对旅游空间改造过程的主动配合，他们出于改善自身居住环境和提高小镇品质的目的，积极配合政府的改造，尽可能地为政府和企业提供便利，促进了特色小镇旅游空间生产。

（2）被动接受。对特色小镇旅游项目开发持无所谓态度的居民的行为表现为对改造过程的被动接受，他们既不配合政府行动，也不阻挠改造过程，实际上是脱离于改造过程之外的。这对于空间生产过程的意义在于：大大降低了空间再生产的阻力，保持了特色小镇原有生产空间和生态、生活空间结构的相对稳定。

（3）被迫跳槽或厌恶。对特色小镇旅游项目开发持反对态度的企业从业者的行为表现为被迫跳槽，重新选择特色小镇外的新单位上班，或者是虽然留在原单位，但对游客表现出不欢迎的态度，甚至对立的情绪，影响了特色小镇旅游产品质量。

从以上可以看出，社会公众参与特色小镇旅游空间规划和政策制定、公共空间和居住空间等众多的空间生产过程中，并发挥着越来越重要的作用。

5.3.4 旅游空间生产的市场力

市场在旅游空间资源配置中起决定性作用，旅游需求是旅游空间生产动力系统中的拉力。特色小镇的旅游产品及生产的旅游空间不能进行异地搬运，只能吸引旅游者前来消费，而且作为旅游产品的特色小镇旅游空间具有生产和消费同时性的特征，这就决定了市场在旅游空间生产中的重要作用。特色小镇旅游空间只有按照客源需求与偏好进行生产，才能促进其旅游实践活动，进而拉动其旅游空间的生产。客源需求的变化也会影响到特色小镇旅游空间的发展变化，进而反作用于特色小镇旅游空间的完善和优化。

1. 当前旅游市场需求特征

1）旅游意愿常态化

研究表明：人均 GDP 达到 3000 美元时，旅游出游意愿就会较强。目前，长三角、珠三角、环渤海湾等经济发达地区的人均 GDP 均已超过或接近 10000 美元，休闲度假旅游已成为大多数当地居民更高层次的旅游消费。随着新休假制度的实行和法定职工带薪休假条例的出台，休假时间增多，居民出游率和出游频度显著增加。

2）旅游动机多元化

出游动机是衡量一个地区居民出游市场发展成熟度的重要指标。随着社会文明程度的提高，人们的旅游方式日趋多元化，并日益显示出个性化特征。传统的观光旅游不再是旅游者的唯一选择，文化体验、科研考察、体育探险、康体养生、休闲购物、森林探幽、登山露营、科普考察等活动特别受到年轻人的喜欢；而到科普基地、博物馆参观或农家体验生活、乡村采摘、野外写生又成为青少年生活中的一部分；远距离的观光、度假、商务、购物，近距离的登山、健身、会展、演艺等都深深吸引着广大的旅游者。

3）旅游主体散客化

20 世纪 80 年代以来，世界旅游市场开始出现“散客化”现象，散客已成为旅游市场的主角，经营接待散客旅游的能力和水平已成为衡量一个国家或地区旅游业成熟度的重要标志。随着我国居民生活水平的不断提高，加之旅游者经验的积累，现代通信、交通等科技手段的不断进步，管理服务等的不断完善，传统的规范化的旅游模式难以满足个性化的要求。近年来，越来越多的人不满足于随团旅行对个性的压抑，进而选择了自驾游、自助游、半自助游等自由出行方式，旅游市场呈现出“散客化”的趋势。我国散客旅游的比例虽然低于旅游发达国家，但近年来发展十分迅速，已占我国旅游客源市场的近半壁江山，特别是一些大中城市和沿海地区，散客比例更大。随着散客自主意识和自主能力的不断增强，外部约束条件的降低及旅游供给的增加，消费主权真正从供给者向消费者转移，旅游的方式正由团队主导型转向散客主导型。

4）旅游距离近程化

近年来，由于景区采取一系列优惠活动及汽车的普及，旅游者的近程旅游活动明显增加，短途旅游走俏，城郊游和周边游的人数大为增加，而长线游有所减少。此外，休假制度的调整，一方面有助于培养游客的出游习惯，另一方面“黄金周”的缩水将使居民改变以往的长线出游计划，“短线游”成为旅游市场的重要项目。根据新的休假制度，人们将在短假和长假交替中度过，这样选择中短途线路的人数有所上升，市内和城市周边旅游升温，短途线、自驾游、乡村游、休闲

游等呈现繁荣状况。这些变化在近年黄金周有所反映。从结构上看，一日或两日游游客所占比重呈较快上升趋势。

2. 特色小镇旅游空间消费主体——游客、企业员工与社区居民

特色小镇游客主要由本地游客、顾客、区域旅游线路中的游客三部分组成，每年游客量需要达到 30 万人以上。游客是特色小镇的临时人群，一方面，为特色小镇宣传产品品牌和形象，购买特色产品，购买门票，从而为小镇产生旅游经济；另一方面，要求特色小镇提供旅游体验价值的载体，具备较好的生态环境和产业展示等要素，具备旅游服务功能。

在特色小镇中，企业从业者从事企业生产实践活动，支撑着企业的生存，企业从业者是特色小镇空间生产的主体，同时也是空间消费的主体。在旅游空间生产中，企业从业者既是向游客展示生产活动的对象，也享受着特色小镇旅游空间的生态环境和旅游环境。因而，企业从业者与社区居民也是旅游空间的消费主体。

3. 特色小镇旅游空间消费内容

首先，特色小镇旅游空间消费表现为文化消费。文化消费盛行的后现代旅游开发，其产业文化特征发生了后现代转变，产业场所成为空间塑造的符号，产业资源成为旅游消费的对象和创造消费需求的媒介。因而，特色小镇的产业文化是特色小镇吸引游客的首要因素，文化消费需求是特色小镇旅游消费首先要关注的需求领域。

其次，特色小镇旅游空间消费表现为休闲消费。随着休闲时代的到来，以休闲旅游为主导的现代城市服务业发展，成为多数大都市转型中产业、人口、社会结构更新和调整的重点途径[76]。休闲作为人们生活方式的地位不断加强，休闲方式呈现多样化的趋势，到小镇体验企业生产活动、考察小镇空间环境或者到小镇购物，都将成为当地居民的休闲方式。为顺应特色小镇多元功能特征，休闲消费需求将成为特色小镇旅游空间构建的重要参考指标。在后现代主义背景下，游客审美理念已不仅局限在纯艺术的范围，生活审美、差异化景观审美与功能化审美空间一样，都成为游客景观审美的需要，成为特色小镇旅游消费不可忽视的重要需求类型。

现代游客对特色小镇的休闲消费需求主要表现在以下三点。第一，多元化休闲需求。随着人们对休闲层次要求的提高，人们对特色小镇的休闲类型具有更高要求，不再满足于生产考察旅游的单一功能的特色小镇，而是需要科技文化体验、购物体验、空间体验、VR（虚拟现实）体验，甚至休闲餐饮、摄影等多种休闲方式的特色小镇。第二，人性化休闲需求。在当前的现代消费社会中，消费者不仅注重产品质量，更加注重情感的愉悦和个人的享受，因此，特色小镇在生产活动考察、旅游节点和旅游线路安排等细节上，更应加强人性化设计。第三，体验化

休闲需求。随着体验时代的到来，游客追求的个性和自我的特性使旅游不仅满足于观光和消费，而且向深度体验发展，以获得符合其个性的独特旅游体验。因此，游客对特色小镇的休闲需求要着重从如何为游客提供可参与的休闲活动及保证游客接近生产活动的休闲体验入手。

最后，特色小镇旅游空间消费表现为景观消费。生态学上的景观是指由相互作用的拼块或生态系统组成，以相似的形式重复出现的一个空间异质性区域，是具有分类含义的自然综合体。地理学家把景观作为一个科学名词，定义为地表景象、综合自然地理区，或是一种类型单位的通称，如城市景观、森林景观等。艺术家把景观作为表现与再现的对象，等同于风景；旅游学家把景观当作资源；建筑师把景观作为建筑物的配景或背景。景观的含义同汉语的"风景""景致""景色"相一致，等同于英语的"scenery"，都是视觉美学意义上的概念。一般意义上，景观是指一定区域呈现的景象，即视觉效果。这种视觉效果反映了土地及土地上的空间和物质所构成的综合体，是复杂的自然过程和人类活动在大地上的烙印。

游客对特色小镇的景观消费需求主要体现在以下两点：第一，特色小镇原真性的现代科技产品景观、现代建筑景观和环境景观等的需求，例如，在路桥沃尔沃小镇，各种现代汽车、厂房建筑都成为游客对小镇景观的吸引要素；第二，特色小镇生产和生活原真性景观需求。越来越多的游客追求身临其境地欣赏、感受和融入旅游地各种原真的生产和生活场景，感受当地社会的生活文化常态，是旅游者追求深度休闲体验的旅游方式，如企业生产车间和特色小镇社区空间生活状态等都构成了特色小镇对休闲旅游者的吸引要素。因此，特色小镇旅游空间消费是"文化"、"休闲"和"景观"三维需求的集中体现。

4. 特色小镇空间消费方式——游客凝视

旅游人类学学者约翰·厄瑞（John Urry）的"游客凝视"理论认为，在现代社会，旅游活动已经成为一种符号与经验的消费，通常是满足旅游消费者视觉消费和体验消费的需求，消费对象不再局限于真实存在的物质，无形的象征及氛围都可以通过符号价值的交换而被消费。经由游客凝视，旅游地的一切空间景观都成为付费的符号商品[77]。

在资本的助推下，在以特色小镇生产空间及其文化为媒介的空间生产实践中，生产空间成为一种具有某种特定意义的符号商品。特色小镇生产场所、景观风貌呈现为一种可被直接感知的符号商品，而"在场"企业员工的行为方式成为间接感知的符号商品，游客凝视的过程是符号价值展现与消费的过程，同时也是游客与旅游空间生产者完成价值交换的过程，生产者成功地向游客销售了"地方"，而游客则借此过程，通过欣赏生产活动场所、设备、商品、建筑物等物质景观，完

成了对特色小镇场景的视觉消费，通过置身于特色小镇特定的场景中感受企业的生产活动与人文风貌，完成了对特色小镇的体验消费。特色小镇空间以视觉和体验消费的方式被游客“消费”。

5.4　特色小镇旅游空间生产动力机制及特征

我国关于旅游发展动力机制的研究成果较多，旅游发展动力机制主要集中在城市旅游[78-81]、乡村旅游[82-84]、区域旅游[85-87]，以及生态旅游[88]等旅游发展动力机制的研究。彭华对旅游发展驱动机制及动力模型进行了探析，指出旅游发展动力是一个由旅游消费牵动和旅游产品吸引构成的，并由中介系统和发展条件联系的互动型动力系统[89]。钟韵和彭华通过对经济发达地区旅游发展动力系统的研究，指出旅游发展动力系统主要包括吸引系统、支持系统和中介系统三个子系统[90]。张立生研究了行政区域旅游发展的主要动力，以及行政区域旅游发展的动力机制[91]。此外，近年来旅游村镇发展中利益相关者存在的矛盾表明，社区参与、旅游的社会效益是不可忽视的重要因素，只有提高社区参与度才有可能实现旅游景区的可持续发展。张洪昌和舒伯阳按照勒菲弗和哈维的空间生产理论，构建了“制度-资本-景观”三位一体的旅游空间生产动力机制[92]。借助“制度-资本-景观”作用机制模型（图 5-2），可以看到特色小镇旅游空间生产受旅游资源、资本、制度与市场的作用。旅游空间生产是一个动态的过程，旅游作用力要素是主体，物理空间和社会空间是旅游空间生产的对象，通过各种显性或隐性的方式进行直接或间接营造。

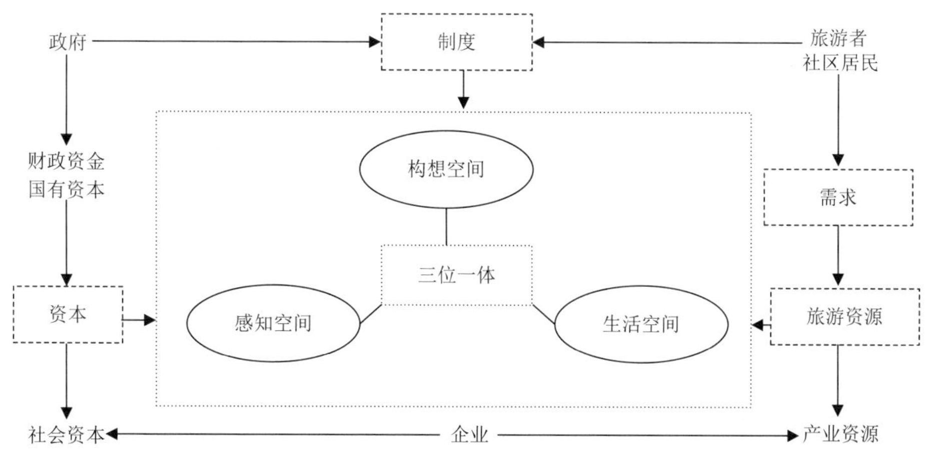

图 5-2　“制度-资本-景观-市场”作用机制模型

5.4.1 特色小镇旅游空间生产动力机制

1. 旅游资源的媒介和基础性作用

特色小镇具有自身的景观资源与产业文化资源，成为特色小镇旅游空间生产的重要媒介，也为旅游空间生产提供了基础性作用。承载特定产业及其文化的特色小镇空间不仅是物质资料生产的空间，而且成为旅游空间生产资料。特色小镇具有特色的产品和生产车间等各类物质景观和场景，以及代表特色小镇特定的文化资源，在一定程度上增强了特色小镇旅游空间生产能力。当承载着特色文化的空间被消费时，特色小镇空间获得旅游空间生产。特色小镇区别于一般产业园区和旅游景区，就是因为其具备“独特”的旅游资源和文化景观。在旅游空间生产中，特色小镇必须以特色产业引擎与旅游吸引核为中心，依托产业特色与相关资源，以产业特色性、科技创新性、产品高端性等特色明显、景观迥异的要素为基础，才能够成为人们消费的对象。在旅游发展背景下，特色小镇旅游空间生产需要通过对产业旅游资源和环境物质资源的内容塑造，将潜在的产业旅游资源和环境景观资源进行价值挖掘和舞台化表征。

旅游空间的本质功能是能够吸引游客开展旅游活动。旅游空间生产的对象必须具有旅游资源这一独特的要素，旅游资源是特色小镇旅游空间生产的媒介和基础条件。在消费社会，人们对各种文化消费的需求使特色小镇产业文化和科技文化进入旅游消费市场中，借助产业文化资源和科技文化资源进行旅游开发成为转变特色小镇空间生产方式的一种途径。旅游资源成为一种重要的动力，成为创造旅游消费需求的一个媒介，从单一目标向多目标的追求转向资本化的现实，融合到消费空间生产的进程中。

旅游空间生产是在特色小镇空间生产大背景下形成的，不同产业旅游资源类型和发展定位的特色小镇，旅游空间生产方式不同，资源资本化的方式和手段也各不相同，但更多的还是文化吸引物的旅游转化。除了提供工艺流程、产品展示、生产空间开放等项目外，特色小镇特色产品还从其独特的产业文化着手，将其设计、改造为小镇文化记忆的符号表征，以便旅游者在有限的旅游凝视时间里收获知识和愉悦。

2. 制度的根本性作用

制度在浙江省特色小镇旅游空间生产实践中发挥着根本性作用。在特色小镇旅游空间生产中，政府掌握着立项审批、规划评审、土地空间资源分配、基础设施建设、公共资源使用等方面的主动权，以制度保证特色小镇超越工业区实现空

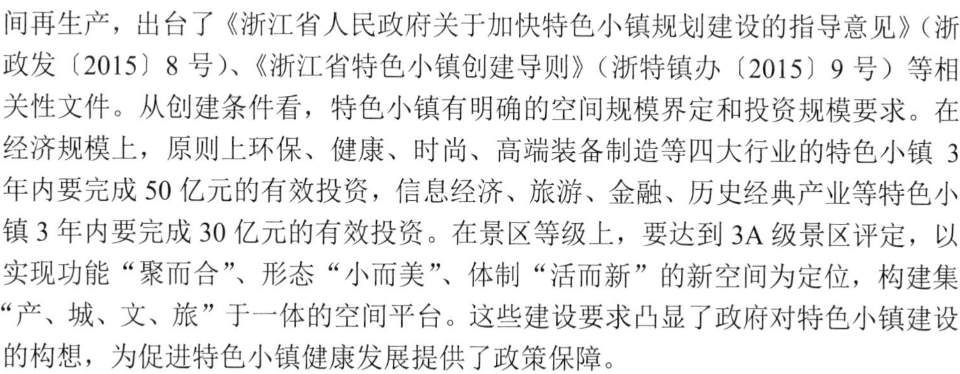

间再生产，出台了《浙江省人民政府关于加快特色小镇规划建设的指导意见》（浙政发〔2015〕8 号）、《浙江省特色小镇创建导则》（浙特镇办〔2015〕9 号）等相关性文件。从创建条件看，特色小镇有明确的空间规模界定和投资规模要求。在经济规模上，原则上环保、健康、时尚、高端装备制造等四大行业的特色小镇 3 年内要完成 50 亿元的有效投资，信息经济、旅游、金融、历史经典产业等特色小镇 3 年内要完成 30 亿元的有效投资。在景区等级上，要达到 3A 级景区评定，以实现功能“聚而合”、形态“小而美”、体制“活而新”的新空间为定位，构建集“产、城、文、旅”于一体的空间平台。这些建设要求凸显了政府对特色小镇建设的构想，为促进特色小镇健康发展提供了政策保障。

由于企业空间是一个企业私有的空间，而旅游空间活动的开展必须以公共开放的空间为前提，为了实现特色小镇旅游空间构想和旅游业发展要求，政府必须要求企业开放生产空间，允许游客深入企业车间、生产场所、产品仓库等场所，进行观光、考察、学习等活动；还必须要求企业依托资源，建设企业文化展示馆、产品展示厅并设立导游部和旅游接待部等旅游服务项目；并向企业提出，要求企业管理者和员工为游客提供人性化服务，提高服务质量，支持旅游活动的开展，促进企业、员工与游客关系的和谐。不仅如此，政府还应成立专门的景区管理处，编制旅游规划，负责对公共道路及绿化、景观设计、旅游厕所、基础设施建设、旅游标识体系等要素进行建设，提高特色小镇旅游吸引力，并鼓励旅游企业进入特色小镇，也即新一类的空间主体进入原本只属于工业企业所占据的空间。

3. 资本的逐利行为

特色小镇建设是以政府引导、以企业为主体、市场化运作的方式来运行，企业成为最主要的特色小镇空间生产的行为主体，市场化背景下的政府与企业分开，使企业逐渐发展成为特色小镇空间生产的主要执行者，其组织参与特色小镇空间生产的基本出发点是对更大资本利润的追求。在资本逐利性的本质驱动下，资本顺应并利用了空间生产逻辑实现了资本空间化向空间资本化转变，空间就像物质资料一样成为资本存在的具体形式。资本的逐利性本质使空间生产始终把利润最大化作为其首要目标，这就不可避免地出现背离“以人为本”的空间生产终极价值的现象。但是，在当前人才竞争激励及人们追求生活质量的社会中，只有企业品牌提升、工作环境优美，才有可能吸引更多的人才和员工，也就是说，随着消费社会的到来和特色小镇多元化发展的定位，赤裸裸追求利润的企业将不适应特色小镇发展的需要。企业在保证经济效益的同时，还要不断提高企业工作环境与员工生活质量，重视社会效益的绿化、休闲和公共设施建设，加强旅游与产业融合，追求特色小镇的多元目标。

从空间生产的角度来看，特色小镇旅游开发的过程是围绕特色小镇发展而展开的各种利益主体的博弈。哈维认为，资本致力于规制城市空间以追求利益，空间秩序方面的改变会通过货币收益而重新分配社会权力。然而，不同利益集团对城市发展和居住空间具有不同的要求，各方为了自己的利益不可避免地卷入人造环境的创造、管理和利用斗争。因此，特色小镇的发展过程就是各阶级之间不断围绕空间的安排进行讨价还价乃至冲突的过程，空间的占有、利用、支配、控制和创造成为阶级之间协商、对立、抗争的重要议题。

特色小镇是以企业为实体而形成的空间区域，特色小镇的企业、企业员工与社区居民作为工业旅游资源和文化资源的所有者，希望在空间生产的过程中，以旅游开发美化环境，提高企业员工生活生产的生态环境质量，并提升企业和区域品牌，扩大宣传，获得更好的经济收入，以及维护自身的空间权益。特色小镇企业经营大多不是以旅游经济效益为主营业务，企业所能提供的旅游活动也不是当前市场所需求的热点，而企业要开发出高层次旅游项目，需要配置较多的员工和投入较大的资金，即使如此，得到的旅游收入与企业主营业务相比，也仍然是微不足道的。因此，浙江省许多特色小镇企业对旅游空间生产的缺位仍然普遍存在。

4．需求的拉动作用

随着人们对工作环境质量的追求，拥有良好环境质量的企业深受人们喜爱，特别是大企业高管、科技人员和海归人员，这些人群的文化层次、收入水平、消费水平较高，特别注重工作与生活环境的品质，小镇的景区化就能满足他们的需求。小镇通过加强绿化、完善基础设施、建设休闲娱乐场所、开发旅游产品、生态环境监测、引入智慧医疗设备等各项措施保障小镇的环境品质，实现空间消费化。不仅如此，当前旅游个性化市场不断扩大，特色小镇的工业旅游、文化体验旅游、购物旅游、科技考察旅游等细分市场不断加大，这将给非旅游产业型特色小镇旅游开发带来良好的发展机遇。一些新兴产业型、历史经典文化产业型等特色小镇，具有的特色产业本身就是较高等级的旅游资源，旅游吸引力较大，为特色小镇空间消费化提供了可能。例如，德清地理信息小镇可以满足以体验地理信息为核心的智慧旅游需求，桐庐智慧安防小镇满足了安防技术的智慧旅游需求。另外，受工作压力、回归自然山水的强烈意愿及老龄化趋势影响，以休闲和健康养生为核心的康养健康小镇也深受大众青睐。

首先，市场需求引导特色小镇不断创新旅游产品。当前旅游发展的大众化、个性化、多样化的旅游活动成为一种新的生活方式，旅游需求大规模释放，散客比重大幅度提高，旅游消费空间的生产呈现出前所未有的泛在性潜力。个性化的旅游消费需求及旅游地空间竞争客观上对特色小镇的旅游资源吸引力和旅游设施

供给力提出了新的更高要求；反过来，特色小镇旅游消费空间创新了一种旅游产品供给，不断地激活着新的旅游需求。

其次，需求特征引导特色小镇旅游空间生产方向。不同的特色小镇由于产业发展和区域特征的差异，形成了不同的特色风格、不同的规模和供给差异。市场需求结构和需求量及其未来趋势影响特色小镇旅游空间生产方向。其中，需求结构的空间结构、时间分配、需求类型和消费者结构等，以及需求总量、不同区域和不同类型的需求量、需求的时间变化系列和未来趋势都将影响旅游空间生产。此外，国家和地方有关鼓励或限制旅游的政策法规也对旅游需求有着重大的影响。

5.4.2　特色小镇旅游空间生产的特征

1．社会关系的改变是特色小镇旅游空间生产的核心内容

旅游对特色小镇产生社会文化影响主要表现为围绕旅游活动促进了社会关系的变化，生成多个新的空间生产主体。在没有旅游发展要求时，开发区或产业区必须是边界明晰的空间，不仅是指地理空间意义上的边界明晰，而且包括社会关系的边界相对明晰，其中的社会关系主要表现为企业与员工的关系。旅游作为特色小镇与外界联系的一种方式，不仅增加了特色小镇与外界的信息、物质等交流，更重要的是延伸了特色小镇原有的社会关系，改变了特色小镇原有的社会关系结构，其中包含了政府与企业关系、企业与社区关系、企业与游客关系、员工与游客关系。

2．政府权力是特色小镇旅游空间生产的重要支点

特色小镇不仅是一种空间增长极、产业增长点，培育发展特色产业的平台和空间载体，而且追求经济、社会、生态综合效益，特别是把旅游功能作为基本建设要求。特色小镇的主体是企业，而企业对特色小镇追求综合效益与旅游建设的要求，通常是缺乏意愿的，因此，政府必须依靠必要的手段对旅游空间的生产进行干预，出台用地、资金、项目、改革、公共服务等政策措施，弥补市场竞争的缺陷，提供市场不愿提供的公共物品。因此，政府行为是特色小镇旅游空间生产最为重要的推动力。

3．文化旅游消费是特色小镇旅游空间生产的重要推动力

为了使生产区空间再利用，特色小镇的产业文化资源被改造、设计，逐渐转变为文化资本，形成了特色小镇旅游空间生产。在消费社会中，人们对旅游消费的需求使特色小镇产业生产文化和各种特色文化进入旅游消费市场中，借助产业

文化资源和特色文化资源进行旅游开发成为转变特色小镇旅游发展方式的一种途径，生产文化成为一种重要的动力，成为创造旅游消费需求的一种媒介，从一种空洞抽象的旅游资源转向资本化的现实，融合到消费空间生产的进程中。也就是说，在空间生产中，游客需求成为特色小镇旅游空间生产的内在动力。具体表现为特色小镇的文化旅游消费，从而促进了特色小镇产业文化资源被改造、设计，并逐渐转变为文化资本。

4. 旅游空间生产方式以特色小镇景区化为目标

空间生产理论表明，空间生产方式就是指从“空间的生产”到“空间的消费”的形成方式。任何一种新的生产方式都有其相对应的空间模式，生产方式的新转变必然伴随着新的空间再生产。每种生产方式都会形成其特有的空间性实践，因而新的生产方式会伴随着新空间的产生。特色小镇旅游空间生产方式也是一种从“空间的生产”到“空间的消费”的形成方式，具体表现为特色小镇景区化的过程。特色小镇是在多元主体作用下建设和发展的，它是政府引导、以企业为主体、市场化运作、居民及外来人员参与的创新创业空间平台。特色小镇旅游空间生产与小镇空间生产有着密不可分的联系，旅游空间是特色小镇开展空间生产中的一个内容，产业空间向景区化叠加是特色小镇旅游空间生产的内在需求。

5.5 浙江省特色小镇旅游空间生产动力模式

根据特色小镇建设指导意见，特色小镇建设应坚持政府引导、以企业为主体、市场化运作的方式。从特色小镇建设模式而言，不同的开发主题决定了不同的运营方式、开发模式和盈利模式[93]，特色小镇的运营是多元主体共同参与创建的结果[94]。根据政府、企业作用力不同，浙江省特色小镇主要有三种创建模式（表 5-1）：一是企业主体、政府服务，政府负责小镇的定位、规划、基础设施和审批服务，引进民营企业建设特色小镇；二是政企合作、联动社区产业经济，政府做好大规划，联手大企业，培育大产业；三是政府建设、市场招商，政府成立国资公司，根据产业定位面向全国招商。

表 5-1　浙江省特色小镇主要创建模式

创建模式	模式内容	主要特征	案例
企业主体、政府服务	政府负责小镇的定位、规划、基础设施和审批服务，具体建设则通过引进企业加以实施	企业主导、政府服务。这是目前倡导的运营模式	龙游红木小镇、海盐核电小镇、温岭泵业智造小镇、富阳药谷小镇、镇江香醋小镇

续表

创建模式	模式内容	主要特征	案例
政企合作、联动社区产业经济	政企通过协议达成共识，联合联动社区产业，建设特色小镇	政企合作支持、立足社区产业，这是目前较实际的运营模式	西湖云栖小镇、富阳硅谷小镇、吴兴美妆小镇、善琏湖笔小镇和普陀沈家门渔港小镇
政府建设、市场招商	通过政府掌控的绝对优势资源集中有效地定点定向投入，带动社会参与建设特色小镇	政府主导、社会参与行为，目前这种运营模式见效最快	余杭梦想小镇、上城玉皇山南基金小镇、磐安江南药镇、龙泉宝剑小镇

从旅游空间生产动力模式而言，它也是在多元主体共同推动作用下形成，在特色小镇三种创建模式下产生的。由于特色小镇发展定位、空间要素的差异，不同的特色小镇政府、企业、社区居民及游客组成的公众在旅游空间生产中的作用不同。刘敬华对浙江省新兴产业型特色小镇开展研究，认为新兴产业型特色小镇景区化主要有政府主导型响应模式、企业主导型响应模式和社区主导型响应模式[95]。本节参照上述三种模式，把特色小镇旅游空间生产动力模式划分为政府主导型响应模式、企业主导型响应模式和社区主导型响应模式。

5.5.1　政府主导型响应模式

1．模式的形成

在我国当前行政区管理制度下，政府作为行政区整体利益的承担者，第一，代表了行政区社会整体利益和广大市民的公共利益；第二，代表着空间的权力，具有干扰空间生产的控制力，控制着经济发展与消费资料的生产、分配和管理；第三，甚至还承担了经济利益主体的角色，与其他行政区争夺资源、资金与人才。政府代表着社会中公共的权力，在我国区域空间发展过程中一直起着重要作用，在特色小镇旅游空间生产中同样具有重要的职能。政府主导型旅游发展战略是按照旅游业自身的特点，充分发挥政府在战略规划、政策导向、行业管理、税费征收、资金倾斜等方面的主导作用，以实现旅游业适度超前发展。政府主导型旅游发展战略是当今世界许多国家政府所采纳的旅游发展战略[96]。

在浙江省前两批特色小镇创建名单（79 个）中，“旅游产业类”特色小镇共有 17 个，其中部分旅游产业型特色小镇来自国家级风景名胜区、森林公园或高等级景区，如仙居神仙氧吧小镇、桐庐健康小镇（表 5-2）。根据国务院发布的《风景名胜区条例》（国发〔2006〕474 号），风景名胜区所在地县级以上地方人民政府设置的风景名胜区管理机构，负责风景名胜区的保护、利用和统一管理工作。

由于政府不能直接从事经营项目，往往成立国有公司，或者通过其他国有公司对特色小镇项目进行建设。政府通过发布旅游规划、制定政策、提供财政补助等多种形式来引导、干预、鼓励和调节相关企业在其政策框架内的旅游空间生产。例如，在武义温泉小镇，政府通过城市建设投资公司进行政府性投资，建设了温泉博物馆，以国有企业与招商企业合作方式共同经营清水湾·沁温泉度假山庄等，并通过招商引资，打造集温泉养生、生态旅游、休闲购物、餐饮住宿、会务展览为一体的长三角经济圈乃至全国的"温泉名城、养生胜地"。

表 5-2　浙江省第一批旅游产业类特色小镇管理机构与经营主体

特色小镇名称	依托的景区	主管部门	管理机构	经营主体
桐庐健康小镇	大奇山国家森林公园	桐庐县林业局	大奇山国家森林公园	杭州桐庐富春山健康城管理委员会
奉化滨海养生小镇	黄贤景区	奉化区文化和广电旅游体育局	奉化区文化和广电旅游体育局	奉化区滨海建设开发有限公司
仙居神仙氧吧小镇	仙居神仙居风景区	仙居县人民政府	神仙居度假区委员会	仙居县神州居旅游度假区投资发展有限公司
武义温泉小镇	武义温泉度假区	武义县人民政府	武义温泉旅游度假区管理委员会	武义温泉建设公司
莲都古堰画乡小镇	古堰画乡国家 4A 级旅游景区	莲都区旅游委员会	丽水古堰画乡旅游区开发建设管理委员会	丽水古堰画乡旅游区开发建设有限公司

2. 运行机制：以国有公司参与旅游项目建设

1）组织管理体系

我国在旅游景区的组织管理中有多种多样的发展模式，其中有以整体租赁著名的"碧峰峡模式"、以包装上市为特征的"黄山模式"、以股份制融资开发为手段的"富春江模式"、以建立旅游经济开发区为发展方式的"净月潭模式"和以国有独资集团公司为治理方式的"陕西旅游集团公司模式"。其共同的特点是由"地方政府+旅游公司"构成，除"碧峰峡模式"外，其他治理模式下旅游资源的所有权和经营权均没有实现实质性的分离[97-98]。旅游产业型特色小镇通常在原来的国有公司基础上进行管理，国有公司负责特色小镇旅游发展扩容与提升规划，落实新项目建设，负责景区日常运行。国有公司负责人为当地政府具有行业管理经验的领导。

2）投资主体

我国的国家风景名胜区、国家自然保护区、国家森林公园、博物馆、旅游景区等类型，往往有项目建设经费，或者每年有相应的财政补助。对于旅游产业型

特色小镇，如果能够享受上述类型的国家财政政策，特色小镇旅游建设项目通常由政府与企业按比例投入，并实现利益共享。

3）项目建设与经营机制

政府通过国有公司开展项目建设，实现景区运行，并依靠当地政府和公众监督机制带动区域经济的发展。

3．主要特点

政府主导型响应模式能够有效地保证资源的适度利用，避免对特色小镇原有风景资源的毁灭性破坏，同时可以做到对景区的有效监督。在景区保护范围内，不容许其他企业建设酒店、娱乐设施等，但是核心景区外部的特色小镇区域可以承包给经营商进行旅游产品的开发，收取一定的租赁费用，使之可以有效地带动特色小镇的经济发展。

4．案例——桐庐健康小镇

桐庐健康小镇处于富春山健康城核心地块，总体规划面积 2.6 平方千米。2013 年，桐庐县委、县政府依托大奇山区块良好的山水生态资源及桐庐源远流长的中医药文化，开始着手谋划大健康产业。2013 年 11 月，在富春山居图实景地成立全国首个健康服务业集聚区——富春山健康城。2015 年 6 月，健康城在其核心区域成立“桐庐健康小镇”，成为浙江省首批 37 个特色小镇之一。

健康城产业空间布局为“一城四区”，呈现“3+1”产业发展体系。其中，运动休闲康体区以运动为主题，以女足训练基地、莱茵体育生活之城为契机，与健康产业联动，形成专业训练基地、运动游乐设施、生态运动场所、康体疗养、素质拓展基地等为一体的特色功能区；生命科技产业区以生命科技产业为核心，依托园区现状企业基础，以高端研发项目为契机，构建制造与研发孵化之间的桥梁，形成从研发孵化到生产制造的产业链条，并在中医健康养生区内拓展健康服务功能，主要包含医学研究、生物医药、医疗培训、医疗器械等；中医健康养生区以中医为核心，依托优质生态环境条件，向健康养生功能拓展，集中医养生、中医药文化、医美产业、保健治疗检测等功能为一体的健康养生区；高铁综合功能区地处几大功能区交汇处，其功能上结合高铁站前区特点，充分与周边区域联动，集聚会展中心、旅游接待、特色商贸、生态宜居等功能，打造桐庐城市新门户和生态宜居新城区。

自健康城成立以来，区域内集聚了一批优质项目：江南养生文化村、达利健康博览中心、浙江桐君堂中药饮片有限公司爱唯（国际）细胞工程与再生医学产学研基地、郎景和健康管理中心、桐庐纳泰医学检验实验室、光华国际精准医疗

中心、莱茵体育生活之城等项目。

从健康小镇的建设与发展看，政府在制定特色小镇相关政策之前，就已经在谋划健康小镇的发展定位与方向，确立了围绕生命科技、中医健康、运动休闲三大特色产业，坚持“生态为基、产业为王、项目为要”原则，着力引进生命科学和生物工程领域高端项目。入驻的企业同样以康养产品为内容，促进了特色小镇向旅游空间的转型，也支撑了特色小镇产业发展，形成了政府主导型旅游空间生产模式。

5.5.2 企业主导型响应模式

1. 模式的形成

由于特色小镇是以企业为主体的区域发展空间，旅游空间生产的许多内容，政府无法直接参与，因此，政府迫切需要寻求企业来具体承担和执行旅游空间生产行为。企业出于三大效益的逐利目的，也希望参与旅游空间生产的过程。企业在开发观光休闲的同时，还能满足游客的好奇心和求知欲，通过旅游来获知许多从未涉及的产业知识和信息，因此对不同行业、不同区域和不同年龄段的旅游者都会产生吸引力。开展产业旅游对于企业来说等于低成本做广告，把游客变为顾客。产业旅游是宣传企业形象、提升品牌、促进销售、提高效益的新手段和新平台。通过产业旅游还可以了解游客需求，掌握最新的市场动态和信息。从企业管理的角度来看，将企业形象、生产操作、企业产品、企业文化展示给公众，等于为企业引入了良好的外部监督机制，有利于形成进一步加强企业管理的动力。

企业主导型响应模式就是企业瞄准旅游带来的综合效益前景，把旅游开发作为企业发展目标之一，利用自己的企业资源和特色产业优势，通过强劲的整合与创新能力，主动出资建设旅游基础设施和旅游公共服务体系，并主动向游客开放企业空间，策划旅游建设项目，从而形成企业主导的旅游空间生产关系。

2. 运行机制

浙江省特色小镇旅游空间生产企业行为类型大致有两种。一是以大型企业为载体，开展景区化建设。在大企业主导作用下，联合其他企业，共同管理与运营，组建特色小镇旅游线路，为游客提供旅游服务。在浙江省新兴产业型特色小镇的旅游空间生产中，大多是基于信息经济、金融、高端装备制造等主导产业，在构建小镇旅游空间时，均为企业主导型的生产模式。例如，在西湖云栖小镇，阿里巴巴集团自然成为小镇的核心企业，起到主导作用。阿里巴巴依托互联网资源，拓展阿里旅行的业务范围，形成科技工业游、智慧城市体验游、科技展馆游、智

慧教育培训研学游、创新创业文化游等旅游新产品，引领小镇景区化的未来。西湖云栖小镇旅游接待设施逐步改善，小镇年旅游接待人数已超过30万人次，2018年被评为国家3A级旅游景区。二是一些由文化产业组成的特色小镇，如南浔善琏湖笔小镇，企业规模小，因而小镇以旅游产品开发为核心，小镇企业发挥产业优势联合组建旅游经营公司，推动小镇旅游空间生产。

3．主要特点

首先，企业主导型响应模式仍然离不开政府对小镇旅游空间生产的支持。由于企业以逐利为目的，当旅游发展对企业利益不大时，政府只能通过制定规划和政策、提供土地等多种形式来引导、干预、支持和调节相关企业主动开展旅游空间生产，而且基层政府和居民社区在其中的表现多为主动式配合，基层政府主动为小镇企业提供政务咨询，拟定政府层面的规章制度，主动做好小镇旅游形象的正面推广与宣传工作。其次，在企业主导型响应模式中，居民社区能够自主投入旅游经营中，参与利益分配，建设社区文化，积极参与小镇的日常管理，以谋取更多社区权益。再次，企业行为模式在小镇建设的发展初期起到促进产业高度融合的作用，有力地推动了特色小镇的景区化发展。另外，企业主导型响应模式通常由一个雄厚实力的大企业作为支撑，大多经济实力雄厚、特色资源丰富，有多元化发展潜力，开发的旅游产品吸引力大，并有能力对旅游项目做较大的投入，从而在其开发初期吸引大批游客；也可以组建专业的旅游运营公司，推进小镇旅游空间生产。

4．案例——路桥沃尔沃小镇

路桥沃尔沃小镇坐落于浙江省台州路桥区蓬街镇和台州湾循环经济产业集聚区核心区域，分为吉利沃尔沃整车生产基地、汽车零部件生产基地、体现北欧风情的生活区三大功能区，依托汽车产业，打造汽车产业、汽车文化、汽车旅游三大特色，建成以汽车为主题的滨海旅游休闲基地和宜居的城市新区。

旅游项目主要包括汽车主题公园和北欧风情街。汽车主题公园以汽车产业与旅游、文化等产业有机结合，打造集汽车教育、休闲、娱乐、运动、商务等功能为一体的汽车主题文化公园，提升小镇形象。汽车主题公园的功能包含开展汽车文化交流、举办汽车知识公益教育、传播汽车文化和加强青少年汽车知识普及等，定期举办具有一定影响力和知名度的汽车文化活动，建设赛道，组建汽车俱乐部，举办汽车拉力赛、场地赛等比赛，大力推动汽车运动的发展。北欧风情街体现北欧风情的建筑群，力求原汁原味地还原瑞典小镇风格，既提供员工居住生活，又供游客观光。

5.5.3 社区主导型响应模式

1. 模式的形成

特色小镇是旅游景区、产业聚集区、新型城镇化发展区的“三区合一”空间，旅游功能作为其主要空间功能定位之一。对于旅游资源开发潜力较大的历史经典文化型等特色小镇，在资本和权力作用下，旅游空间较容易形成，可拉动游客市场。但对于一些制造业类、金融业类特色小镇来说，旅游空间的形成并不一定能拉动大规模的旅游市场。因此，不是特色小镇中所有企业都热衷于旅游产业的发展，尤其是在特色小镇发展初期，企业的战略重心不可能立即转型到旅游项目建设上来。但是，特色小镇高品质的空间定位，客观上要求通过旅游空间建设实现优质的社区生活空间，满足高质量社区要求，吸引高素质人群入住，还可以与周边社区互动发展。可见，这类小镇的旅游空间生产，一方面是小镇自身社区空间旅游休闲功能提升的需要，另一方面，需要小镇周边社区的支持。围绕社区品质提升，政府与企业共同支持旅游空间生产的模式，即形成了社区主导型响应模式。

2. 运行机制

在特色小镇空间建设制度设定下及“三生融合”小镇环境建设要求的拉动下，政府通过组织管理体系、财政资金、旅游规划编制、基础设施配套，把特色小镇旅游发展意图体现在规划与建设之中。旅游活动的开展离不开社区环境，当旅游发展到相对成熟阶段，社区居民能够积极参与。另外，较大的旅游项目还可以采用 PPP 模式。政府通过建设小镇客厅，拍摄小镇宣传片，建设旅游基础设施和旅游标识体系，提高特色小镇旅游公共服务水平；在特色小镇资源要素保障、文化内涵挖掘传承、生态环境保护等方面加强引导和服务，营造良好的政策环境，吸引企业主体投资建设特色小镇旅游空间，提高小镇社区质量，实现高质量的“三生融合”特色小镇空间环境。这种响应模式所形成的旅游空间，并不一定追求旅游经济效益，而是提高社区生活环境，需要居民社区、基层政府、小镇企业三方力量的不断协调才能逐渐形成。

3. 主要特点

社区主导型响应模式主要特点表现为三个方面：一是围绕社区空间品质提升及生产、生态与生活的高度融合要求，倒逼政府与企业支持旅游空间生产；二是这种模式在小镇建设的成熟期具有一定的意义；三是这种模式在新产业型的特色小镇较为普遍，如德清地理信息小镇、西湖云栖小镇等，政府提供空间、政策、

基础设施、服务保障，在特色小镇规划与建设起步阶段就把旅游项目考虑其中，在招商引资中就要求落实相应的旅游项目，政府与企业合作，共同推进特色小镇旅游项目建设。

4．案例——西湖云栖小镇

西湖云栖小镇位于杭州之江国家旅游度假区核心区块，是依托阿里巴巴云计算公司和转塘科技经济园区两大平台打造的一个以云生态为主导的产业小镇，也是浙江省首批创建的十个示范特色产业小镇之一。小镇规划面积 3.5 平方千米，规划 3 年内逐步打造 100 万平方米以上楼宇用于产业发展。小镇就是围绕云计算产业的特点，构建“共生、共荣、共享”的生态体系。2017 年，被批准为国家 3A 级旅游景区。2018 年，云栖小镇入选最美特色小镇 50 强。

云栖小镇属于低山盆地地形，定山、石龙山等六座山环绕，河道众多，形成了独特的低矮山丘景观，中间河网密布、绿树葱葱，天际线蜿蜒优美。近年来，小镇充分依托云产业基础，通过丰富旅游产品、完善旅游要素、提升旅游环境，已打造成为集研学旅游、智慧体验、时尚休闲、会议会展等功能于一体的全国知名的科技旅游休闲景区。

小镇内旅游要素主要有“屋顶花园”、“云栖科技博悟馆”、云栖客栈、云尚创客大街、云栖小镇国际会展中心等。“屋顶花园”包括一个 5 人制足球场、700 米跑道和其他运动区域，绿化达 1.2 万平方米，适合步行、慢跑、骑行。“云栖科技博悟馆”展示了科技和艺术融合的作品，面向公众免费开放。云栖客栈是一个集酒店和酒店式公寓双重功能的住宿场所，也是一个智能硬件体验馆，公众可以参观体验。云尚创客大街可品尝到各种咖啡，还可体验到各种与咖啡相关的智能产品。

云栖小镇的成长经历了三次定位的转变。2002—2005 年，云栖小镇定位为传统工业园区，由杭州政府批复设立转塘科技经济园区。2005—2011 年，云栖小镇定位为科技产业园，发展定位为高科技产业和企业总部型产业，主要产业导向为生物医药、电子信息、机电一体化、新能源等。直到 2011—2014 年，云栖小镇才转型定位为云计算产业园。建镇之初，在仅有 8 家涉云企业入驻时，云栖小镇却将产值 20 亿元的电商企业拒之门外，坚持只吸纳以云计算和大数据领域为主的创新企业，打造纯粹的“云生态”。建镇当年，西湖区就出台了全省首个专门针对云计算产业发展的专项扶持政策，包括租金减免、带宽补助、融资补贴等一系列优惠措施[99]。

云栖小镇在政府和企业的双重推动下开始了大规模提升改造、转型升级和“腾笼换鸟”，打造云计算产业链，这一过程犹如凤凰涅槃。作为中国特色小镇，云栖

小镇的成功在于找到了合适的运营模式："政府引导、名企引领"——政府提供空间、政策、基础设施、服务保障，通过制定总体空间利用规划，确定置换用地优化方案，通过"腾笼换鸟"，采用政府统一返租的"轻资产"运作方式，促进产业项目落户。

第六章

浙江省特色小镇旅游空间形态演进与创新

与传统的产业区空间相比，特色小镇是一种空间生产实践的创新，主要体现在三个方面：空间管理和运营从政府主导转向市场为主，空间规划与建设从单一维度转向多维度，空间经济与产业发展从模式化转向特色化。这种空间创新是在主体博弈关系中推进的，在推进过程中，旅游开发的强度和主体之间的力量都遵循着特色小镇的旅游空间演进逻辑。与此相适应，在资本与权力主要作用和市场拉动下，特色小镇旅游空间形态处在不断演进与再生产之中。

6.1 浙江省特色小镇旅游空间演进逻辑与空间异化

6.1.1 旅游空间生产中的博弈关系

1．政府和企业的博弈

1）政府与企业在旅游空间生产中关注的共同点

从内容上看，政府与企业二者都关注经济、社会、文化和旅游等多个方面，以把特色小镇建设成为“特而强”“聚而合”“小而美”“活而新”为目标，以产业发展为核心，推动特色小镇生活质量的提升和社会地位的提高。从资本喜好上看，二者都关注资本在旅游空间生产中的循环过程，希望资本的投入不仅能够建设物质生产空间，而且能够建成环境优化的特色小镇，吸引人才，促进产业科研和技术的提高。

2）政府与企业在旅游空间生产中关注的差异点

首先，政府往往从更大区域空间的角度来关注特色小镇旅游空间生产所带来的效应，即从区域经济、社会、文化和旅游的角度来关注特色小镇旅游发展，以及旅游发展所带来的特色小镇区域效应；而企业则是从特色小镇内部品质和经济

效益的提升，甚至企业个体的角度来关注和审视旅游发展所带来的影响。其次，政府与企业在旅游空间生产中所关注的旅游空间效益时间长短不同：政府从长期战略的角度，关注的是长期效益，即五年、十年甚至更长时间的空间效益；而企业更多关注的是近期的利益。

3）政府和企业博弈的焦点：权力关系的平衡

“特色小镇”在块状经济和特色产业基础上发展的空间形态、管理机构和空间治理发生了变化。“特色小镇”虽属“非区非镇”，但都成立了特色小镇专门的管理机构。由于特色小镇形成条件的差异性，特色小镇管理类型出现了单企业管理型、产业集群型（包括新兴产业集群型和传统产业集群型）、政府筑窠型等管理类型。单企业管理型特色小镇的企业对特色小镇土地使用、投资空间具有较大的自主性，政府干预程度小；而产业集聚型和政府筑窠型中政府往往成立管理委员会，大多是根据具体的项目设置具体的领导小组，将涉及的部门、机构组织以不定期召开会议的形式来解决项目实施中存在的问题与矛盾。无论何种管理模式的特色小镇，它的权力都不同于真正意义上的“镇”，摆脱了传统“建制镇”的束缚，形成了非镇非区的特色，有些依托于县级政府，如黄岩智能模具小镇、仙居神仙氧吧小镇，有些依托于镇级政府，以参与特色小镇管理。

那么，政府和企业在旅游空间生产中的权力关系如何平衡呢？即政府在特色小镇旅游要素建设中如何发挥自己的功能和作用在什么场合下出面干预呢？张蔚文和徐建春认为，特色小镇建设中需要政府干预的主要有三种情形：一是私营企业无法完成的公共服务；二是私营企业不愿提供的服务；三是私营企业能够也愿意，但需要政府干预来保护公众免受垄断力量的操纵[100]。当针对特色小镇旅游空间生产政府与企业的权力关系时，作为“龙头”和地方一级政府部门的规划部门在协调项目的运行方面应该发挥重要作用，开展 3A 级或 5A 级景区标准的配套建设和旅游基础设施建设，甚至包括投资过大而回报率很低的旅游建设项目、风险性大或者投资回收期很长的旅游基础设施项目等。在这些过程中，作为“龙头”和地方一级政府部门的规划部门在协调项目的运行方面应该发挥重要作用[101]。

2．社区居民与权力的博弈

1）企业从业者及社区居民的关注点

特色小镇的从业者与社区居民的关注点主要有以下几个方面：旅游空间生产给自己的日常生产、生活空间是否带来不利影响；生产空间的开放是否影响企业从业者的工作效率；企业的旅游收益是否带来工资收入的提高；企业的旅游投入是否会影响从业者的收入；旅游景区等级的评审与验收是否对从业者的行为带来义务与限制；游客的凝视是否给从业者带来心理影响。

2）企业从业者与社区居民对空间表征的融合与反抗

特色小镇是一个“产、城、人、文”四位一体有机结合的重要功能平台，既是一个生产空间，同时又具备居住空间的特征。按照空间生产理论，表征的空间是指直接经历的空间，被支配、消费的体验空间，是指向使用者在日常生活意义的空间，属于居民和使用者的空间。因而，特色小镇表征空间的主体包括企业从业者和居住在特色小镇范围内的社区居民。在微观的空间实践上，企业从业者与居民表现为旅游开发后对小镇建设的态度差异，有支持、反对、无所谓三种态度。

第一种是支持态度。特色小镇旅游空间的生产给居民和企业从业者带来的效益可能有三方面：一是人居环境的改善，通过特色小镇的建设，相关设施与环境有很大的改善，周边的医院、学校、公交配套服务更加完善，客观上提升了空间品质，改善了人居环境；二是个人荣誉感提高，特色小镇拥有了不同于开发区和工业园区的品牌，拥有了良好的空间形象；三是企业效益提高，带来了企业从业者收入的提高。在特色小镇旅游空间生产过程中，政府或景区管理方的构想与实践未必都给使用者带来空间上的“入侵”感或逼迫使用者采取避让的策略。虽然旅游的开展与日常生活在空间上的矛盾基于对同一场所的使用需求，然而，如果双重空间性质下的使用需求通过时间错位或利益获得恰好达成一种互利状态，两者之间的矛盾也就不存在，甚至能提升小镇在文化、政治上的地位，如小镇形成品牌，产品宣传扩大，为企业带来经济效益。在从原本的生产空间到旅游空间的转换过程中，使用者没有牺牲其生产效益、工资收入和日常生活需要，反而得到了意外的回报。这种互利与回报的存在，居民的态度就会表现为支持。

第二种是抵制态度。在特色小镇旅游空间生产过程中，旅游活动的开展影响了使用者的生产效益、工资收入和生活质量。居民感受到特色小镇旅游设施与建设项目带给他们的困扰，这种困扰主要是由于生活的原有模式可能会变化，陌生人进入厂区增多，原有相对安静的上班环境可能产生变化。他们认为特色小镇旅游设施与项目建设，以及游客的进入带来的是负面影响。由于特色小镇的旅游活动，旅游者和考察者进入特色小镇，对企业车间生产、小镇环境产生了一定的影响，尤其是节假日，周边环境有可能变得拥堵、嘈杂，影响特色小镇正常的生产和生活。可见，旅游的开展与“日常生活”在使用空间上引起了矛盾，政府或景区管理方的构想与实践导致使用者认为新空间质量下降，从而引起使用者与游客的抵制，居民对旅游活动持反对的态度。

第三种是无所谓态度。特色小镇规划者希望通过规划与建设促进特色小镇旅游空间的形成，但是，旅游地对旅游者来说是具有选择性的。由于各种原因，特色小镇的游客量不大，对使用者干扰很少，居民对特色小镇所带来的影响没有明显的感知，或者认为其影响并没有给自己带来好处或困扰，因而对其持无所谓的

态度。这是因为特色小镇的建设不涉及企业空间大的变动，以及职工福利问题。由于参与程度有限，这部分居民对特色小镇的关注程度也十分有限，并不怎么关注特色小镇的建设。因此，使用者对旅游呈现出无所谓的态度，与游客关系表现为无所谓的关系。

3．旅游者与企业的博弈

1）旅游者在旅游空间生产中的关注点

旅游者对特色小镇旅游空间所关注的内容主要有以下几个方面：企业的产业特色是否具有体验性；旅游线路是否具有完整性；旅游服务质量是否较高；特色小镇的空间开放性如何等。

2）旅游功能与生产功能的平衡

在一些传统工业小镇、基金小镇和科技小镇，大多数情况下，旅游和产业发展更多的是存在冲突而不是融合，尤其是注重工业产品生产的企业。比如，黄岩智能模具小镇聚集了数十家模具企业，小镇的建筑设施主要就是企业厂房和住宅，以及一些公共服务配套设施，旅游吸引力不大。小镇企业追求生产效益，对游客接待缺乏兴趣，仅对政府部门介绍的团队游客勉强应付引领。企业从业者也忙于从事企业岗位，根本没有兴趣与游客互动。小镇的管理者为了应对 3A 级景区建设验收，建设了旅游厕所、小镇会客厅及旅游公共标识体系，开展了环境整治，当然不可能从旅游上获得经济效益，而且希望陌生游客越少越好。可见，这一类企业实施旅游活动就是为了在政府施加的压力与企业效益之间寻找平衡。

6.1.2 旅游空间演进逻辑与演进特征

1．空间演进逻辑

1）旅游空间生产是旅游空间与产业空间进行叠加的过程

特色小镇就是要打造一个充满开放性、差异性和可能性的“差异空间”，这就要求特色小镇的产业、文化、旅游和社区功能相连接和融合。浙江省要求每个特色小镇都要利用自身资源把小镇打造成 3A 级以上景区，旅游特色小镇则要按照 5A 级景区标准建设。因此，作为一种特殊类型的旅游目的地，从空间生产的角度看，特色小镇建设是通过各种空间生产作用力对空间重新塑造，既是产业空间再生产，也是旅游空间的再生产。从这个意义上说，特色小镇空间生产包括生产空间、旅游空间、居住空间、环境空间、商业空间等方面的空间生产。因此，特色小镇的建设就是上述空间类型同步形成与发展的过程，特色小镇各种类型的空间生产与特色小镇空间生产具有同一性。旅游空间的生产作为特色小镇空间生产的

一种具体方式，具有空间生产的一般属性和层次。特色小镇旅游空间生产实践表现为通过旅游资源的提炼、空间结构的改变、空间功能的旅游化、旅游产品的构建及旅游空间的经营与管理，促进特色小镇形成具有旅游空间的特征。

2）旅游空间生产中多元主体遵循多重空间生产逻辑

按照旅游学基本原理，资源、市场和资本是旅游开发的三个基本要素，旅游资源是旅游地具有吸引力的基础条件，市场需求是旅游地发展初期时的重要推动力，资本注入是旅游开发必需的支持力。从当前浙江省旅游市场态势看，个性化旅游市场已经十分庞大，发展势头仍然十分迅猛，一定程度上能够刺激政府与企业支持旅游空间生产。另外，从特色小镇旅游资源品质看，除了旅游产业类特色小镇旅游资源等级较高外，大多数旅游资源等级并不高。因而，特色小镇旅游发展的资源吸引力与市场拉动力不可能成为其主导力量，两者在旅游空间生产中只能起到辅助的作用；而政府、企业和社区居民三者的力量在特色小镇旅游空间生产中起到十分重要的作用。不同特色小镇旅游空间生产主体在进行空间生产的过程中有着多重的空间构想，在进行旅游空间生产过程中遵循着多重逻辑。各个空间生产主体都有着自己的利益诉求和生产目标，当其按照不同的空间生产逻辑进行空间生产时，主体之间需要经过一系列的利益博弈和社会抗争过程，包括小镇治理权力关系、居民的生活与生产需求的关系、旅游功能与生产功能的关系等。只有追求主体利益平衡，才能促进旅游空间生产不断推进。

3）旅游功能与生产功能的平衡是特色小镇旅游空间生产的关键

在特色小镇旅游空间生产中，企业是特色小镇的主体之一，企业商业资本驱动下的规模扩大再生产过程遵循“生产—消费—增值—再生产”的复制模式，企业的利益诉求主要就是追求生产利润。如果没有政府政策导引，这种规模化、标准化、旅游化的空间生产方式就不会引入特色小镇空间演变，旅游空间也必然淡化，那么，特色小镇“产、城、人、旅”的综合发展目标也就无法实现。因此，政府为了实现特色小镇综合发展目标，提出特色小镇在创建和验收时必须达到3A级要求以上，并以3A级景区建设优化特色小镇生态环境，提高员工生活舒适性，以保证员工工作稳定性。可见，确保特色小镇社会结构的完整而稳固，各个主体在进行空间生产过程中必须遵循多重逻辑，并且在空间生产实践过程中，都需要在一定程度上遵循特色小镇所构想的社会关系和生产准则，促进旅游功能与生产功能的平衡，两者形成共生关系，由此才能保证各主体的空间构想得以表达，即生产出特定的空间景观。

2. 小镇旅游空间演进特征

在特色小镇旅游化的背景下，特色小镇作为新型的产业区类型和旅游景区类

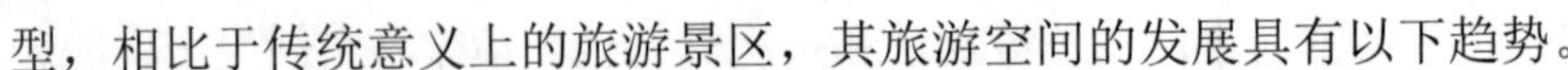

型，相比于传统意义上的旅游景区，其旅游空间的发展具有以下趋势。

1）利益主体多元化

特色小镇的行政主体和市场主体都比传统的产业区和旅游景区要多，而且各个主体之间存在着联系与冲突。行政主体可能包括分管产业和旅游业发展的行政部门、当地街道办事处、小镇管理委员会等机构。而且，特色小镇的产业类别和产业规模不同，其行政主体也会有差异性。市场主体则会涉及特色小镇内部企业、外来企业从业人员、外来旅游者、小镇居住的居民等组织或个人。

2）产业边界模糊化

随着旅游融合及产业转型升级，各类特色小镇的产业结构都将出现业态多样化。创新创业型和历史经典产业型特色小镇从单一的工业转向以工业为主、旅游业为辅的双轮驱动产业。旅游产业类特色小镇从以观光旅游产业为主向以度假旅游、康养旅游等高层次旅游产业为主转变，更加突出专业化和服务化。为迎合旅游市场发展需求，特色小镇通常围绕旅游供给的核心，加强特色化旅游产品供给和服务输出。产业分工不再单一，而是突出旅游功能，工业生产过程和流程被作为工业旅游产品，工业生产设施被作为参观对象，企业产品变为旅游商品，产业区管理大楼变成小镇会客室。利用旅游融合功能，加快整合和优化特色小镇旅游产业链条，创新新型工业旅游业态，进一步增强旅游业与工业及企业文化衔接融合，使得特色小镇产业边界模糊化。

3）企业场景舞台化

特色小镇在转型升级过程中，在全域旅游化和旅游消费影响下，企业场所出现符号化和舞台化。产业区的定位一直是生产空间，通常与外界相对独立，但企业具有独特的生产场景、工艺过程场景、企业文化场景。旅游发展驱动了企业场景产生文化的意向和表征，形成显性或隐性的文化符号。符号舞台化突出表现在旅游解说与标识、产品物质展示、工艺过程展示等方面。旅游开发通常会设计具有舞台化特征的旅游场景，供主客双方交流与互动，力求借助场景舞台化来反映科技文化和产品文化本真。

4）生产关系复杂化

成功的特色小镇，既是极具高新特质的新兴产业或传统优势特色产业的发展平台，又是充满人文气息、增进乡土认同、游客流连的文旅空间，更是环境优美、休憩舒适的宜居之地。特色小镇在从生产空间向生产和消费空间转型过程中，客观上要求改变原有空间结构，形成与旅游发展相适应的空间功能，满足旅游消费活动与特色小镇发展定位的需要。特色小镇是产业、文化、旅游“三位一体”，生产、生活、生态“三生融合”的发展，也是“产、城、人”的有机融合。因而，特色小镇旅游空间生产使得生产关系趋向复杂化。

6.1.3 特色小镇旅游空间形态演进类型

旅游空间生产的本质就是在资本与权力作用下，把特色小镇建成具有旅游特征的生产空间，导致空间中生产关系的变化，具体表现在空间主体关系的变化、各个主体对空间表征的态度变化，以及旅游功能在特色小镇的地位差异性等方面。尽管任何浙江省特色小镇旅游空间生产都是在多种力作用下的形成过程，但特色小镇特色产业多样，发展目标各有差异，旅游资源质量也具有明显的差异性，旅游市场吸引力不同，特色小镇的旅游发展定位和不同主体对特色小镇的旅游发展目标也不相同。因此，旅游空间生产的主要动力及旅游空间形态具有一定的差异性。从旅游开发程度看，景区型空间旅游开发主要有低度旅游开发、旅游融合开发、高强度旅游开发和周边景区带动开发几种形式。除了旅游产业型特色小镇外，其他类型特色小镇以高端装备制造业、时尚产业等产业发展为定位，在有限的空间内不可能开展高强度、大规模的旅游项目建设，只能以小规模低度旅游开发模式，或以旅游融合方式开展旅游空间生产。从实践看，浙江省大多数产业类特色小镇以旅游融合方式开展旅游空间生产。浙江省特色小镇旅游空间生产，可以归纳为四种类别：旅游低度开发下的“平衡”型、旅游低效益下的“抵制”型、旅游融合开发下的“共赢”型、景区依托的“互动”型。这几种模式的比较如表 6-1 所示。

表 6-1 特色小镇旅游空间形态演进类型

演变模式	旅游低度开发下的“平衡”型	旅游低效益下的“抵制”型	旅游融合开发下的“共赢”型	景区依托的“互动”型
空间生产主体行为	政府主导、企业参与	政府主导，企业及其从业者抵制	企业主导，政府服务	与政府相关的国有企业，或其他企业主导
动力机制	旅游优化环境，3A 级景区达标，特色小镇创建验收	旅游优化环境，景区等级达标，特色小镇创建验收	旅游优化环境，景区等级达标，特色小镇创建验收，促进产业融合，旅游经济效益高，培育旅游支柱产业	特色小镇创建验收，扩大旅游市场，促进业态多元，提升企业形象，提高经济效益
空间特征	与生产、生活区块共享空间	产业具有保密性，或旅游对产业促进功能低	与生产、生活区块共享空间	景区相对独立，也有景区与生产区一致
开发程度	旅游投入低，市场规模小	旅游功能融合程度低	旅游投入大，市场规模小	旅游投入大，市场规模大
利益相关者关系	“平衡”	“抵制”	“共赢”	“互动”

续表

演变模式	旅游低度开发下的“平衡”型	旅游低效益下的“抵制”型	旅游融合开发下的“共赢”型	景区依托的“互动”型
案例	黄岩智能模具小镇、萧山信息港小镇	路桥沃尔沃小镇、温岭泵业小镇	绍兴越城黄酒小镇	龙游红木小镇、仙居神仙氧吧小镇、上城玉皇山南基金小镇

1. 旅游低度开发下的“平衡”型

一些高端产业型特色小镇、创新创业型小镇等在建设初期，虽然潜在旅游吸引物已经形成，旅游规划体系逐步完善，但旅游资源吸引力小，旅游空间系统性开发尚未开展，市场规模不大，游客行为对特色小镇没有过多的负面影响，企业或员工与游客之间没有任何冲突，“你游你的，我做我的，井水不犯河水”，对政府与景区管理主体在旅游空间再生产过程中的“支配”地位也未产生影响，没有让企业或其从业者产生厌恶和反感的情绪，形成了主体之间的“平衡”关系。

这种旅游空间生产模式，大多是政府干预，从特色小镇发展定位出发，以财政资金为主，仅对旅游公共标识体系、公共服务设施、自然环境的基本要素建设，开展旅游低度开发。企业为了实现特色小镇创建验收的需要，配合政府的要求与相关制度，开放企业空间与社区空间。旅游活动在现有空间条件下，没有过多旅游项目投资建设下的自发形成。

在浙江省特色小镇中，萧山信息港小镇、黄岩智能模具小镇、路桥沃尔沃小镇等创新创业型小镇在被列为特色小镇之前，大多特色产业优势较为突出，旅游业并不是企业关注的产业。在被列为特色小镇后，建设了小镇客厅等旅游公共服务体系，有了一定量的专业型旅游市场，通过 3A 级景区验收后，达到了特色小镇创建验收要求。

2. 旅游低效益下的“抵制”型

随着特色小镇旅游空间的进一步加强和特色小镇知名度的增加，旅游消费者不断增多。受特色小镇旅游产品特殊性的影响，部分特色小镇的游客主要以政府考察公务，或专业型研究考察为主，较大的旅游市场并没有带来较大的旅游经济效益，旅游空间生产的“平衡”模式也许会被破坏。因为特色小镇的旅游空间就是在生产空间、社区空间上的叠加，旅游空间与企业、社区基本对应同一空间秩序，需要不同空间生产主体对这一空间秩序进行“利益平衡”，并以各自行为实践“利益平衡”后的空间秩序。根据“利益平衡”情况，企业与居民会出现融入、抵制、进攻性抵制、反噬等现象。在行动机制上，当企业与居民仅仅是被管理的对象时，在旅游“低度”开发下，政府对旅游空间的规划和实际旅游活动未影响其

工作与生活，居民可能以“融入”方式使用空间。若更进一步，当产业旅游、考察活动影响了企业和居民生活，则会出现抵制等负面现象。

例如，在吉利汽车小镇，从企业利益看，旅游经济收入与汽车生产产值相比微不足道，旅游项目的策划与拓展不能引起企业高层的关注。如果没有制定相应的制度来扶持旅游项目，开展旅游项目就会干扰车间生产活动、影响员工的生产效率，导致员工的抑制情绪或抑制行为。还有些低度开发下的“平衡”型特色小镇，如黄岩智能模具小镇、萧山信息港小镇等，当旅游规模不大时，游客行为对企业干扰较小，仍然呈现出低度开发下的“平衡”状态，但是，随着市场增大，游客行为的干扰不断加大，也可能会给企业或员工带来相应的干扰，旅游效益达不到企业的要求，这也可能出现旅游空间生产的“抵制”行为。

3. 旅游融合开发下的“共赢”型

随着旅游业的综合价值被大家所认同，潜在的旅游吸引物不断被开发利用。对于特色小镇来说，尤其是那些特色性较强的特色产业，通过对旅游空间资源的生产加工，形成初级旅游产品，进而吸引游客，既获得了旅游经济效益，又促进了企业的品牌提升。

这种模式主要有两种情形。一种情形是旅游资源等级较高的旅游产业型小镇和历史经典文化小镇。在历史经典文化小镇中，通常由历史经典产业区块升格而成旅游特色小镇，如绍兴越城黄酒小镇、龙游红木小镇、余杭梦想小镇等，既具有景区功能（其中一些已经成为国家5A级旅游景区），旅游资源等级高，也具有服务配套功能和居民生活功能。另一种情形是那些产业型小镇中旅游空间发展得较为成熟的小镇，如嘉善巧克力甜蜜小镇、余杭艺尚小镇，旅游产业在小镇发展中地位较为突出。嘉善巧克力甜蜜小镇已建成风景秀丽的生态环境，依托歌斐颂巧克力工厂，嫁接浓浓的欧式风情文化，策划巧克力文化体验，开展观光小火车和品尝巧克力产品活动，以食品工业支撑旅游开发，把旅游融入企业环境、企业文化、企业产品，树立品牌形象，实现了旅游与产业共赢。

在这种模式下，企业、政府、公众都将对特色小镇旅游空间生产表现出浓厚的兴趣，因而，加强旅游融合是特色小镇旅游空间生产的前提与基础。

4. 景区依托的“互动”型

景区依托的“互动”型主要有两种情形。一种情形是高等级景区依托形成的特色小镇，如乐清雁荡山月光小镇、仙居神仙氧吧小镇，以高等级景区为依托，配套相应的度假设施建设和社区建设，构成“景区游，小镇住”，形成景区与度假区或社区互动模式。我国著名的老牌景区都有配套的旅游特色小镇。在新兴景区

开发过程中，以景区“互动”配套为理由开发建设旅游特色小镇的现象较为普遍。另一种情形是产业区拥有临近的旅游景区，二者共同组合互动形成特色小镇，如上城玉皇山南基金小镇、龙游红木小镇等。上城玉皇山南基金小镇坐落于杭州南宋皇城遗址核心区，拥有白塔公园、八卦田遗址公园、江洋畈生态公园、水景公园四大公园，环绕白塔、八卦田、吴汉月墓、天龙寺造像、白云庵、杭县公署第171 号令碑、大资福庙等 7 处国家级文物遗址，文化底蕴深厚，生态环境优美，并建有光达美术馆、南宋官窑博物馆、龙泉官窑陈列馆、白塔历史文化陈列馆、杭帮菜博物馆五大展馆。可见，上城玉皇山南基金小镇是依托南宋文化遗址景区与基金小镇互动，实现特色小镇旅游空间生产的。

龙游红木小镇位于浙江省衢州市龙游县，是由年年红家具（国际）集团有限公司投资建设，融合第二、第三产业一体化而发展的特色小镇。红木小镇临近衢江观光河段，以人工河与衢江相连，河道两岸风景优美，游船路线是小镇主要旅游产品之一。整个小镇融游船体验、沿海观光、艺术观赏、文化研究、生态游憩、养生度假于一体，通过旅游景区与产业区互动，按照“制造基地+文化旅游”模式，开展旅游空间生产。

6.1.4 特色小镇旅游空间正义与异化

1. 空间正义问题

“空间正义”，是指在区域发展中，追求资源分配效率时要照顾不同的群体的利益，尊重区域内每一位居民的基本权利，创造人人可享的基本保障和公共服务，提供均等自由的发展机会。其核心是兼顾效率与公平、政府与市场，实现整体利益与长远利益的最大化。在旅游空间生产实践中，特色小镇旅游空间正义问题主要表现为相关体制机制原因所导致的权利博弈冲突、旅游项目建设经费不均衡、旅游空间的可持续发展问题。

首先，权利博弈冲突。特色小镇旅游空间生产涉及较多利益相关者，有各自的立场、利益和目标。各方对权利的博弈、争夺和重构加剧，特别是在空间开放性和旅游项目投资建设上矛盾极为尖锐，突出反映在政府强制性实行旅游空间实践和企业被迫执行上。在特色小镇建设中，一方面是政府引导，另一方面是企业主体，但政府依靠所拥有的权力和制度决定权，掌握了特色小镇旅游空间生产较大的话语权，企业虽然作为主体参与旅游空间生产，但缺乏主动性，仍然很难实现自身利益最大化。另外，政府与企业为了实现旅游空间生产，往往由政府和企业决定是否开放特色小镇空间，而特色小镇社区居民和企业从业者几乎没有权利拒绝空间开放，社区居民与企业从业者的权利得不到充分展示。

其次，旅游项目建设经费不均衡，旅游项目开发难度大。在特色小镇旅游空间生产中，基础设施建设和旅游公共设施往往通过政府财政投资，但企业内部的景观建设、道路建设和展示馆建设则需要企业投资。由于部分企业不愿意参与旅游开发与经营，旅游路线和产品设计中涉及的企业旅游内容是不相同的，因而在企业之间建设经费如何分配也是一个问题。部分特色小镇资源并不迎合当前市场需求，资源可利用难度大，同时又缺乏健全的监督激励机制和企业缺乏旅游业经营经验，在旅游开发运营中的管理成本较高，非生产性支出费用较大，可能导致市场竞争力和盈利能力较弱、旅游经济效益较低的问题。

最后，特色小镇旅游空间的可持续发展问题。特色小镇是以特色产业为核心，集“产、旅、文”于一体的空间区块，因此，所有的特色小镇应以特色产业发展为龙头。当特色小镇旅游发展繁荣时，旅游路线中的空间需要容纳相应的游客量，而企业往往缺乏充足的空间供游客活动；当游客量陡增时，就会突破旅游空间容量，导致“人满为患”，造成旅游路线拥挤，环境污染问题加重，旅游基础设施损坏，影响了企业正常运营和生产效率，容易引起企业从业者的反感甚至反抗。当游客量太少，特色小镇旅游投入重金打造后上演“空城计”，旅游空间只为小镇社区居民提供了优质环境，旅游景区配套设施就失去了旅游空间建设的意义。

2．小镇旅游空间异化

1）特色小镇开发区化问题

特色小镇的功能、文化、环境等方面不同于开发区建设，具有产业、文化、旅游三位一体和生产、生活、生态融合发展要求，应超越过去开发区的模式。但是，有些地方把特色小镇类同于开发区建设，以特色小镇名义新占土地，开辟新的开发区“战场”，产业特色或创新明显不足，偏离了特色小镇的“特而强”发展要求。也有一些地方出现了借特色小镇的由头，对原有开发区模式重新包装的现象，并没有把“特色小镇”作为培育优势产业集聚和相应公共服务供给的平台，从而导致土地和财政的浪费，偏离了特色小镇“聚而合”的产业要求。还有些特色小镇的旅游功能非常薄弱，只是政府层面的财政投资，为特色小镇创建 3A 级景区验收而配套建设游客中心、旅游标识体系、旅游厕所等要素，而建立的具有企业特色和产业特色的旅游产品几乎没有，偏离了特色小镇的“小而美”的建设要求。

2）特色小镇过度景区化建设问题

旅游景区是指以旅游及其相关活动为主要功能或主要功能之一的区域场所，能够满足游客参观游览、休闲度假、康乐健身等旅游需求，具备相应的旅游设施并提供相应的旅游服务的独立管理区。旅游景区为游客提供信息、咨询、游程安

排、讲解、教育、休息等旅游设施和服务功能。对旅游景区进行验收时，不仅在旅游功能上具有较高要求，而且在旅游厕所、游客中心、公共标识等方面具有特定的要求，还有在游客规模上3A级景区需要年游客量达到30万人次。因此，特色小镇按照验收要求，必须投资建设旅游厕所、游客中心、公共标识、停车场，而且还必须达到较高的相应建设要求，如旅游厕所通常要建设一个3A级厕所，游客中心必须配置游客休息室、导游室、影视室、购物室、医疗室。但是，高端装备制造业、信息经济类等特色小镇的特色产业才是基础与根本，旅游只能作为辅助产业，不能作为支柱产业。从企业来看，特色小镇的企业主体业务也通常不是旅游业，旅游项目策划能力低，企业业务转身于旅游业的积极性不高，而且，有些企业文化本身资源价值就不大，不迎合市场需求，特色小镇旅游空间对公众旅游消费职能不大。因此，基于较小的市场量，特色小镇旅游项目建设存在普遍的严重浪费，出现“过度景区化”现象。

3. 空间问题的根源

从空间生产理论角度来看，旅游地空间生产受权力、资本两大动力源影响，在特色小镇旅游空间中具体表现为权力、资本、社会和市场四大动力源。权力是指空间的生产者，特色小镇旅游空间的生产者主要包括政府管理者和企业。特色小镇的政府执行者为了实现特色小镇的旅游目标，而与企业资本逐利行为不一定完全一致。可见，经济社会的利益驱动催生了权力的博弈。

1）旅游转型加剧利益主体矛盾

特色小镇建设由政府引导、企业主体，旅游空间生产的利益主体主要由政府、企业与居民等构成。企业作为特色小镇产业支撑和文化传承的主体，旅游转型加剧利益主体矛盾，具体表现为给企业带来各种社会关系的改变，主要有以下几个方面：一是政府要求企业投资建设旅游项目，引起政府与企业对资本进入旅游空间生产时的博弈关系；二是要求企业开放生产场景空间，旅游活动影响了企业正常的生产秩序；三是大量游客带来吵闹环境，影响了企业从业者与居民的正常生活。在特色小镇建设中，当企业获得土地空间和财政资金时，交换价值大于使用价值，企业持支持的态度，支持特色小镇旅游建设；当特色小镇建设需要企业划出经费建设旅游项目而又长久得不到旅游效益时，企业就可能反对特色小镇旅游空间的发展。

2）旅游催生下的“功能扩展”的冲击

由于特色小镇产业与文化旅游的介入，特色小镇承担的功能从“生产”向“旅游消费”功能拓展，但许多特色小镇并不是在旅游空间基础上形成的，需要通过旅游策划与旅游规划建设，才能促进特色小镇向旅游空间转型。许多产业型特色小镇缺乏规划引导，现有产业特色没有被挖掘，旅游接待设施不完善，导致旅游功能较差，或者特色小镇的企业从业者与社区居民的价值观、行为语言跟不上旅游发展要求，这些都是旅游影响特色小镇空间转型所带来的问题。

3）利益主体“博弈”引起社会关系变化

不同主体各自的利益需求不同，政府对旅游空间生产表现的权力就是对特色小镇旅游开发导向、开发定位、政策支持、企业行为等方面的影响与控制。政府对旅游空间生产的权力实施是以追求特色小镇评审验收，实现特色小镇“三生融合”和综合效益最优为目的，较多地考虑全社会公平和公共利益。旅游空间生产的企业行为目的主要是追求企业环境优化，提高企业形象，应对政府管理需要，而较少考虑综合效益与公共利益。特色小镇直接管理者寻求政府与企业之间的利益平衡，既考虑社会的公平，又注重企业效益的提升，同时还兼顾旅游空间的可持续发展。在现实中，政府开发商和管理者的意图可能会不同，政府希望把有限的资金投入企业不愿开发而又非常重要的项目，如旅游公共基础设施、安全卫生设施、文化体育设施等；而小镇管理者通过政府投资引导企业的社会投资，促进旅游空间优化发展。

4）旅游人才缺乏约束了旅游产品创新

特色小镇从生产空间转型为旅游消费空间，对特色小镇的旅游人才需求提出更高的要求。特色小镇企业管理人员大多缺乏旅游专业人员，不懂旅游发展运营规律，不懂市场需求心理，旅游产品策划思路不清，旅游服务节点分工不明，管理方法简单原始。政府行政人员重在人员管理，缺乏对旅游产品开发的引导，管理任务仅限于基础设施的日常维护和治安管理等方面，人才缺乏引起旅游品质提升难度大。总之，浙江省特色小镇旅游产品总体质量不高，特别是创业创新型特色小镇旅游产品质量有待于大幅度提升。

6.2　创造学原理与特色小镇旅游空间创新

空间是旅游产品赖以生产和消费的载体，旅游业的发展始终伴随着空间结构的演化。其间，在资本投入、需求助推、消费转型、产业调整、制度创新等动因下，新的旅游空间不断地再生产[102]。特色小镇兼具生产与旅游两大功能，在生产功能上如何创新发展旅游功能，是特色小镇建设重要的战略任务。因此，本节从创造学原理出发，探讨特色小镇旅游创新发展思路，为特色小镇旅游产品创新与开发管理提供一定的实践参考。

6.2.1 创造学原理与旅游空间创新

创造与创新是两个既有区别又有联系的概念，都具有“新颖性” 的内涵。随着创造活动和创造能力方面研究成果的增多，创造学研究被学者所重视。国内学者庄寿强等提出了创造学基本原理，主要包括聚合创造原理、逆反创造原理、还原创造原理、变性创造原理、移植创造原理、迂回创造原理、完满创造原理和群体创造原理[103]。这些原理应用到旅游学中，所形成的旅游创新的系统理论、基本原理与具体做法，形成了旅游创造学。也就是说，旅游创造学就是研究旅游产业及旅游学学科领域中各种理论与实践的创造活动，探索其创造的过程、特点、规律和方法的学科[104]。把旅游创造学原理应用到旅游业开发的各个方面，就会产生旅游创新。因此，旅游创造学的研究内容主要包括两个方面：一是研究如何把创造学的创造原理、创造思维等理论与方法用于旅游学中（表 6-2）；二是研究如何把旅游创造性实践成果提升为创造学理论，以便在更高层次上指导旅游创造和创新[104]。

表 6-2 创造学原理在旅游创新中的应用

创造学原理	旅游创造内容与形式	典型案例	创新特色
聚合创造原理	旅游与工业、文化融合，形成产业旅游、婚庆旅游、温泉度假旅游等，以及多种旅游产品的组合	龙泉青瓷小镇文化旅游、绍兴越城黄酒小镇文化旅游	主题创新、结构创新、类型创新、功能创新、服务创新、形式创新
逆反创造原理	生产促进旅游，改变为旅游带动生产，创造全新的旅游发展定位	各地野生动物园；嘉善巧克力甜蜜小镇等	
还原创造原理	满足国内民众对产业流程和产品制作的好奇心，创造产业文化体验式旅游等	黄岩智能模具小镇旅游产品	
变性创造原理	把小镇从生产空间转变为旅游空间，生产属性被附加上旅游功能，小镇空间具有多功能性	瓯海时尚智造小镇、海盐核电小镇、路桥沃尔沃小镇	区域协调性加强，旅游区知名度和影响力提升
移植创造原理	把异地的生产内容、旅游产品嫁接、移植到小镇，新建厂区和基地，建设全新项目	嘉善巧克力甜蜜小镇、德清地理信息小镇	
迂回创造原理	特色小镇规划制定，多方论证的创业过程，小镇规模从小到大	旅游规划论证	
完满创造原理	工业生产线的多功能运用，不断挖掘优势，形成旅游产业链体系	形成工业旅游产品、科技旅游产品	产业优化调整，产业培育发展，产业制度创新、组织创新和环境创新
群体创造原理	企业家、设计师、管理者共同创造，多个企业和项目共同形成产业旅游，旅游产业链提升，形成综合性旅游产品体系	嘉善巧克力甜蜜小镇旅游产业链、诸暨袜艺小镇等	

6.2.2　特色小镇旅游空间创新基础与特征

特色小镇是具有明确产业定位、文化内涵、旅游功能、社区特征的空间载体，具有明确的地理空间范围，其中，产业是特色小镇发展的核心，产业旅游资源是构建旅游功能的基础，而特色产业与旅游产业之间存在着共生与互动关系。因此，产业类型与旅游空间创新的关系十分紧密。

1．浙江省特色小镇旅游空间创新基础

特色小镇的产业形成有以下几种情形：一是以特色产业为引擎的泛产业聚集结构，特色小镇主要聚焦自身优势的特色产业，延伸产业链，形成“产业本身+产业应用+产业服务”的相关产业集群结构；二是以旅游为引擎的泛旅游产业聚集结构，以特色产业为基础，发展旅游产业；三是以旅游六要素为内容，打造泛旅游产业集群结构。特色小镇旅游空间生产提供的旅游产品及创新是在原有产业空间基础上，配备相应的基础设施和社会设施空间，进行旅游化改造和产业融合的结果，而不是对自然状态下的土地进行生产加工而形成初级旅游产品。原有的产业性质和空间环境决定了特色小镇旅游产品的类型，因而也决定了特色小镇旅游空间创新的类型与属性。

2．浙江省特色小镇旅游创新特征

特色小镇不同于行政区划单元“镇”，也不同于产业园区、景区的“区”，特色小镇旅游创造与创新具有其特殊性。

1）旅游发展要素具有约束性

一是受空间约束。特色小镇地域空间狭小，规划面积一般不超过 3 平方千米，核心区面积在 1 平方千米左右。在狭小的空间内，需要配置绿化、休闲等用地空间，不能创造性地建设大型的主题公园、游乐园，占地面积大的旅游项目建设有可能与用地空间发生冲突。二是非旅游产业类特色小镇旅游资源等级相对偏低。产业型小镇缺乏高等级旅游资源，非旅游型特色小镇旅游资源需要对小镇的文化资源、产品资源、科技资源、工业资源加以挖掘、提炼。三是小镇旅游形象不突出。特色小镇通常在游客心目中以工业园区而存在，作为旅游目的地的游客心理感应仍然不足。

2）旅游资源具有特色性和新型性

旅游创造与创新是以旅游资源为基本要素。人类对旅游资源的认识、开发和利用，一直是不断创新的过程，乡村休闲型旅游资源、体育健身旅游资源、红色旅游资源、工农业旅游资源、遗产地旅游资源等新型旅游资源层出不穷。特色小

镇的特质在于“特”，是小镇展示魅力的重要因素，也是小镇旅游富有竞争力和生命力的关键。随着小镇旅游开发，其特色文化、特色产业、特色环境成为新型旅游资源，如平阳宠物小镇的宠物旅游资源、黄岩智能模具小镇旅游资源、玉皇山南基金小镇旅游资源等都属于新型的特色旅游资源。

3）旅游创新类型具有多样性

从企业创新到区域创新是旅游创新演进的重要路径[105]，从特色小镇整体概念的形成与建设看，其本身就是区域空间创新发展的一种模式，许多小镇在空间定位、功能结构、资金结构等方面体现了创新的思想。从浙江省 79 个小镇的旅游规划中可以看出，创造学原理在特色小镇旅游开发中应用普遍，多种旅游创造路径形成了类型多样的旅游创新，包括旅游资源要素创新、旅游产品或旅游业态创新、旅游市场及营销创新、旅游管理制度及组织创新。例如，通过组合创造原理，充分挖掘特色产业资源要素，或者增加其他发展要素，形成特色产业旅游资源的创新；通过融合创造原理，形成了大量的特色小镇旅游产品创新；通过移植原理，形成巧克力甜蜜小镇、地理信息小镇的旅游空间创新。

4）旅游创新过程具有全程性

从创新层次看，旅游创新从旅游产品创新、旅游产业创新到区域旅游创新不断提升。旅游产品创新是区域旅游创新的基础层次，包括旅游地产品功能创新、形式创新、服务创新多方面组合，贯穿产品创造中构思、设计、建设、营销的全过程。区域旅游产品创新需要通过创造出新功能、新形式，提供新服务，才能实现产品创新。旅游产品创新通常是在单个企业，而旅游产业创新则是小镇旅游业态和旅游产业链的创新，是旅游行业内部上下游企业，甚至不同行业之间发生的较为复杂的关系。区域旅游创新则是在旅游产业创新基础上，实现了制度创新、组织创新和环境创新的多方协同与集成。可见，不断创造旅游产品是特色小镇旅游创新不断提升的基础，而且旅游创新贯穿在旅游产品创新全过程。

5）旅游创新目标具有多维性

特色小镇是在具有一定产业特色的空间区块上划定而成，与产业园区和旅游风景区空间性质具有明显的差异性，是集产业、文化、旅游、社区等功能于一体的旅游目的地。因而，小镇发展目标具有多维性的特点，这就决定了小镇旅游创造可以涉及产业、文化、旅游、社区领域。多维性目标既对小镇发展提出了较高的发展要求，同时也对旅游创造与创新发展形成了较大难度，旅游项目的建设和创造必须考虑到企业、社区等协调问题，以及生态、生产和生活的三生融合发展等问题。

6.2.3 创造学原理在特色小镇旅游创新中的应用

特色小镇在旅游开发中，创造学原理、创造性思维自觉或不自觉地得到应用，

促进了其旅游创新。

1．聚合创造原理及应用

聚合创造原理包括组合创造和融合创造等。组合原理就是简单地叠加，通过选择性地组合，可以产生新内容、新点子或新产品。旅游线路的新组合是常见的组合原理应用，如浙江新天仙配旅游线组合了新昌大佛寺、天台山、临海江南长城、仙居神仙居等几个地理位置相邻的高等级景区，旅游线名称既与地名相关，又与古代戏剧“天仙配”名称一致，推出了“新天仙配——长城作证”的爱情主题旅游产品。在特色小镇旅游创新中，旅游融合创造是当前特色小镇旅游业态创新的主要形式之一，如在西湖龙坞茶镇、湖州丝绸小镇、南浔善琏湖笔小镇、嘉善巧克力甜蜜小镇、海宁皮革时尚小镇、桐乡毛衫时尚小镇、越城黄酒小镇的旅游开发中，旅游与农业、工业、文化等方面的融合，形成了旅游新产品和新业态。还有一些特色小镇，通过旅游景区的空间组合与线路组合，体现了组合创造原理，实现了该地区的旅游产品创新，大大提高了旅游吸引力和旅游市场规模。

2．逆反创造原理及应用

逆反创造原理是借助与一般人完全相反的想法与做法所产生结果的创新。逆反创造原理在旅游新产品开发和广告创意上能产生较好的效果，经典的逆反创造原理在旅游开发中的应用就是从传统的动物园到野生动物园的旅游开发。传统的动物园是把动物关在笼子里，让游客参观；而野生动物园则是让动物回归到动物保护区的自然环境中，游客在汽车的“笼”中观赏。在特色小镇建设中通常的思维方式是生产促进旅游发展，但巧克力小镇目前已经蜕变为旅游带动生产，创造全新的旅游发展定位，成为一个旅游型小镇。同时，在特色小镇旅游市场营销中，可以采用逆反创造原理开展营销口号和主题的设计。

3．还原创造原理及应用

任何创造发明都必须有创造的起点和原点。还原创造原理就是把创造的原点看成事物创造的本质，再从原点出发，突破需要创造的问题，即围绕该事物创造的本质，从根本上抓住问题的实质，在不同形式和方向上，形成不同创造的起点，进行新的创造。创造的原点只有一个，而创造的起点则可以很多。例如，用笔写字，人类从毛笔到钢笔，再到圆珠笔，就是抓住“笔水写字”的创造原点；人类从火柴到打火机，再到电火花起火，就是抓住“摩擦起火”的创造原点，在火柴、打火机、电火花等不同的创造起点中创造出新事物。特色小镇旅游创新围绕游客美感欣赏、求知、好奇、健康疗养和心理体验等心理需求本质特征展开，如黄岩

智能模具小镇和开化根缘小镇还原出工业生产和原始文化特质，满足游客需求心理，创造出工业旅游和文化遗产旅游。

4．变性创造原理及应用

变性创造原理是指改变事物的属性所产生结果的创造，其实是通过事物已有的属性而导致新颖性的创造。在特色小镇旅游创新中，变性创造原理已经被普遍应用，工厂的属性本来是生产工业品，随着个性化市场需求的扩大，工厂华丽变身为工业旅游地，厂区或生产流水线被附加上旅游功能，改变了原有的功能属性。例如，杭州玉皇山南基金小镇原本是一块2000亩的杂乱地块，旧厂房、旧仓库、旧民居凌乱布局，废弃的火车轨道横卧而过。在特色小镇建设过程中，玉皇山南基金小镇经过了三次变性创造。第一次，上城区眼光独到，变废为宝，将旧地变为金融机构集聚地，在这里建起了国际金融产业园；第二次，旧厂房被"修旧如旧"，旧仓库变身为一幢幢中式小楼和中式庭院，素雅风格的屋舍与玉皇山脚的流水相映生辉，吸引众多投资者游玩并进行实地考察，把小镇再生产成旅游空间；第三次，玉皇山南基金小镇还积极打造浙商回归及金融产业承接平台，拓宽浙商资本回归渠道，政府性产业母基金、金融家俱乐部、基金研究机构等配套一应俱全，敦和资产管理有限公司、赛伯乐投资集团、清科集团等国内领先金融投资机构已抢先入驻，促进了旅游与金融产业互动，打造"产、旅、人、文"综合的特色小镇。又如，江北动力小镇、瓯海时尚智造小镇、海盐核电小镇、路桥沃尔沃小镇、黄岩智能模具小镇等都体现了变性创造原理。

5．移植创造原理及应用

移植创造原理是指把一个已知对象中的概念、原理、方法和内容等，运用或迁移到另一个对象中，从而使得这个对象产生了新的突破与创造。特色小镇的旅游移植创造既包括小镇旅游领域中科技方法和手段的移植，也包括旅游项目在不同区域上的移植。例如，嘉善巧克力甜蜜小镇移植了国外的巧克力生产和文化，德清地理信息小镇移植了国内外的科技项目，实现了区域旅游产品的创新。

6．迂回创造原理及应用

创造活动经常不被人们理解而难以得到支持，这时创造者应当善于在困难中迂回，在不能直接达到创造结果条件下，做出路径转移，在转移中发挥自己的优势，创造有利条件，从而实现整体创造的成功。人们常说的"欲速则不达"，即要求分步实行，逐步实现目标，就是体现了迂回创造原理。在浙江省许多非旅游型特色小镇中，旅游资源属于非优资源，旅游开发需要许多要素的配置，才能实现

旅游竞争力的有效提升，但要素配置受到资金和其他条件的制约，这就需要分步走，通过不断地创造旅游新产品来实现区域旅游创造与创新。

7. 完满创造原理及应用

完满创造原理就是指“充分利用原理”。人们总是希望能在时间和空间上充分而完满地利用某一事物或产品的一切属性，只要对现存事物和产品做充分利用分析，一般总能找到许多未被充分和完满利用之处，对一些“不合理”“不到位”“不科学”之处加以改进，就能获得“创造收益”。在特色小镇建设中，许多工厂原来就有产品展示厅，或者被废弃的工业设施及小镇环境要素，这些都可以被“充分利用”，开设为旅游项目等，实现完满创造。例如，上城玉皇山南基金小镇充分利用小镇优美环境和金融活动，推进休闲体验旅游。

8. 群体创造原理及应用

人类早期的发现创造大多数是依靠个人的智力，随着科学技术的不断进步，个人能力局限性越来越明显，在发明创造中个人如果离开群体，难度必将是十分巨大的，这就需要利用群体力量，实现“大众创业、万众创新”。特色小镇的建设与提升，需要旅游、规划、历史、文化、管理等专业人才群体共同作用才能成功，体现了旅游开发中群体创造原理的运用。

6.3　特色小镇旅游空间生产的创新

当前特色小镇旅游空间的构建面临空间正义问题和空间异化问题，为了消除这些问题，解决空间问题的根源，应在社会关系、功能融合、管理模式等方面分析创新内容，在思维观念、景观空间、文化空间、休闲空间中寻找创新路径。

6.3.1　特色小镇旅游空间生产思路创新

1. 旅游发展定位从“经济功能”到“综合功能”转变

1）重塑旅游发展价值观

由于旅游在身体健康、心灵愉悦、增长知识、快乐养老和生活幸福中起到很大的作用，旅游已成为人们美好生活的重要组成部分，被誉为我国五大“幸福产业”之首。党的十九大报告也提出，中国特色社会主义进入新时代，我国社会主要矛盾已经转化为人民日益增长的美好生活需要和不平衡不充分的发展之间的矛

盾。因此，我们应结合当前巨大的旅游市场需求发展背景，不仅将旅游发展作为经济产业推动，更要将旅游当作百姓幸福生活的重要成分。我国著名学者于光远先生早在20世纪80年代就指出，“旅游业既是带有很强文化性的经济事业，也是带有很强经济性的文化事业”[106]。在旅游高质量发展阶段，旅游发展目标除了关注其经济价值外，更应关注其社会和环境方面的价值，注重居民的旅游需求的全面满足及旅游与社会、经济、环境的共生、和谐发展，这是旅游价值的最终取向。因此，应跳出旅游行业发展的单一思维，以更加宏观的视角来审视特色小镇旅游发展所波及的社会全局。对于政府而言，应转变片面追求GDP的政绩观，推进旅游业从高速增长全面迈向高质量发展新阶段。

2）提高企业参与旅游发展意识

一是在特色小镇旅游空间生产中，企业是主要主体之一，企业要科学认识开展产业旅游所带来的利益，不仅可能给企业带来一定的旅游收入，还能进一步提高工业资源利用效率、延长工业产业链、促进工业资源的深层次开发，对于改善企业形象、扩大品牌知名度、增加就业、调整产业内部结构有着很重要的作用[107]。二是企业还要认识到特色产业的旅游价值。特色小镇因特色产业而成名，特色小镇最为重要的旅游资源就是特色产业，特色产业的企业资源便成为特色小镇旅游的核心“风景”，游客对特色产业的加工流程、能工巧匠的制造技艺等具有强烈的好奇感和求知欲。特色小镇旅游空间生产首先要做足特色产业这个文章，通过深度展示特色小镇的行业特征、核心产品、创业文化等，形成特色旅游产品。三是企业要具备较强的社会责任意识，有责任提供研学旅游、休闲旅游、文化旅游场所，满足社会需求。例如，浙江省创建了多个汽车工业小镇，随着国内汽车的家庭化，众多的旅游者希望能更多更深入地了解汽车。一方面，通过特色小镇旅游空间的构建，汽车小镇的旅游成为老百姓科学认识汽车结构、比较各种汽车优劣、了解汽车性价比等方面的重要途径，企业承担了社会责任；另一方面，通过旅游，提升了企业知名度，扩大了汽车营销市场。

2. 空间生产由“物”到“人”的转变

特色小镇的建设不仅关注产业上由特变强，形态上建成独特的景观风貌和宜人宜居的环境，而且重点关注其旅游空间实践过程中的各类主体的相互关系。因此，特色小镇在旅游空间实践中需要作出以下几方面创新。

一是政府要关注企业积极性与旅游容量之间的关系，动态控制旅游容量，按照企业日变化和年变化的生产节奏，合理安排旅游线路、游程变化和季节变化，防止过度景区化；二是要关注社区居民和企业员工对旅游空间实践的态度，以人为本，构建人性尺度的旅游空间体验，突出景观特色，紧扣小镇主题功能，打造

“高颜值”“一镇一特色”的宜居小镇形象，提高居民生活环境质量；三是要关注游客满意度，重视企业与游客之间的空间共享关系，加强特色小镇文化、研学、景观旅游策划，提高特色小镇旅游体验质量；四是因地制宜，充分融入特色小镇所在区域自然环境和城乡整体风貌，实行“嵌入式开发”，使特色小镇与周边村落及社区形成良好的社会关系；五是调动社区居民和企业从业者参与旅游发展的积极性，结合旅游空间生产导致的特色小镇社会结构变化，培育新型的特色小镇社区，理顺利益主体的责、权、利关系，调动各个市场主体的积极性，加强政府引导、社区参与、企业自律，形成特色小镇旅游空间治理共同体，促进多元主体治理协同，推进旅游社会化治理，促进多元共治的旅游空间。

3．空间结构由“产、城”融合到“产、城、文、旅”融合的转变

国内产业园区大多以单一的生产功能为主，在长期的“产、城”融合探索下，部分实现了产业、社区功能的融合发展。对于特色小镇而言，还需要着重加强文化、旅游功能，而特色小镇的旅游功能建立在特色的产业文化、产品文化和企业文化基础之上。因此，一是发掘文化功能，把文化基因植入产业发展全过程，形成特色产业文化知识化、主题化、体验化。二是植入旅游功能，通过旅游+产业与产品、旅游+产业文化、旅游与企业文化、旅游与地方文化、旅游+科技文化、旅游+生态文化等，还可合理嫁接异域风情文化，打造3A级以上景区。三是创新旅游线路。可以合作周边常规旅游形态，打造旅游交互发展模式，将工业旅游与自然景观和人文景观组合，引领区域复合型旅游路线，实现产业旅游与乡村旅游、休闲度假旅游、文化旅游等的组合，为区域提供更加多元化的旅游产品。

例如，路桥沃尔沃小镇以吉利沃尔沃汽车整车制造为主产业，按照“产业、文化、旅游”三位一体，“生产、生活、生态”三生融合的发展要求，把小镇划分为三大功能区块，即整车生产区块、零部件生产区块和生活休闲功能区，抓住汽车和北欧两大元素，设计了动、静两条旅游路线。静态的是以汽车文化及北欧风情展示为主要内容，集汽车工业发展史、汽车设计生产、北欧风情体验为主要内容的产业观光游。动态的是以汽车运动体验为主要内容，以汽车越野运动、汽车改装、汽车影院、购车体验为主的动态游。

4．旅游空间管理与运营由“单一模式”到“创新机制”的转变

1）坚持政府引导、企业主体原则

产业园区一般以政府为主体进行开发，传统的景区管理则以国有企业、民营企业或政企合作管理；而特色小镇是以企业为主推进项目建设，政府更多以引导、辅助、监管的角色参与小镇建设。对于特色小镇的旅游空间生产来说，企业资本

是特色小镇旅游空间建设的主要投资渠道。在多数的产业型特色小镇旅游发展初期，旅游效益较低，旅游投资积极性差，因此可以将 PPP 模式的理念和思路引入特色小镇资本构架中，通过政府与社会资本的合作，发挥政府主导与企业市场运作的优势，进而促使项目实现良性互动。

2）坚持动态评价发展原则

旅游空间生产是一个动态的过程，在特色小镇发展的不同阶段，要利用动态治理的思维，相应地采取不同的治理策略。在旅游空间生产主体方面，整合多元主体责权，实现从部门管理到多元协同参与，解决从专门化的旅游参与者扩大到跨行业、跨部门的涉旅社会化问题。旅游者则要改变扭曲的旅游消费观念，提高生态旅游意识，提倡文明旅游，减少对企业生产活动的影响。在旅游空间生产管理方面，应对复杂多变的开发环境，实现从传统的法治为主转变为以德治为核心的多重治理手段。在发展模式方面，改变以政府主导的追求经济增长为目标的传统发展模式，实现生产、生活和生态多维目标的共建共享发展模式。

3）创新特色小镇旅游景区管理体制

随着旅游业的快速发展，很多景区已经摸索出新的管理模式。针对垄断性重要遗产资源、一般的风景区而非重要遗产、企业自行新建主题公园等不同性质的旅游景区，应该采取不同的管理模式，如果套用相同景区管理模式，就可能会产生建设浪费、产品单一等问题。对于特色小镇旅游空间来说，管理体制的创新非常迫切，在申报和验收时，要针对特色小镇的特殊性，专门设计一套特色小镇景区标准验收指标体系，不应照搬《旅游景区质量等级评定与划分》国家标准评定细则。例如，特色小镇的吃、住、行、娱的要素配置，不应局限在小镇内部，应根据该小镇的特殊性，既可以在小镇内部，也可放到整个城市区域旅游大环境中来考虑；还有停车场、旅游厕所、游客中心完全可以与企业相应设施共享建设，而没有必要单独设置。

6.3.2 特色小镇旅游空间生产过程创新

随着消费时代的到来，特色小镇旅游消费需求主要体现为“文化”、“休闲”和“景观”三维需求。针对旅游资源特征与当前旅游消费趋势，特色小镇应推进文化、休闲、景观“三维整合”的旅游空间结构与组织创新。

1. 文化空间创新过程

随着旅游市场需求的变化，人们追求的不是物质上的享受，而是精神上的愉悦，这就引发了体验性、参与性的系列旅游产品的诞生。从国内外旅游产品发展看，文化内涵深厚的旅游产品往往具有较大的生命力。在浙江省特色小镇中，相

当一部分以茶叶、丝绸、黄酒、青瓷、木雕、中药、根雕、石雕、文房等历史经典产业为特色产业，本身就是地域传统文化特色传承保护与区域社会经济发展相结合的生动实践。那些传统产业型或新兴产业型小镇，虽然没有城市及历史文化名镇的文化那么深厚，但每个特色小镇都是独一无二的，仍然具有自己的独特性文化，这种独特性表现在独特的产业文化、建筑文化、科技文化上，甚至是当地历史文化沉淀和汇合地，小镇的特色产业文化象征着特色小镇某种优势产业具有的独特精神与文化气质，已经打上了产业的差异性与产品的精神气质双重印记，也具有较强的文化旅游吸引力。因而，浙江省特色小镇的日益成熟发展需要确立文化特色主题，并开发具有持续创造力和吸引力的旅游产品项目，将文化空间创新作为旅游空间生产的重要内容，否则特色小镇的旅游产品会逐步出现衰落的现象。

（1）文化特色化。注重产业文化、产品文化和企业文化，突显文化特色。产业文化象征着特色小镇的特色产业具有的独特精神与文化气质，要把文化基因植入产业发展全过程，培育创新文化、历史文化、农耕文化、山水文化，汇聚人文资源，形成“人无我有”的区域特色文化。特别是茶叶、丝绸、黄酒等历史经典产业都有上千年的文化积淀，主攻这些产业的文创小镇要重点挖掘历史文化，保护非物质文化遗产，延续历史文化根脉，传承工艺文化精髓。

（2）文化知识化。一般来说，游客不仅关心特色小镇产业活动的特殊性，也欣赏其产品的文化意义。这些特色文化使特色小镇彰显出风格独具的吸引力，可以通过研学旅游等方式，让特色文化能够满足游客对知识化的追求和体现文化公平性的需求。例如，德清地理信息小镇实现了把科技产品转化成游客求知的产品。

（3）文化主题化。产业旅游可分为两个层面：一是强调以产业资源为支撑的观光游览基本层面；二是强调旅游者对产业旅游资源的深入体验与求知。根据旅游市场需求确定旅游小镇发展的文化主题，在文化符号的塑造上，运用“精致化”和“创意化”手段表达独具个性的主题，创新特色小镇文化旅游产品，以便更好地满足产业旅游体验。

（4）文化体验化。包括物质文化体验化和精神文化体验化。物质文化不单指具体有形的“物质”，更重要的是强调隐藏在物质内涵中的一种文化或文明状态，包括饮食、服饰、建筑等方面。物质文化旅游是旅游活动最重要的形式，也是旅游活动中重要的载体[108]。例如，嘉善巧克力甜蜜小镇通过游客品尝各种口味的巧克力来加强游客对巧克力文化的体验。精神文化是指属于精神、思想、观念范畴的文化，精神文化运用在旅游地的项目开发中，能够增添景区的文化内涵，增强游客在游览景区过程中的文化体验[109]。例如，特色小镇企业家的创业精神是特色小镇宝贵的财富，可以通过演讲、图片展示和视频等方式，让游客获得慰藉、寄

情等精神需求。

（5）文化需求通俗化。通过现代技术的视频、VR 体验、资料和图文说明，可以将高端性的科技文化转变成通俗易懂的通俗文化，让游客拥有平等的科技文化享受机会。

2．休闲空间创新过程

特色小镇不仅是一个生产空间，同时还是一个生态与生活的空间，是旅游景区、产业区、新型城镇化发展区三位一体的新型城镇化发展模式。旅游景区评级（不低于 3A 级景区）要求已被列为特色小镇的基本建设条件，实质上就是对特色小镇所提出的两个方面的要求：一方面，在“绿水青山就是金山银山”的发展理念下，保护区域特色景观资源，加强环境综合整治，构建生态文明环境等都成为特色小镇的建设基础，打造宜居宜业宜游的优美环境；另一方面，要满足小镇内社区居民宜居的空间，满足小镇居民较好的休闲空间需求。

首先，休闲空间构建要以“休闲化”和“体验化”打造多元休闲消费环境，满足多元休闲消费需求为基础。一要增加特色小镇的休闲业态和休闲功能，引入多元休闲业态，合理设置业态规模、休闲设施和休闲活动，增加游客休闲体验，提升整体吸引力。例如，在业态设置上，实现文化体验、工艺品、纪念品、知识书库、景观观光休闲等多元业态合理配置，满足游客多样休闲需求。二要增强特色小镇休闲消费的体验性设计。例如，企业生产空间需要充分利用产品生产过程，开发求知体验功能，增强游客休闲体验。

其次，通过满足游客休憩需求体现“人性化”理念、通过节点的集聚和连接功能满足游客购物与休闲消费需求，以及通过环境空间的游憩功能丰富游客和居民对小镇的消费体验。

最后，特色小镇旅游空间在建筑景观、空间布局、商品购物等方面需要通过“文化化”和“创意化”的符号构建措施，构建富有内涵的空间符号，呈现出符号化的休闲消费空间。对一些历史经典类特色小镇，要创造休闲空间的文化氛围，避免小镇空间过度商业化，导致经典化氛围下降或缺失。

3．景观空间创新过程

景观空间对于特色小镇旅游空间消费评价具有较大影响，应更注重生态性和以人为本，通过多样化手法，加强对特色小镇及企业文化景观的提炼与表达。

首先，特色小镇生产与文化空间的原真性景观需求。当前旅游消费市场越来越多的游客追求身临其境地欣赏、感受和融入各种原真生活场景，感受当地社会的生活文化常态是当前市场深度休闲旅游者追求的旅游体验方式。例如，通过特

色的形式与材质，合理地设计企业的文化、生产展示墙，展示设计企业文化景观等，都构成了特色小镇对休闲旅游者的吸引要素。

其次，资源再造和景观再造。强化生产景观、营造旅游景观是特色小镇旅游最鲜明的特征要素，要挖掘特色小镇的特色景观元素和生产、生活场景，进行景观元素和生产生活场景的多元组合，打造“生产体验化”的特色小镇景观特色，以丰富游客视觉感受和生产环境体验。另外，要运用“休闲化”手段，凝练生产景观元素，打造休闲文化符号景观，并增加游客体验生产场景的机会。

再次，构建特色小镇景观空间符号，实现特色小镇“特色化”。通过建筑立面文化符号的创意性装饰，展示“精致化”的特色小镇现代科技融合的个性景观，最终达到日常化审美的意境，打造独具小镇特色和意境的空间意象，突破特色小镇发展同质化的瓶颈。

最后，加强在入口区、核心区、办公区、生产区、生活区、道路交通开展景观设计。旅游空间生产中应进一步优化景观布局，挖掘旅游景观的文化内涵，突出自然与人文相结合、景观与社会相融合，构建旅游共享的特色小镇旅游空间，实现“人、文、产、旅”等多要素融合。

6.3.3 特色小镇旅游空间生产内容创新

根据勒菲弗的三元一体理论框架，特色小镇旅游空间生产内容包括感知空间、文化空间、生活空间和社会空间的旅游要素创新，实现物理空间生产、景观符号生产和文化体验的再生产。

1. 感知空间的意象性构建

旅游意象要素景观化。凯文·林奇在《城市意象》[110]中指出，人们的空间意象一般通过路径、边界、节点、区域和地标 5 个要素来建立[111]。因此，特色小镇物质空间的景观符号的创造主要通过上述 5 个要素建筑及设施景观化，创造特色小镇旅游意象空间，强化特色小镇建筑风格的设计；通过系统的整体规划设计、核心品牌的打造，强化小镇地标性建筑，打造产业文化景观节点，让产业与文化、建筑文化与自然完美结合，实现特色小镇物质感知空间载体的构建。

（1）生产活动情景化。特色小镇的核心是以特色产业作为基础支撑，而生产经营场所、生产过程、生产成果、管理经验是最有价值的旅游资源。旅游空间生产就是要将特色产业与旅游产业融合发展，走“旅游+”发展道路，以特色小镇真实的生产场景和社区居民的生活场景为依据，通过科学规划与合理设计，营造特殊的小镇情景或独特的意境。情景设想和创造要合理解决理性认知与感性认知、形象思维和抽象思维之间的关系，达到激发企业从业者与社区居民与外来游客融

洽的相互关系，构建特色小镇展示生产与传承文化的空间[112]。

（2）产业场景景观化。以特色产业文化和文化景观所依赖的自然环境背景和人文环境背景形态为本底，综合考虑区域自然要素、人文活动等环境要素，使特色小镇内部的产业景观与周边的生态环境相互呼应，彰显产业文化景观所在的场域精神。特色小镇在产业景观创新方面，应根据小镇产业与文化特色，建设以特色产业主题为主要内容的景观设施，实现特色小镇“小而美”的多元功能融合之美。

（3）自然环境生态化。无论哪一类特色小镇，必须要求走生态化的道路，实现“生产、生活、生态”的真正融合发展。每个特色小镇环境设计都要更加注重生态协调，结合小镇特色文化资源和自然生态环境，分析地脉文脉资源，小镇的建筑和旅游设施与植物群落及自然环境应当融合协调、相得益彰，将生态文化充分融入小镇重要节点建设，形成小镇独有的生态、居住、文化气息[113]。

2．文化空间的活态性表达

1）文化再现

文化再现包括文化价值的转化与文化景观的创生。主要针对特色小镇特色产业文化，挖掘特色产业特色性，保持产业生产的原真性，从视、听、嗅和味觉等多种感觉器官，从直觉、感知、理解、想象、回忆、情感等多种主观感觉，从愉悦感、刺激感、恐惧感、安全感等多种情绪体验层面，合理规划和设计生产景观，强调景观带给体验主体的一种心灵感受与感知，策划特色生产的研学旅游、特色文化的体验旅游和特色产品的购物旅游。

2）舞台表演

舞台表演即以开放性的舞台为依托，通过对特色文化资源创意策划，结合人为的演奏乐曲、上演剧本、歌舞表演等方式，借助舞台技术设备和现代表演艺术，展现特色文化，凸显游客欣赏过程的参与和娱乐，加强体验小镇文化氛围的效果。例如，天台山和合文化小镇、绍兴越城黄酒小镇、南浔善琏湖笔小镇等都可以通过舞台表演构想空间的活态性表达。

3）活动举办

活动举办即依托特色小镇特色产业及文化的影响力，举办能够增强区域吸引力和凝聚力的专题研讨会、产品节庆活动等，如黄岩智能模具小镇举办全国性模具产品博览会。在活动举办过程中，积极引导和组织同行专家学者参与，并可以融合地方文化，开展综合性活动，吸引旅游者和当地居民参与其中并实现主客互动，使旅游者亲身体验特色产业文化内涵。

4）场景演绎

场景演绎不同于舞台表演，它是依托特色产业场景与文化场景，演绎科技文

化和创业精神等。例如，南浔善琏湖笔小镇的湖笔工坊、湖笔人家聚落、湖笔小镇写生基地等场景，能够让游客了解湖笔工艺及其文化发展的悠久历史，也显示出传统手工制作技艺中的一朵奇葩。

3. 生活空间的静态性展示

1）展览陈列

展览陈列是特色小镇物质文化景观静态呈现的方式之一，是实现旅游者与特色小镇之间多向互动的信息传递与交流沟通的重要方式，与活动举办、场景演绎等动态路径互相补充、相辅相成。展览陈列根据特色小镇文化载体的不同形态而有所区别，可采取传统的展示馆模式，展现特色小镇组织制度、企业文化特色，也可在活态空间的生产场景以现代的生态博物馆式展示。

2）符号强化

每一个特色小镇都有自己的IP，特色小镇的符号即是解读特色文化最好的语言，符号强化即以特色小镇文化元素为核心，提取和强化特色文化景观内涵，形成特殊形状、特殊产品、特定景观、特色科技等多种类型的文化景观符号，实现文化景观的符号化和象征化。例如，可以通过企业的工作服装、企业形象标徽等特定符号，达到人们认知、记忆特色小镇文化符号的目的。

3）情景解说

旅游解说系统是特色小镇旅游空间众多要素中的重要内容，也是特色小镇的文化解读、科技信息说明、产品展示等功能得以实现的必要基础。随着科技的发展，情景解说要借助信息技术，应用景区 Wi-Fi 系统、户外电子屏幕显示系统、智能定位系统、音乐广播系统、触摸终端设备等手段，通过现场解说和公共标识指引解说等方式，现场解说场景，以更好地达到情景展示。

4. 社会空间的利益协调

1）加强特色小镇与区域旅游空间协调

首先要处理好与周边城市的关系。交通能够使游客感到便捷与舒适，要对外强化小镇与交通干线、交通枢纽城市的连接。同时，在全域旅游发展下，特色小镇的建设需要加强与当地旅游企业的合作，推动小镇旅游产品建设更好展开，建立特色化的旅游线路，与区域内旅游线路相结合，构建一体化旅游服务，带动更多的客流量，实现客源共享，以此促进小镇旅游规模的扩大，构建大旅游市场的合作形势。

2）处理好特色小镇旅游发展与企业及社区的关系

特色小镇的社区功能除考虑一般社区的基本要求外，还要考虑特色小镇旅游

功能对社区的特殊要求，主要表现为基础设施社会化和服务设施共享化。在建筑与设施方面，除保证社区的建筑及基础设施满足游客的基本需求外，还能具有一定的文化特色[114]。小镇开发成旅游景区后，其中的餐饮、娱乐、商业网点等社区服务功能应该实现与全社会共享，甚至社区生活方式也可成为游客凝视的对象，以满足旅游者的猎奇心理，这样社区服务化程度会大大加强。

3）处理好特色小镇旅游发展中政府与企业的关系

在特色小镇旅游空间生产中，特色小镇的社会关系趋向复杂。在各种社会关系中，政府与企业的关系最为关键。主要表现为权力关系的平衡和利益时间的长短等关系。应通过小镇联席会议、专家咨询等途径，共同商讨特色小镇旅游空间的持续发展。

6.3.4 特色小镇旅游空间生产路径创新

1. 政府引导，加强特色产业与旅游产业培育

在特色小镇旅游空间生产过程中，当地政府管理部门和特色小镇管委会扮演着举足轻重的作用，政府引导和监督是小镇发展的必然选择。首先需要明确自身的特色产业和定位，这不仅受到市场需求和发展趋势的影响，更需要相关政府部门高瞻远瞩，引导特色产业的发展。同时，政府部门还需要重视小镇的基础设施建设，如完善小镇的水电气设施、环卫设施、照明系统、旅游标识系统等，尤其是小镇内外的道路建设更是至关重要，它决定着小镇的可进入性。此外，政府部门需要做好高质量的特色小镇旅游策划和旅游规划，加强特色小镇旅游节点融入区域旅游网络，办好特色小镇旅游节庆，加大特色小镇旅游宣传，便于企业形成旅游产品的可操作性。

2. 企业主导，深化特色产业与旅游融合

在特色小镇旅游空间生产中，企业作为旅游产品创新、策划设计、线路组织及服务的提供者扮演着主角作用，因此，企业主导围绕特色产业对产业链进行延伸和拓宽，尤其是文旅融合、产旅融合是特色小镇旅游空间生产的关键环节。为了避免企业之间的恶性竞争和同质化发展，特色小镇内的企业在开展旅游活动时，可以围绕特色产业向产业上下游延伸和拓展，进行旅游产品的策划和设计，开展产品展览、旅游购物、文化创新创意等活动，从而打造特色产业与旅游融合的产品，提高产业聚集度和产业价值。此外，还要加快旅游产品创新，加强对建筑物和环境进行景观设计，为游客营造具有个性化和特色化的旅游环境，并将小镇特色元素、文化元素应用于旅游商品和纪念品中，打造出当地特有的旅游商品、旅

游纪念品、旅游餐饮产品等，以达到丰富旅游产品和延伸产业链的目的。

3．社区参与，推动特色小镇旅游空间协调发展

特色小镇旅游空间生产依赖于当地的特色产业，而社区居民作为特色小镇的常住人口及企业文化的承载者和传播者，其参与的积极性直接影响着特色小镇旅游发展后劲。因此，社区居民参与是推动特色小镇旅游发展的重要路径。具体而言，社区居民可通过三个方面加入、融入特色小镇旅游发展。第一，允许社区居民参与特色小镇业态经营，对于参与旅游活动的居民在制度上给予鼓励，从而让居民成为旅游直接受益者，最终实现互惠共赢。第二，企业从业者业绩考核与旅游服务关联，让小镇居民人人能维护小镇环境与卫生意识，允许社区居民作为导游，企业可每年举办旅游服务竞赛活动，质量较优者给予适当奖励。第三，对社区的员工进行专门的旅游培训，使其可以在旅游旺季或工作之余参与旅游服务，额外增加经济收入，同时鼓励居民在小镇内的企业、商铺从事保安、服务员等工作。

第七章

浙江省特色小镇旅游空间生产案例分析

特色小镇建设是浙江省块状经济创新发展的新模式，也是浙江省协调推进新型城镇化、新型工业化战略的一项重要举措。浙江省各个地方政府积极投身特色小镇建设，并出台相关的指导意见或规划。旅游空间生产是特色小镇空间生产的重要内容，不同类型的特色小镇实践为旅游空间生产提供了许多现实的案例。

7.1　嘉善巧克力甜蜜小镇旅游空间生产与创新

嘉善巧克力甜蜜小镇位于浙江省东北部，地处嘉善县大云镇的平原区域，项目规划用地 430 亩，由歌斐颂巧克力厂区、云澜湾休闲度假园区和碧云花海婚纱摄影基地三部分组成，是国内首家集巧克力生产、研发、展示、体验、休闲度假于一体的巧克力主题乐园，是一个典型的创新创业类特色小镇。2016 年，嘉善巧克力甜蜜小镇被列为第一批浙江省省级特色小镇创建名单。

7.1.1　嘉善巧克力甜蜜小镇空间实践过程及特点

2012 年 10 月，歌斐颂巧克力小镇开始正式筹建，经一年多后正式投产。2014 年 10 月，歌斐颂巧克力小镇对外工业旅游正式开放。2015 年 9 月，歌斐颂巧克力成功挑战吉尼斯世界纪录，并创造了世界上最大的巧克力雕塑，同年又获得国家工商总局（今国家市场监督管理总局）认可成立中国第一个以小镇命名的公司——歌斐颂巧克力小镇集团有限公司。同时，拓展投资建设云澜湾休闲度假园区和碧云花海婚纱摄影基地，整合形成了嘉善巧克力甜蜜小镇。嘉善巧克力甜蜜小镇从筹建到正式投产，再到对外工业旅游正式开放，以及拓展温泉养生、休闲度假项目，仅建设了两年，把一个原来以传统农业为特征的农村空间转变为以旅游空间为特征的新型农村空间（表 7-1）。

表 7-1 嘉善巧克力甜蜜小镇空间要素对比

空间要素	建设前	建设后
物质空间	农田、猪棚、村落等农业农村景观	企业空间、建筑景观、巧克力、温泉、水乡、花海、农庄、婚庆
产业空间	农业产业、养殖业，产业层次低	巧克力生产空间、度假疗养旅游空间，3 家国家 4A 级景区。年接待游客超过 150 万人次，旅游总收入突破 1 亿元
社会空间	单一，农民外出打工，以低收入农村人群为主	以巧克力工厂、旅游景区的服务员工与游客为主

1. 建设前的空间特点

嘉善巧克力甜蜜小镇建设以前，是一座 50 多亩的“五七农场”所在地，农场周围布满了农户自行搭建的猪棚。随着猪棚的增加，本来较好的农场生态环境逐渐被破坏。久而久之，这块农场就被大家遗忘。其空间总体上是一种衰落的、缺乏活力的农业、养殖业空间，存在特色不足、人气外流等问题。首先，由于生态环境逐步变差，人口外流，呈现典型的农村凋零现象；其次，产业层次低，区域内除了传统农业和养殖业外，没有商业、餐饮业，业态较低端，呈现产业衰退现象；最后，经济收入、文化水平、技术水平相对高的家庭和人群，出于改善居住条件的目的，纷纷在外置业，外迁居住，留下来的大多是低收入农户，社会空间较为同质化。

2. 建设后的空间特点

通过几年的建设，嘉善巧克力甜蜜小镇基本建成了歌斐颂巧克力加工场、婚纱摄影旅游、大云温泉旅游度假区三个 4A 级旅游景区，小镇物质空间、产业空间和社会空间的特点发生了变化，已经成为一种复兴的、充满活力的空间。首先，大量资金的投入使得在农地上建立了巧克力企业和配套设施，新建了特色建筑，环境景观得以美化；其次，产业空间向高端化发展，传统农业、养殖业等低端功能被高科技工业生产、旅游业等功能取代；最后，高端产业带来高素质就业人口，吸引了旅游者，他们的收入和学历普遍较高，使小镇的社会空间呈现多元化的特点，不同社会群体在小镇内互动共生，社会关系发生了较大的变化。

从以上分析可以看出，嘉善巧克力甜蜜小镇的空间生产过程具有两方面的特点：它是一种全新的空间形式，整个建设过程是在一片农场中兴起的，从建筑到产业，似乎在一张白纸上全新地建设，是新型产业在特定区域的特殊空间现象和创业的过程；同时，它通过组合多种要素，形成亚洲最大、国内首家巧克力特色

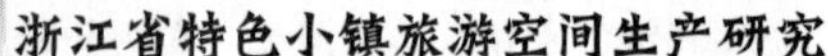

的旅游景区，也是一个旅游空间生产的过程。

7.1.2 嘉善巧克力甜蜜小镇旅游空间生产动力

嘉善巧克力甜蜜小镇是一种独特的旅游空间生产现象，通过资本与权力等作用，在物质空间、社会关系、权力关系的空间转型与再生产的基础上，实现了旅游空间再生产。

1. 政府力

对于嘉善巧克力甜蜜小镇建设，在执行浙江省出台特色小镇有关政策文件的同时，筹建了专门管理机构，依托极具特色的巧克力、温泉、水乡、花海、婚纱摄影等旅游资源，围绕产业培育和旅游度假两大功能，计划总投资达到55亿元，按照5A级景区的标准，在3.87平方千米的规划面积上，打造出歌斐颂巧克力主题园区、巧克力工业旅游示范区、云澜湾休闲度假园区、十里水乡休闲配套区、天洋“梦东方”传奇世界等项目。

2. 企业自发力

嘉善歌斐颂巧克力小镇是由斯麦乐集团（现歌斐颂巧克力小镇集团有限公司）投资打造的省级重点项目，是由父子两代企业家共同创业的成果，儿子留学回国后继承父业，但不满足于父辈从事的传统产业，出于对巧克力产业与文化的兴趣，希望把西方的巧克力产业引入中国，开创旅游发展事业。

3. 社会支持力

嘉善巧克力甜蜜小镇自从被列入浙江省首批创建名单以来，整合开展了18项特色小镇的系列活动，通过挑战吉尼斯世界纪录，对接法国的巧克力文化沙龙，重视招商和推介等活动，引起新闻媒体的大力关注在社会上取得了一定的影响力。

4. 旅游市场力

市场区位条件是影响旅游产业发展的重要因素，巧克力小镇拥有杭嘉湖及长三角地区中心地带的市场区位优势。创业者从国外聘请了著名的教授，花费将近两年时间走遍欧美，对国外的巧克力工厂、巧克力工业旅游及与巧克力相关的新兴产业模式做了极为精密的市场调查，同时也对国内外巧克力消费市场做了详细的调研。全球市场和巧克力文化国际调研完成后，进入企业选址环节。经过周密详细的讨论与筛选，最终放弃了大连和上海，确定企业的具体地址为嘉善

县大云镇。巧克力小镇选址之所以在嘉善，虽然与创业者祖籍的家乡有关，但更重要的是小镇旅游在一小时车程范围内就有上海、嘉兴、杭州、湖州等市场，客源条件优越。

5．资本力

嘉善巧克力甜蜜小镇采取多层金融体系，其中巧克力主题街区项目、甜蜜小镇酒店项目、民宿开发项目、婚庆商业风情街区项目、咖啡豆产业园项目、德国啤酒庄园项目采用 PPP 方式，提供资金保障。2016 年，中国农业发展银行对嘉善巧克力甜蜜小镇已投放项目贷款 10 亿元用于基础设施建设项目，总投资 15 亿元的小镇基础设施建设项目，已与中国农业发展银行对接融资 10 亿元。同时，总投资 4.3 亿元的度假区环境综合整治提升项目，融资 3 亿元。到 2018 年底，嘉善巧克力甜蜜小镇累计完成投资 43 亿元，其中特色产业（旅游业）投资 37.07 亿元。可见，较强的融资能力为小镇的形成提供了资金保障。

7.1.3 嘉善巧克力甜蜜小镇旅游空间生产内容

1．打造产业特色化

巧克力产业虽然不是新兴产业，其产品也不具备较大的特色性，但是，嘉善巧克力甜蜜小镇通过创新创造特色，通过产业融合使传统食品行业具备了旅游融入产业的通道。一是生产原料优质促进产品优质。巧克力的原料——可可豆从科特迪瓦和加纳进口，该地区出产的可可豆拥有世界上较高的品质，以确保巧克力产品的高端、优质。二是巧克力产品特色化。根据市场需求与反馈，小镇研制出水果巧克力和辣味巧克力等新品，水果巧克力中的水果有蓝莓和草莓等，能符合大众口味的需要，而辣味巧克力则符合好辣群体的需要。三是生产工艺高质量。巧克力全部生产线都是从瑞士进口，全程采用国际一流的制造工艺，生产线共投资 2 亿元。从原料购入、产品生产、成品包装到精品出售都呈现出高质量的品位与格调，为特色小镇提供了旅游物质空间。

2．开放生产空间

嘉善巧克力甜蜜小镇将巧克力工艺制造与巧克力工业旅游进行了深度融合，为产业的转型升级提供了一套切实可行的创新发展的有效思路。在嘉善巧克力甜蜜小镇里，消费者可以观看巧克力工艺的生产过程，并且可以免费品尝刚制造出来的新鲜巧克力，同时导游也会给消费者讲解关于巧克力的一些常识，丰富消费者的阅历和知识。这种新型的工业旅游方式会使消费者在轻松愉快的气氛中加深

对歌斐颂巧克力的品牌认知感与认同感，有利于提升嘉善巧克力甜蜜小镇的知名度，从而促进巧克力市场的进一步拓展。

3．引入富有影响的IP

嘉善巧克力甜蜜小镇定位于国际一流、亚洲最大、国内首家巧克力工业旅游和巧克力文化传播者。2015 年 9 月 30 日，小镇的歌斐颂巧克力成功挑战吉尼斯世界纪录 10.187 吨，并创造了世界上最大的巧克力雕塑。歌斐颂巧克力小镇集团有限公司的董事长去科特迪瓦商谈原料供给的业务时，获得了科特迪瓦总理的亲自接见。嘉善巧克力甜蜜小镇用巧克力文化将中国与欧洲和非洲衔接在一起，促进了亚、欧、非洲的文化交流与经济合作，并逐步成为一条沟通三大洲经济文化交流合作的桥梁。另外，小镇还通过举办“法国巧克力沙龙节”、筹建瑞士风情街等，不断提高其国际品牌知名度，扩大市场影响力。

4．挖掘文化消费内容

嘉善巧克力甜蜜小镇挖掘时尚文化元素，整体包装工业产品。五彩缤纷的手工糖果表演、其乐无穷的小小甜品师、个性十足的私人订制等游乐项目，让游客彻底地融入巧克力文化中，享受甜蜜、品味时尚。例如，小镇把巧克力原料可可豆以一种文化展览厅的形式表现出来，在这个文化展览厅内，对各个地方的可可豆进行详细的介绍，同时还有可可豆的实物供游客观赏、体验，并把可可豆的生长与采摘过程以视频的方式展现在游客面前。这既丰富了游客的阅历和知识，又让游客感受到了不同国度的文化体验，满足了游客的新奇感的文化消费需要。同时，小镇极力延伸巧克力甜蜜主题文化的衍生品，围绕巧克力甜蜜、浪漫、幸福的文化主题，推出欧式的婚纱摄影、草坪婚礼、巧克力婚庆喜糖等产品，无形中为小镇的品牌形象增色了不少。此外，小镇的外层建筑与内部装饰均采用欧式风格，西方文化的浓厚氛围充满了整个小镇。

7.1.4 嘉善巧克力甜蜜小镇旅游空间创新

1．旅游业态创新

嘉善巧克力甜蜜小镇以了解神秘的巧克力文化为主题，通过考察国际最先进的巧克力生产线，展示巧克力雕塑，体验品尝新鲜巧克力，创造可可森林，把旅游融入生产与产品中，形成了旅游融入产业园区型形态。在“旅游+工业”方面，小镇引入瑞士巧克力制造机器与项目，面向市场生产销售巧克力产品。与此同时，建立斯麦乐巧克力工业旅游示范区，实现巧克力生产流水线的公开化、可参观化，

从而将工业生产空间发展为旅游空间。在"旅游+农业"方面，小镇挖掘杜鹃花（嘉善县县花）元素，依托"碧云花海"项目，将农业生产空间发展为旅游空间。同时鼓励当地居民积极种植杜鹃花。在旅游业开发时，由物的消费向符号消费转变的同时带来了社会效益的增加。在"旅游+文化"方面，小镇着重挖掘巧克力文化内涵，通过建立歌斐颂巧克力主题园区，引入了多项巧克力风情文化体验活动，同时积极打造婚庆蜜月度假基地和文化创意产业基地，将文化生活体验空间发展为旅游空间。在"旅游+休闲"方面，小镇充分利用温泉、山水等自然资源开发旅游休闲项目，依托云澜湾温泉休闲度假园区、十里水乡休闲配套区，将生态空间发展为旅游空间。此外，小镇的旅游功能开发以当地自然乡村田园风光为背景，保留原始水系和原始风貌，充分考虑了环境保护空间的预留。

2. 旅游产品创新

旅游产品创新是旅游地产品功能创新、形式创新、服务创新多方面的组合，它贯穿于产品创造中构思、设计、建设、营销的全过程。嘉善巧克力甜蜜小镇从一片农田中兴起旅游开发项目建设，以甜蜜为主题，通过几年的努力，目前已建设艺术温泉主题公园、希尔顿五星酒店、运动休闲公园、温泉风情商业街、一站式蜜月基地、养生居所、婚庆摄影、巧克力文化体验、巧克力工业旅游等旅游产品，旅游产品从无到有，开发成效显著。例如，游客通过一条 156 米长的观光通道可近距离观看巧克力从原料混合到包装的工艺流程，也可以游览"可可神奇之旅"，体验"小小甜品师、巧克力厨房、私人订制 DIY"等项目。小镇实现了功能、形式和服务的创新。

3. 旅游产业创新

旅游产业创新就是嘉善巧克力甜蜜小镇在原有产业环境下，通过产业改造，由低层次向更高层次的提升。具体做法是做好小镇发展规划，加强旅游产业融合，优化调整农业产业，确定巧克力生产企业的引进，培育发展旅游度假产业和文化产业，落实土地利用方案，形成旅游产业集群。通过工业与旅游融合、文化与旅游融合，形成了农业、文化、休闲旅游新业态。可见，小镇创业的过程，也是发现和挖掘传统食品新需求的过程，还是组合多种要素形成新供给的过程。

4. 实现区域旅游的创新

嘉善巧克力甜蜜小镇引入瑞士巧克力制造机器与项目，以甜蜜为主题，以文化为灵魂，以农业为底色，在面向市场生产和销售巧克力产品的同时，充分挖掘巧克力文化内涵，拓展巧克力文化体验、养生游乐、休闲度假等功能，把自然乡

村田园风光生态优势转化成产业优势，不断开展“旅游+” 创造，形成了工业、农业、文化和休闲旅游空间。小镇以建设成为“亚洲最大、国内著名”的巧克力特色小镇、巧克力文化创意基地、现代化巧克力生产基地、全国工业旅游示范基地、国家 5A 级旅游区为目标，成为目前亚洲最大、国内首家巧克力特色旅游风景区，实现了区域旅游的创新。总体上而言，嘉善巧克力甜蜜小镇区域旅游创新体现了制度创新、组织创新和环境创新的多方协同与集成。

7.2 黄岩智能模具小镇旅游空间生产

黄岩区地处浙江省中部，为台州市三区之一，被誉为“中国模具之乡”。模具产业在黄岩区已有近 60 年的发展历史。黄岩智能模具小镇位于黄岩区的西部，规划总面积约 3.47 平方千米，建设用地约 1500 亩，内部农田、村庄相间，水系纵横，生态基质良好。2016 年，黄岩智能模具小镇被列入浙江省政府正式批准的第一批省级特色小镇创建名单，成为以产业型特色小镇示范区、旅游与特色产业融合发展、旅游与乡村融合发展、旅游与文化融合为特点的高端装备制造产业型小镇。

7.2.1 黄岩智能模具小镇空间的过程及特点

黄岩模具产业兴起于 20 世纪 50 年代，改革开放后，黄岩模具产业如雨后春笋般蓬勃发展，依靠数量快速在国内市场“走红”。2002 年，黄岩区被浙江省科学技术厅批准为“塑料模具省级高新技术产业基地”；2003 年，被国家科学技术部批准为“国家火炬计划塑料模具产业基地”；2006 年，获得“中国模具产业升级示范基地”称号；2009 年，黄岩模具产业集群成为浙江省 21 个产业集群转型升级示范区之一。2014 年，在全国 160 家重点骨干模具企业中，黄岩区占了 15 家，成为省级高新技术特色产业基地和国家火炬计划塑料模具基地，模具产业总量占比在国内达到七成。经过政府的政策引导、企业的不断创新、行业的协同集约发展，黄岩区的模具产业从低端制造向高端智造转变，从低小散的块状经济向高精尖的产业集群不断提升，黄岩区已从我国的“模具之乡”成为全球知名的模具制造基地。

黄岩智能模具小镇建设前后空间要素对比见表 7-2。

表 7-2　黄岩智能模具小镇空间要素对比

空间要素	建设前	建设后
物质空间	以农田为主，模具企业散落在郊区农田之中	模具主题公园、小镇会客厅、模具企业产业集聚区，景观美化

续表

空间要素	建设前	建设后
产业空间	以低端制造业为主	从低端制造向高端智造转变，从注塑模具到平面挤出模具转变，小镇追求小而精、小而美。兼有3A级景区
社会空间	城乡接合部，通勤员工	集聚人才，高收入、高学历人群，社会关系发生了变化

1. 建设前的空间特点

在产业发展方面，虽然黄岩模具产品的市场占有率较高、出口额大，但产品类型仍以中低档注塑模具为主，在质量、稳定性、制造精度和标准化程度方面明显低于发达国家水平，大型、精密、复杂和高寿命的高档模具产品也较少，产值过亿元的企业屈指可数，大量的低小散企业集聚在一起，被戏称为“长不大的灌木丛”。在空间结构方面，除模具企业分布以外，小镇原有空间上是大片的橘园，一片橘园养活着周边的几个村子，村庄以果园获得收入。在社会关系方面，企业低小散集聚，行业内竞争激烈，企业自生自灭，政府对企业区域空间环境重视不足，小镇面临着技术研发的资金与人才缺乏、高端精密产品制造和开发能力不足、转型平台缺乏等问题。

2. 建设后的空间特点

一是在空间形态上要求精致紧凑。模具小镇位于城市边缘区，区块空间原规划定位是传统工业区和物流区。该区块在确立了特色小镇定位后，对区域空间进行了重新整体布局。通过设立模具特色小镇，在原来的橘园土地上，建设模具主题公园、小镇客厅、模具企业产业集聚区等空间类型，形成以模具产业为依托，融合文化、旅游和生活社区功能的空间平台。小镇包括高端模具智造、研发中心，中小企业孵化基地，小镇生活商务配套区，模具产业公共服务平台，博览中心及工业主题公园，民俗乡土文化休闲度假村等项目空间[115]，设施齐全，功能完备，追求小而精、小而美，“麻雀虽小，五脏俱全”。

二是在规划布局上加强要素集群。模具产业是小镇的主导产业，其他配套性服务业，如研发、信息、金融等都围绕该主导产业进行布局，可以有效集聚技术、人才、资本等多种要素，形成产业链、创新链、人才链、投资链和服务链，实现资源的有机整合和集约共享，加快淘汰落后产能，促进产业转型升级。

三是在空间功能选择上融入旅游功能。将西侧划岩山及北侧黄坦水库等旅游资源引入城市空间，促进纯产业区向集生态、旅游和公共服务于一体的复合功能区转变。小镇内绿化面积约42000平方米，栽有各类树木1700多株，种植土方约5万立方米。公园内设有休息广场2个，儿童广场2个，文化展示小广场8

个，亲水平台 5 个，公共厕所及管理房 2 座，木栈道约 500 米，是人们休闲娱乐的好去处。小镇还建设了小镇会客厅，年游客量达到 30 万人次，2018 年已通过国家 3A 级旅游景区公示，成为“浙江省特色小镇创建名单”中首家获得 3A 级景区称号的特色小镇。

四是重构小镇的发展环境。为推动模具产业快速发展，黄岩区成功开发建设了黄岩·中国模具博览城和黄岩区模塑工业设计基地，致力打造模塑产业展示交易平台和模塑工业设计公共服务平台。这些为小镇中的模具企业提供了市场交易、工业设计、科技研发等生产性服务，有利于延伸产业链，降低生产成本，提升市场竞争力，推动产业集群的快速发展。

7.2.2 黄岩智能模具小镇旅游空间生产动力

1．政府支持力

按照国家旅游局（今文化和旅游部）2000 年颁布实施的《旅游发展规划管理办法》和 2003 年颁布的《旅游规划通则》的要求，黄岩区旅游局委托浙江外国语学院编制了《黄岩区旅游发展总体规划》，通过小镇发展总体思路来表达政府对模具小镇的构想。按照浙江省特色小镇“四位一体”及“宜业宜居宜游”的总体建设要求，紧密结合黄岩区“三改一拆”“五水共治”“美丽乡村”建设等重点工作，以国家 3A 级景区创建要求为标准，不断完善基础设施和现代服务业功能配套。坚持以模具产业功能为核心，以“景观化、生活化、五水共治”为方向，撬动模具工业旅游的发展；坚持以乡村自然人文资源的承接、挖掘、融合为抓手，积极推动小镇乡村休闲旅游的发展；着力苦干主题线路及文化节庆品牌，充分融合小镇核心区与乡村区域旅游发展，最终将黄岩智能模具小镇打造成台州市工业旅游示范区、浙江省特色小镇旅游发展样板区和全国模具产业转型典范区。

政府围绕特色小镇建设的目标和要求，介入模具小镇旅游空间生产，为打造智能模具小镇提供了优惠、便利的体制政策环境。黄岩区委、区政府历来重视民营经济发展，积极推动模具产业转型升级，长期以来一直对模具产业予以政策倾斜，每年安排 3500 万元资金用于扶持模具行业企业发展，占区本级转型升级专项资金的 55%。这些都极大地促进了黄岩模具产业的发展壮大。项目以模具产业为核心，以项目为载体，通过智能模具产业与文化、艺术、旅游相结合，嫁接工业旅游及区域特色乡土文化休闲旅游功能的特定区域，依托特色小镇建设，集聚创新资源、激活创新资源、转化创新成果，实现产业发展从资源要素驱动向创新发展驱动转变，产业、文化、旅游和社区居住功能的有机融合，融“智造、研发、

孵化、休闲、旅游”等功能于一体，打造具有较强国际竞争力的模具产业基地和国内的模具产业集聚区。

2. 企业主导力

智能模具小镇是黄岩模具产业从“制造”向“智造”转型发展的缩影，至2018年底，小镇共入驻企业127家，其中规上企业31家，中国重点骨干模具企业7家，国家重点扶持高新技术企业8家，省级科技型企业14家，省级企业研究院3家、省市级研发中心与技术中心11家，代表性企业包括精诚时代集团浙江精诚模具机械有限公司、西诺控股集团有限公司、台州市黄岩星泰塑料模具有限公司等，这些企业有不少肩负着为社会输送模具人才的重任，而且它们的模具工业产品及工艺流程都是良好的工业旅游资源。在这些企业的支持下，建成了小镇主题公园、精诚时代梦工厂等旅游设施，保证了模具小镇旅游活动的正常开展。

3. 社区与公众辅助力

黄岩智能模具小镇为了方便企业处理事务，积极与各级职能部门、街道、村社对接协调，并派驻小镇工作人员至区行政服务中心，通过前移服务窗口，实行项目打包审批、联审联办等模式，及时解决企业落地时遇到的各种困难。小镇建立问题处理机制，每月定期召开部门、村社、企业、行业协会等联席会议，汇聚小镇各方力量，帮助企业解决旅游发展过程中遇到的难题。另外，小镇的规划建设与区域内后洋黄村、剑山村、泾岸村、曹村、杏头村等旧村改造及“美丽乡村”建设相结合，以产业发展及小镇建设带动区域经济社会发展，促进乡土特色文化的挖掘与传播，增强了小镇发展活力，丰富了小镇精神内涵。

7.2.3　黄岩智能模具小镇旅游空间生产内容

1. 旅游资源的提炼

黄岩智能模具小镇西倚群山，河网密布，邻近定位为高品位综合休闲社区的百丈高地及省级划岩山风景名胜区，西南侧有万亩柑橘观光园，自然生态环境优越。小镇范围内还拥有剑山村、下曹村、杏头村、泾山村，可利用下曹河、古樟、柑橘自然类旅游资源，以及农业采摘基地、江干渠道、文化礼堂、古井、宗祠等人文景观资源。不仅如此，黄岩智能模具小镇的旅游开发更重要的是在于对产业旅游资源加以利用，拥有精诚时代集团浙江精诚模具机械有限公司、西诺控股集团有限公司等各个企业模具工业产品与工艺流程的工业旅游资源。

2．企业空间旅游化

黄岩智能模具小镇设置了企业的旅游功能准入标准，将旅游功能规划作为企业入驻小镇的筛选标准，对厂房立面、内部空间、工业产品进行旅游化引导与改造，以模具企业厂房立面的改造为抓手，实现建筑风貌生态化与景观化，改善核心区的景观风貌，打造一批宜游的工业旅游点。

3．公共空间旅游化

对黄岩智能模具小镇内两条主干道开展景观化打造和旅游化设计，丰富游客的视觉体验，提高游客的游览兴致。针对新江路，以模具产业历史所获荣誉及具有代表性的模具设备、模具产品为元素形成景观雕塑。针对锦川路，以“创新创业”为主题，以模具企业家为对象，沿街营造创新创业氛围。依托“五水共治”工程，加快对环核心区的水系整治。打造良好的生态景观廊道，从而进一步提升小镇核心区的整体品质。

4．村庄景区化

通过美丽乡村等工程，实现村貌整治与提升，拓展休闲资源，丰富旅游体验。以美丽乡村、“五水共治”工程为抓手，对小镇范围内涉及村庄进行建筑风貌整改、村庄环境整治，加强以文化礼堂、公共休闲空间为代表的文化节点建设，营造良好的文化休闲氛围。

5．全区景区化

黄岩智能模具小镇要达到3A级景区，这就需要按照国家3A级景区的标准开展游览设施及基础设施的配套建设，游客中心、标识体系、安全卫生等方面能够服务于游客需要。一是在入口标志区雕塑形象标识，塑造入口景观标志。二是强化小镇客厅引擎作用，小镇客厅作为模具文化和产业的集中展示区域，也是商业办公的区域，是撬动小镇旅游的重要引擎，是串联旅游线路的重要节点，相当于游客中心的服务功能。三是垃圾桶、标识标牌、旅游厕所等主要设施要按标准建设和配置。

6．旅游与会展融合化

一是以中国模具博览会为平台，通过邀请产业代表考察模具产业，开展技术交流会，加强交流和学习。二是举办产品展销会，推广企业产品。三是举办模具行业研讨会，通过模具行业研讨会交流模具行业发展形势、问题，探讨产业生产技术、管理经验，提高行业凝聚力和竞争力。四是举行模具制作竞赛，竞赛涉及整个模具产业制作环节，面向整个模具行业的所有技术工人，以此激发技术人员的创新拼搏精神，这也是选拔人才的途径。三是搭建乡俗文化大舞台，主要展示体现本土民俗的表现节目，展示乡土文化、吸引游客。

7.2.4 黄岩智能模具小镇空间异化与旅游创新

1．黄岩智能模具小镇空间的异化

（1）特色小镇规划布局产生新的空间隔离[116]。模具小镇脱离了既有的建成环境而选择单独区块围合建设，单独配置优质的公共服务，甚至在规划建设之初就对原有村庄整体征地、全部拆除，既有村民全部搬迁。这种做法产生了新的空间隔离，不仅使既有村庄人居环境的历史发展过程被全部抹灭，而且也将导致因物质空间环境的隔离而产生社会人群隔离的问题，不利于社会融合发展。小镇内村庄众多，环绕产业区分散分布，同时与产业区之间完全割裂，对未来小镇功能布局、交通组织影响较大。如何协调村庄与小镇的关系，是特色小镇规划需要解决的重要问题之一。

（2）企业对特色小镇旅游功能定位与获取更大利润的矛盾。企业希望通过特色小镇的建设，得到更好的企业环境和完善的公共服务平台，但企业的目标重点在工业发展，获取更大利润，往往忽视了小镇旅游发展要素的配置，园区内旅游设施配置不足，垃圾桶、标识标牌、旅游厕所等主要设施没有按标准建设和配置。入驻企业对旅游功能认知不足，即使企业产品具有旅游开发潜力，但事先也不太会考虑旅游功能的规划，厂区内缺少开展旅游活动所需要的安排，甚至对开放企业空间感到厌烦。

（3）政府的旅游空间构想与旅游市场吸引力错位。政府对模具小镇的定位是“人、文、产、旅”的空间统一体，把旅游空间定位为3A级景区，年游客量达到30万人次。但是，黄岩智能模具小镇是在城郊区域的农村空间中建起的，没有高等级旅游资源，而产业旅游资源挖掘与包装，以及特色小镇旅游线推广，需要专业人员和多因素的促进。而且，工业小镇产品的旅游市场需求限定在特定游客，模具产品从知识性、奇特性和科学性上讲，能够满足于学生市场、产品上下游相关的专业性市场需要，但模具企业产品“生活性”差，大多数游客对模具产品好奇心不足。因此，目前黄岩智能模具小镇旅游市场吸引力仍然不大，除了特色小镇企业客人到访以外，其他游客数量偏少。

2. 黄岩智能模具小镇旅游空间创新

（1）促进区域旅游产业创新。特色小镇建设有利于丰富黄岩旅游产品体系，模具小镇的建成为黄岩区的旅游产品体系增加了“工业旅游”这一新的类型，能够促进原有区域旅游产品升级。特色小镇建设改善了区域整体乡村风貌。小镇范围涉及周边6个村庄（以下曹村、剑山村为主），以前各个村庄村貌类型凌乱，缺乏主题特色提炼与展示，不利于模具小镇的统筹发展及整体形象的提升。通过特色小镇建设，以旅游发展为契机，结合美丽乡村建设，推动乡村传统文化挖掘与重塑，构建以农业生态景观、公共休闲空间、品牌节庆活动为主的产品体系，改善了乡村风貌，营造了良好的休闲环境。

（2）塑造整体格局特色。规划依托现有山水资源，将西侧划岩山、翠屏山的优质景观引进基地内，形成多条景观视廊；改造区内新江浦水系，形成环形放射状水系空间，将生活配套、产业服务和科研创新功能空间有机联系。同时，结合区内农田、水系，塑造错落有致、收放有序的绿地系统，并通过“引山融水”的整体空间格局、特色突出的重点区域设计，塑造一个融入自然、生态的，同时有亲切感的、富有品质的小镇空间。主要通过改变原来企业的建筑外观、标识体系和环境景观，改善基础设施和居住环境、道路设施、绿化环境等途径开展旅游空间生产。

（3）提升社区特色。规划区内分布有多个自然村庄社区，从现状建设情况看，产业和村庄相互隔离、联动不足。村庄并非小镇拓展的障碍，而是小镇空间格局特色塑造的重点，通过“美丽乡村建设”手段，公共休闲空间和社区服务配套，公交线路、周边的银行、社区卫生站等配套服务设施建设，成为小镇配套的重要依托。在规划布局中，尊重现有村庄格局，在保留村庄整体风貌的基础上对部分保留建筑按照现代生活需求进行适当改造，打造模具小镇的特色配套功能。在交通组织上，与慢行空间、水系及农田相结合，引入山体景观和田园风光资源，通过各类功能的整合和交通的组织实现乡村与模具小镇的有机融合，形成“水、绿、村庄、人”相融合的智慧田园。

（4）彰显模具文化特色。特色小镇的文化特色是以主题产业为核心、结合地域文化特征的综合体现。因此，小镇规划提出以模具文化为核心，即将整个小镇视为一座模具文化博物馆的理念，全方位构建模具文化展示系统。在文化设施的建设上，通过模具文化博物馆全方位展示模具产业的发展历程，为人们提供设计、制造和检测等多方面的模具文化体验；预留企业临重要道路游线界面一侧的空间，作为模具企业提供品牌文化和成长历史展示的空间。在建筑风貌、绿化景观和街道的引导上，沿主要道路景观轴线和绿地绿带系统，设置与模具相关的雕塑、小

品和体验设施，展现浓郁的模具文化氛围，打造小镇标识，凸显小镇特色。

（5）策划旅游产品特色。在旅游系统构建中，以模具文化为核心，强调参与体验型旅游，同时结合周边剑山村、下曹村的“美丽乡村”建设发展民俗旅游，与周边百丈高地等景区形成联动，重点策划模具文化体验、高端服务配套、农村乡俗游览和滨水湿地休闲四大类，模具博物馆、模具雕塑主题公园、商务会展中心、乡村度假区、湿地生态公园等18个重点旅游项目，并形成模创文化游线、乡村民俗游线和山水田园游线。另外，依托新前街道的“武术之乡”、浙江省非物质文化遗产保护名录的“采茶舞”，发展文化休闲旅游。

（6）提升模具小镇公共服务。模具小镇的建设依托于原有的产业园区，原有的公共服务体系的供给上存在一定的不足，供给的品质也处于较低水平；3A级景区的建设对景区范围内的旅游交通、游览设施、旅游安全、卫生、邮电服务等都有相应的标准和要求，有助于提升小镇范围内公共服务体系的供给质量，提高入驻企业的满意度和企业从业者居住的意愿，促进“宜业宜居”目标的实现。

（7）提升区域知名度影响力，扩大产品市场营销。以3A级景区为卖点吸引外地团队游客到访，有效提升模具小镇及黄岩区作为“模具之乡”在台州市、浙江省乃至全国的知名度；借助休闲环境的提升，吸引本地居民和学生群体前来参观游览，提高居民和学生的地方认同感，提升模具产业知识的大众化普及程度。

7.3　龙泉青瓷小镇旅游空间生产

龙泉青瓷小镇位于龙泉市上垟镇，据考证，龙泉青瓷迄今已有1700多年的历史，以瓷质细腻、色泽青翠晶莹、线条明快流畅、造型端庄浑朴著称，曾长期问鼎世界瓷器之巅。2016年，龙泉青瓷小镇被列入首批浙江省37个特色小镇创建名单，传统产业遇到了新机遇。小镇项目规划面积3.21平方千米（4815亩），建设面积136万平方米，总投资30亿元。

7.3.1　龙泉青瓷小镇空间实践过程及特点

1．龙泉青瓷小镇旅游空间实践过程

（1）政府主导阶段。1957年，政府为了恢复龙泉名窑的生产，在龙泉上垟镇设立了国营龙泉瓷厂及青瓷研究所，研制、修复龙泉青瓷，使失传600多年的龙泉明代官窑青瓷传统制作技艺再现当代，也促进了龙泉青瓷产量较快地恢复到较高的历史水平。当年镇上家家制瓷，山野丘陵之间的这个小市镇呈现出“瓷窑林

立，烟火相望”的盛景。龙泉青瓷传统工艺2006年被列入第一批国家级非物质文化遗产，2009年被列入世界文化遗产。

（2）企业主导阶段。2009年，浙江披云食品股份有限公司购得原国营龙泉瓷厂青瓷研究所地块，并投资建成了披云龙泉青瓷山庄。2011年，为将人气转化为价值留在当地，公司引入浙江中商投资有限公司，并改名为“浙江龙泉披云青瓷文化园有限公司”，向文化旅游产业转型发展，布局并建设包括国营龙泉瓷厂遗址、青瓷传统技艺展示中心、青瓷手工坊、国际陶艺村、青瓷寻踪大型历史文化剧场等景点，培育青瓷主题酒店、酒吧、餐厅、购物一条街、民宿型农家乐等个性化、立体式商业圈。2012年，文化园、老瓷厂区及周边上垟镇区、木岱口村和源底村所组成的区域，被授予“中国青瓷小镇”称号。2013年，企业引入6家投资基金，组建“浙江龙泉鉴真陶瓷有限公司”，将经营范围拓展到青瓷产品的开发和销售，发展“印象青瓷”“建真”“1957”等青瓷品牌的直营生产及代工生产，并通过中国青瓷小镇的平台实现产品的有效销售。

（3）政府引导，企业主体阶段。2015年，浙江省启动特色小镇建设，2016年，龙泉青瓷小镇被列为浙江省首批37个特色小镇创建名单之一，规划建成集文化创意、产业创新、青瓷体验、学术交流、休闲度假于一体的青瓷主题小镇。据统计，2015年，小镇引入上海道铭投资控股有限公司等89家青瓷企业、青瓷传统手工技艺作坊入驻。2016年被列入中华人民共和国住房和城乡建设部第一批127个中国特色小镇。几年来，在企业和政府共同努力下，青瓷小镇先后被评为浙江省工业旅游示范基地、国家4A级旅游景区、浙江省文化旅游示范基地、中国最美的小镇等。

2．建设前空间特点

（1）小镇青瓷产品知名度大。龙泉青瓷小镇所在地的上垟镇是现代龙泉青瓷发祥地的核心区块，是龙泉青瓷最集中的产区，地处浙闽赣交界处，瓷土资源丰富，也是一座见证青瓷匠艺的兴替和发展的小镇，素有“青瓷之都”的美誉。

（2）保存的遗址遗物历史价值大。现镇内仍留有大量原国营龙泉瓷厂工业遗址，包括工业大厂房、办公楼、会堂、大烟囱、青瓷研究所、职工宿舍等。此外，“李记”“曾记”“张记”等老字号青瓷作坊也都被完整保护，其中上垟曾芹记古窑址是目前龙泉连续烧制时间最长的龙窑，窑长33米，窑室内宽1.37米，高1.8米。披云青瓷文化园是中国青瓷小镇的核心景区，1957年在国营龙泉瓷厂旧址基础上建成，也是国内迄今为止唯一的青瓷文化主题旅游景区，还是目前为止唯一入选世界非物质文化遗产的龙泉青瓷传统烧制技艺的传承代表。

（3）小镇环境景观优良。青瓷古道沿着八都溪分布，潺潺清流的溪水两岸，

分布着密集的民居与作坊。还有源底古村落、木岱口古村落，历史悠久，遗存丰富，青山绿水，美丽宜居。

3. 建设后的空间特点

青瓷小镇以青瓷文化为品牌，以休闲养生为核心，以龙泉青瓷非遗传承基地为平台，打造集文化传承、文博展示、学习交流、创作教学、收藏鉴赏、旅游观光等功能于一体的瓷文化旅游观光小镇，延续技艺传承和生产组织传统方式的家庭小作坊，打造具有国际影响力的中国青瓷小镇。自从启动特色小镇定位与建设后，小镇吸引了众多的青瓷企业和青瓷传统手工技艺作坊入驻，带动了当地4000多名农民就业创业。同时，成为中国美术学院、景德镇陶瓷大学等高校教学实习基地，并吸引着越来越多的世界陶瓷文化交流活动来此举办，成为龙泉青瓷对话世界的一个窗口。2015年，青瓷小镇接待旅游人数47.9万人次，旅游总收入1.96亿元。可以看出，青瓷小镇通过建设后，空间特点已经由青瓷生产空间转为以青瓷为主的“众创空间”和旅游等的多功能空间。

7.3.2　龙泉青瓷小镇旅游空间生产内容

青瓷小镇在资本与权力等作用下，通过物质空间、社会关系、权力关系的空间转型与再生产，实现旅游空间生产。

1. 编制小镇旅游规划

2015年，政府编制小镇的空间发展策划，立足于独特的山水自然景观和田园风光，规划整合了小镇范围内文化园、曾芹记古龙窑、源底古村落、木岱口古村落、青瓷古道、竹海等资源，构建了一条慢生活轴、三大青瓷产业功能区和三个慢生活功能区，与市域范围内其他景点共同形成“一核心、三组团”的功能格局，并由“中国青瓷小镇”统筹文化旅游建设，与市域文化资源通盘考虑。

2. 划分旅游空间功能区

特色小镇建成五大功能区：一是以现有的披云青瓷文化园为核心，建成文化体验区；二是继续推进老瓷厂区的改造更新，建设成为1957创意设计中心；三是升级原有国际陶艺村，打造龙泉青瓷国际交流中心；四是整合小镇自发形成的120余家青瓷销售门店，建设青瓷小镇商贸中心；五是依托浙江龙泉鉴真陶瓷有限公司，建设青瓷产业园。

3．开展旅游产品设计

采用新老融合与文旅融合的设计理念，保护原国营龙泉瓷厂厂房、烟囱等工业遗产，将青瓷千年历史文化融入当今生产流程，加强文化与旅游融合，打造兼具传统文化韵味体验与现代趣味的旅游产品，形成贯穿非遗中心、烟囱广场、老厂房、展厅、博物馆、小型剧场等室内外场所的互动游线，激活青瓷小镇特色产业文化空间的活力。针对层层青砖排架的工业厂区，保留釉色文化元素，采用青瓷釉幕墙，为局部厂房改造重新构建立面肌理，呈现出青瓷“青如玉、雅如云、素如馨”的独特气韵。针对新旧建筑体量、材质的拼接，讲究现代与传统之间的结合。

4．旅游项目化建设

龙泉青瓷小镇旅游空间生产项目沿着八都溪展开，主要项目包括青瓷文化广场、商业风情街、度假农庄、青艺坊、瓷人坊等。

（1）青瓷文化广场。青瓷文化广场作为小镇主出入口的形象展示，集旅游展示、游客服务和停车换乘于一体。

（2）商业风情街。沿着八都溪两岸，充分利用两岸民居改造，以特色餐饮、茶吧、咖啡吧等业态为主，兼顾青瓷产品的销售，推出“青瓷茶具+龙泉金观音茶+青瓷雅乐”特色产品，形成“一河两路两街”模式，集青瓷作坊、书画艺术、酒吧茶楼、餐饮娱乐、购物和休闲等功能于一体的风情水街，作为整个景区的配套。

（3）度假农庄。结合木岱口古村、曾芹记古龙窑，以及“李记”“张记”“曾记”老字号青瓷作坊，突出生态、文化、健康养生三大理念，建筑采用庭院式的布局和中式的设计元素，融山景水景于酒店景观中，形成以青瓷活态传承为特色的，集养生度假、文化旅游、休闲购物于一体的瓷韵古村。利用 28 幢 2 万余平方米的清代古民居，以及依山傍水、清幽的独特意境，打造成青瓷小镇配套的瓷文化村。

（4）青艺坊。利用披云青瓷文化园、原国营龙泉瓷厂、八都溪，结合周边可开发用地，集生产、创作和生活主题于一体，打造国际青瓷交流、展示高端平台，吸引世界陶艺专家、国内外艺术大师前来生产创作。

（5）瓷人坊。瓷人坊是集生活、生产和经营于一体的新式作坊，是民间艺人聚居的街区，游客可以参观制作工艺和流程，定制购买艺术作品，增强体验感。并利用国瓷记忆，预留生态空间，结合景观资源，打造青瓷与绘画、摄影、音乐、竹艺等其他艺术形式相结合的艺术村落，吸引各界艺术观光游览。

7.3.3 龙泉青瓷小镇旅游空间的创新

1. 围绕青瓷主题，创新系列旅游产品

青瓷文化是青瓷小镇项目的核心，小镇将与青瓷相关的历史文化、文化遗产、文化根脉、传承工艺等嵌入旅游产品中。如将瓷质细腻、色泽青翠晶莹、线条明快流畅、造型端庄浑朴的哥窑特点与时尚“碰撞”，设计“厉害了，我的哥”青瓷文化追溯之旅：创意设计卡通代言人“青瓷哥”，旅游服务时从“青瓷哥”的立场和视角进行讲解，开发“青瓷哥”系列旅游“伴手礼”。以 1957 年开始恢复青瓷生产的时间节点为依托，创意开发“1957 穿越之旅”“1957 的故事”“编号 1957”“我的 1957”等主题之旅，如可以与银发旅游对接，参观游览瓷窑遗址，安排当地社区居民进行讲解服务，以经历过恢复青瓷生产事件的居民或老一辈青瓷艺人为佳；又如对接家庭或亲子游团队，开发“听爷爷、奶奶讲青瓷”“青瓷那些事儿”等主题产品。对接青瓷制作的精湛工艺技术，依托青瓷传统手工技艺作坊、青瓷大师工作室等，设计开发“我的青瓷我做主”（青瓷 DIY）、“青瓷的前世今生——与大师对话”、“三生三世之青瓷”、“青瓷是怎样制成的”等以青瓷体验、青瓷制作为主题的深层次、复合型创意体验系列旅游产品。

2. 细分旅游市场，满足游客多元需求

旅游产品性质是由旅游目的地的资源供给和市场需求的双向比较因素决定的。通过市场细分出构成旅游市场的各种不同群体，发现创新开发旅游新品，是提高竞争力的有效途径。可从地理、人口、心理等方面列出影响产品市场需求和顾客购买行为的各项变数，对不同的潜在顾客进行抽样调查，并对所列出的需求变数进行评价，了解顾客的共同需求，通过调查、分析、评估各细分市场，最终确定可进入的细分市场，制订相应的旅游产品。例如，针对学生游客，可以青瓷园、青瓷遗址、青瓷博物馆等为主线开发青瓷文化研修类旅游产品，以及自己动手制作青瓷的“DIY 系列”；针对女性游客，开发家居装饰类青瓷主题购物游；针对花卉爱好者游客，可开发“当花爱上瓷”“青花了瓷”青瓷花瓶主题游；针对艺术爱好者游客，可开发“青瓷工艺专题研究”“大师与青瓷的故事”“写生青瓷”等专项艺术类旅游产品；针对家庭出游类游客，依托龙泉青瓷小镇建筑风格独特、原汁原味的自然风貌，开发特色小镇观光游、小镇休闲慢生活之旅；针对亲子类游客，可将青瓷与动漫卡通人物融合，开发“青瓷+动漫卡通”之旅，根据孩子的年龄结构设计动漫卡通主题；针对婚庆类游客，可开发“青瓷+婚庆婚拍”主题之旅。

3．放宽资源视角，构建全域旅游体系

旅游资源是旅游开发和旅游业持续发展的基础和生命线，但旅游资源的表现形式是多种多样的，所以，对旅游资源的认识也要与时俱进。基于空间视角而言，应充分利用与青瓷特色小镇毗邻的宝溪乡、八都镇、竹垟畲族乡的旅游资源，创造条件发动当地居民参与旅游经营。一方面可以充分利用旅游资源，实现旅游产业多元化发展；另一方面有利于社区居民在旅游发展中受益。宝溪乡、八都镇、竹垟畲族乡三地可以形成旅游吸引物的不仅有自然生态环境，还包括红色文化、民俗节庆、少数民族文化等，可依据相应的自然资源和人文资源，与青瓷特色小镇旅游互动对接，使关联产业在保持原有自身功能的基础上相得益彰，形成密切联系的产业链，形成多功能的叠加体系，在原有价值基础上创造出新的复合价值。例如，与宝溪乡红色旅游互动对接，可开发“青瓷特色小镇+红色旅游”之旅、“青瓷特色小镇+生态环境体验”之旅、“青瓷特色小镇+古青瓷”之旅；与八都镇互动对接，可开发“青瓷特色小镇+八都之竹”特色之旅、“青瓷特色小镇+八都温泉”休闲康体之旅；与竹垟畲族乡互动对接应充分融入畲族文化，如畲乡赛歌、畲族婚嫁、畲族年节、畲族服饰、畲乡名茶、民间工艺品等，开发“青瓷特色小镇+畲族民俗风情”体验之旅。基于时间视角，应与当地节庆活动、时令美食、光影季节变化结合，开发“节庆主题之旅”“摄影主题之旅”“时鲜美景主题之旅”“青瓷四季写生之旅”等。

4．提升旅游感知，打造特色品牌形象

旅游服务是旅游产品中非常重要的组成部分，当游客在旅游中实际感受的服务（如交通、安全、卫生、餐饮、娱乐等）超过通过介绍或者宣传产生的期望时，服务被认为是具有特别质量的；当游客实际感受到的服务没有达到他们的预期，游客将会对此产生负面情绪，进而影响到其对产品的满意度，并对特色小镇的口碑宣传和品牌形象产生影响。鉴于此，只有通过不断提高服务质量，满足游客需要，赢得游客的认可，才有机会赢得口碑传播效应，有利于增加经济效益，获得长远发展。首先，要加强培训与教育，聘请离退休艺人、社区居民为旅游导游员、讲解员，因为此类服务人员更有自豪感和责任感，能使旅游服务更具有温度感和亲切度，形成独特的小镇旅游文化。其次，当前的旅游市场呈现出复杂化的变化，个性化也越来越明显。因此，应坚持以游客为本，针对不同的游客，提供具有个性化的服务，以更好地满足不同游客的多元需求。例如，游客越来越希望与旅游企业一起，按照自己的旅游意识和需求设计旅游产品，体现独特的个性与价值，从而获得更大的满足感。因此，基于感官、情感、认知、行为、氛围等多角度需求的私人定制产品更能提升游客的旅游感知，更好地打造特色品牌形象。

参 考 文 献

[1] 赵琳琳，王雷亭. 乡村旅游空间分析与空间设计研究——以泰山马蹄峪为例[J]. 泰山学院学报，2007，29(5)：89-91.

[2] 钱俊希，朱竑. 新文化地理学的理论统一性与话题多样性[J]. 地理研究，2015，34(3)：422-436.

[3] YOUNG M. The Social Construction of Tourist Places[J]. Australian Geographer，1999，30(3)：373-389.

[4] 叶超，蔡运龙. 地理学思想变革的案例剖析：哈维的学术转型[J]. 地理学报，2012，67(1)：122-131.

[5] 谢彦君，等. 旅游体验研究——走向实证科学[M]. 北京：中国旅游出版社，2010.

[6] 李琮. 政治经济学视角下的旅游空间生产—消费模式[J]. 湖北经济学院学报（人文社会科学版），2009，6(1)：39-40.

[7] 魏小安. 特色小镇与旅游发展[J]. 商业观察，2017（4）：76-81.

[8] 唐德军. 全域旅游的空间与用地管理——全域旅游的空间功能组织与用地创新模式[N]. 中国旅游报，2016-04-27 (1).

[9] LEFEBVRE H. The Production of Space[M]. NICHOLSON－SMITH, Translated. Oxford & Cambridge USA: Blackwell Press，1991.

[10] 马润潮. 人文主义与后现代化主义之兴起及西方新区域地理学之发展[J]. 地理学报，1999，54(4)：365-372.

[11] 常疆. 旅游空间刍议[J]. 湖南商学院学报， 2009，16(5)：65-69.

[12] HALFACREE K. Trial by space for a ‘radical rural’: Introducing alternative localities, representations and lives[J]. Journal of Rural Studies，2007，23(2)：125-141.

[13] FRISVOLL S. Power in the production of spaces transformed by rural tourism[J]. Journal of Rural Studies， 2012，28(4)：447-457.

[14] 郭文，王丽，黄震方. 旅游空间生产及社区居民体验研究——江南水乡周庄古镇案例[J]. 旅游学刊，2016，27(4)：28-38.

[15] 桂榕，吕宛青. 民族文化旅游空间生产刍论[J]. 人文地理，2013，28(3)：154-160.

[16] 明庆忠，段超. 基于空间生产理论的古镇旅游景观空间重构[J]. 云南师范大学学报（哲学社会科学版），2014，46(1)：42-48.

[17] 王苑，邓峰. 历史街区更新中的社会结构变迁与空间生产——以苏州山塘历史街区为例[J]. 现代城市研究，2009，24(11)：60-64.

[18] 桂榕，吕宛青. 符号表征与主客同位景观：民族文化旅游空间的一种后现代性——以“彝人古镇”为例[J]. 旅游科学， 2013，27(3)：37-49.

[19] 孙九霞，苏静. 多重逻辑下民族旅游村寨的空间生产——以岜沙社区为例[J]. 广西民族大学学报（哲学社会科学版）， 2013，35(6)：96-102.

[20] 胡志强，段德忠，曾菊新. 基于空间生产理论的商业文化街区建设研究——以武汉市楚河汉街为例[J]. 城市发展研究，2013，20(12)：116-121.

[21] 郭凌，王志章. 乡村旅游开发与文化空间生产——基于对三圣乡红砂村的个案研究[J]. 社会科学家，2014(4)：83-86.

[22] 韦俊峰，吴忠军. “隐性介体”视野下的旅游地空间生产与形象建构话语——以龙胜金坑大寨红瑶梯田为例[J]. 人文地理， 2015，30(6)：153-159.

[23] 舒晓. 武汉市中心城区的旅游空间生产研究[D]. 武汉：华中师范大学，2015.

[24] 孙九霞，周一. 日常生活视野中的旅游社区空间再生产研究——基于列斐伏尔与德塞图的理论视角[J]. 地理学报，2014，69(10)：1575-1589.

[25] 郭文，黄震方. 基于场域理论的文化遗产旅游地多维空间生产研究——以江南水乡周庄古镇为例[J]. 人文地理，2013，28(2)：117-124.

[26] 黄剑锋，陆林. 空间生产视角下的旅游地空间研究范式转型——基于空间涌现性的空间研究新范式[J]. 地理科学，2015，35(1)：47-55.

[27] 郭凌，阳宁东，王志章. 民族旅游开发与民族文化的空间生产研究——基于对四川省凉山彝族自治州盐源县泸沽湖的个案研究[J]. 西南民族大学学报（人文社会科学版），2014，(2)：144-149.

[28] 郭凌，王志章，陈丹丹. 旅游影响下城市历史街区的空间再生产研究——基于列斐伏尔空间生产理论视角[J]. 四川师范大学学报（社会科学版），2016，43(4)：53-60.

[29] 欧阳文婷，吴必虎. 旅游发展对乡村社会空间生产的影响——基于开发商主导模式与村集体主导模式的对比研究[J]. 社会科学家，2017，240(4)：96-102.

[30] 牛玉. 后现代消费需求下的历史街区旅游空间发展创新模式[J]. 旅游学刊，2014，29(7)：9-11.

[31] 席建超，王首琨，张瑞英. 旅游乡村聚落“生产-生活-生态”空间重构与优化——河北野三坡旅游区苟各庄村的案例实证[J]. 自然资源学报，2016，31(3)：425-435.

[32] 郭文，黄震方，王丽. 文化旅游地空间生产背景下居民社会空间感知模型与实证研究——基于对周庄古镇的调查[J]. 地理研究，2015，34(4)：762-774.

[33] 李琮. 政治经济学视角下的旅游空间生产—消费模式[J]. 湖北经济学院学报（人文社会科学版），2009，6(1)：39-40.

[34] 李星明，朱媛媛，胡娟，等. 旅游地文化空间及其演化机理[J]. 经济地理，2015，35(5)：174-179.

[35] 郭文，王丽. 文化遗产旅游地的空间生产与认同研究——以无锡惠山古镇为例[J]. 地理科学，2015，35(6)：708-716.

[36] 安宁，朱竑，刘晨. 文学旅游地的空间重构研究——以凤凰古城为例[J]. 地理科学，2014，34(12)：1462-1469.

[37] 高红岩. 电影旅游集群的文化空间生产研究[J]. 人文地理，2011，26(6)：34-39.

[38] 杨蓉，黄丽萍，李凡. 怀旧消费空间的地方建构——以广州西餐老字号太平馆为例[J]. 热带地理，2014，34(4)：463-472.

[39] 余构雄，戴光全. 期刊视角的中国旅游空间生产研究述评——从空间生产研究知识体系谈起[J]. 热带地理，2018，38(1)：13-24.

[40] 郭文. 空间的生产与分析：旅游空间实践和研究的新视角[J]. 旅游学刊， 2016，31(8)：29-39.

[41] 国家体改委农村司. 全国小城镇试点改革经验文集[M]. 北京：改革出版社，1996：195.

[42] 刘贺. 从试点剖析角度探索特色小镇产业特色创建——以江苏省全国及省试点特色小镇为例[J]. 小城镇建设，2018(5)：18-24.

[43] 钱振明. 城镇化发展过程中的开发区管理体制改革：问题与对策[J]. 中国行政管理，2016(6)：11-15.

[44] 李强. 特色小镇是浙江创新发展的战略选择[J]. 今日浙江，2015 (24)：16-19.

[45] 张环宙，吴茂英，沈旭炜. 特色小镇：旅游业的浙江经验及其启示[J]. 武汉大学学报（哲学社会科学版），

2018，71(4)：178-185.

[46] 柯敏. 边缘城市视角下的区位导向型特色小镇建设路径——以嘉善上海人才创业小镇为例[J]. 小城镇建设，2016(3)：49-53.

[47] 胡玉姝. 我国开发区管理模式探析——以长春市开发区为例[D]. 长春：吉林大学，2008.

[48] 程必定. 中国区域空间结构的三次转型与重构[J]. 区域经济评论，2015（1）：34-41.

[49] 邓明艳，吴瑕. 消费时代背景下城市休闲旅游空间的生产[J]. 乐山师范学院学报，2012，27(6)：70-74.

[50] 刘少和，张伟强. 广东科技旅游与文化旅游的互动发展[J]. 广东科技，2004(3)：35-38.

[51] 陶卓民，林妙花，沙润. 科技旅游资源分类及价值评价[J]. 地理研究， 2009，28(2)：524-535.

[52] 冯云廷. 特色小镇建设的产业—空间—文化三维组织模式研究[J]. 建筑经济， 2017，38(6)：92-95.

[53] 何苏明，蒋跃庭，赵华勤. 基于产业与文化的特色小镇风貌塑造——以《浙江青田石雕小镇景观风貌规划》为例[J]. 小城镇建设，2017(6)：93-98.

[54] 周煊，程立茹. 跨国公司价值网络形成机理研究：基于价值链理论的拓展[J]. 经济管理，2004(22)：22-27.

[55] 程立茹. 互联网经济下企业价值网络创新研究[J]. 中国工业经济，2013(9)：82-94.

[56] 易开刚，厉飞芹. 基于价值网络理论的旅游空间开发机理与模式研究——以浙江省特色小镇为例[J]. 商业经济与管理，2017，304(2)：80-87.

[57] 张凌云. 旅游产业融合的基础和前提[J]. 旅游学刊，2011，26(4)：6-7.

[58] 杨懿，李秋艳. 旅游融合发展自组织演化机理与进程研究[J]. 资源开发与市场，2017，33(9)：1100-1103.

[59] 王沈玉，张海滨. 历史经典产业特色小镇规划策略——以杭州笕桥丝尚小镇为例[J]. 规划师， 2018，34(6)：74-79.

[60] 霍伟，李超，王梦然. 浙江省创新创业驱动的特色小镇规划思考——结合特色小镇调研总结[J]. 中国名城，2017(1)：16-21.

[61] 徐梦周，王祖强. 创新生态系统视角下特色小镇的培育策略——基于梦想小镇的案例探索[J]. 中共浙江省委党校学报， 2016(5)：33-38.

[62] 陈立旭. 论特色小镇建设的文化支撑[J]. 中共浙江省委党校学报，2016(5)：14-20.

[63] 张安民. 特色小镇旅游空间生产公众参与的动力机制——基于推拉理论的整合性分析[J]. 绥化学院学报，2017，37(11)：13-17.

[64] 包亚明. 现代性与空间的生产[M]. 上海：上海教育出版社，2003.

[65] 黄小寒. 西方马克思主义经典著作导读[M]. 北京：北京大学出版社，2012.

[66] MACCANNELL D. Staged authenticity: arrangements of social space in tourist settings[J]. American Journal of Sociology，1973(79)：589-603.

[67] 冯瑾. 政府主导下的旅游地文化空间生产研究[D]. 武汉：华中师范大学，2017.

[68] 廖魁星. 社会管理中的政府角色定位[J]. 哈尔滨市委党校学报，2011(3)：53-55.

[69] 殷洁，罗小龙. 资本、权力与空间："空间的生产"解析[J]. 人文地理，2012(2)：12-16.

[70] 包舒恬. 浙江省特色小镇建设融资模式研究[D]. 杭州：浙江工业大学，2016.

[71] 段进军，翟令鑫. 关于特色小镇空间生产实践的思考[J]. 苏州大学学报（哲学社会科学版），2018(5)：112-119.

[72] 郁建兴，张蔚文，高翔，等. 浙江省特色小镇建设的基本经验与未来[J]. 浙江社会科学，2017(6)：143-150，154.

[73] 盛世豪，张伟明. 特色小镇：一种产业空间组织形式[J]. 浙江社会科学，2016(3)：36-38.

[74] 白小虎，陈海盛，王松. 特色小镇与生产力空间布局[J]. 中共浙江省委党校学报，2016(5)：21-27.

[75] 李彪. 古镇旅游空间生产的动力及其在旅游资本循环中的博弈[J]. 财经理论研究，2015(6)：91-99.

[76] 虞虎. 大都市传统工业区休闲旅游转型对城市功能演化的影响[J]. 经济地理，2016，36(11)：214-222.

[77] 宗晓莲. 旅游地空间商品化的形式与影响研究——以云南省丽江古城为例[J]. 旅游学刊，2005，20(4)：30-36.

[78] 彭华. 关于城市旅游发展驱动机制的初步思考[J]. 人文地理，2000，15(1)：1-5.

[79] 保继刚，龙江智. 城市旅游驱动力的转化及其实践意义[J]. 地理研究，2005，24(2)：274-282.

[80] 龚伟. 国内城市旅游驱动机制研究综述[J]. 桂林旅游高等专科学校学报，2006，17(3)：375-379.

[81] 保继刚，朱竑. 珠海市城市旅游发展[J]. 人文地理，1999，14(3)：7-12.

[82] 潘顺安. 中国乡村旅游发展动力机制研究[D]. 西安：西安交通大学，2007.

[83] 唐召英，阳宁光. 论城郊乡村旅游发展的动力机制及可持续发展对策[J]. 农业环境与发展，2007(6)：36-38.

[84] 刘涛，徐福英. 新农村建设中乡村旅游可持续发展动力研究[J]. 安徽农业科学， 2010，38(4)：2102-2104.

[85] 靳诚，徐菁，陆玉麒. 长三角区域旅游合作演化动力机制探讨[J]. 旅游学刊，2006，21(12)：43-47.

[86] 宋子千. 也论区域旅游合作的动力机制——兼与靳诚等同志商榷[J]. 旅游学刊，2008，23(2)：46-50.

[87] 黄金火，吴必虎. 区域旅游系统空间结构的模式与优化——以西安地区为例[J]. 地理科学进展，2005，24(1)：116-126.

[88] 刘焰，邓明然. 中西部地区生态旅游产品绿色创新的动力机制[J]. 科技与管理，2005(6)：120-122.

[89] 彭华. 旅游发展驱动机制及动力模型探析[J]. 旅游学刊，1999，14(6)：39-44.

[90] 钟韵，彭华，郑莘. 经济发达地区旅游发展动力系统初步研究：概念、结构、要素[J]. 地理科学， 2003，23(1)：60-65.

[91] 张立生. 行政区域旅游发展动力机制研究[J]. 桂林旅游高等专科学校学报，2004(4)：10-12，68.

[92] 张洪昌，舒伯阳. 城市旅游社区的空间生产及治理路向[J]. 学习与实践，2019(1)：103-111.

[93] 杨毅然，沈克印. 供给侧改革背景下我国体育特色小镇建设路径探讨[J]. 体育成人教育学刊，2018，34(1)：36-40，57.

[94] 刘力元. 浙江省特色小镇创建实践[J]. 小城镇建设，2016(3)：18-21.

[95] 刘敬华. 浙江省新兴产业型特色小镇的景区化研究[J]. 福建商学院学报，2018（5）：81-86.

[96] 王娟. 政府主导型旅游发展战略的经济学解释[J]. 旅游学刊，2001，16(3)：6-7.

[97] 郭亚军，曹卓，杜跃平. 我国旅游景区治理模式的特征及风险分析[J]. 西北大学学报：哲学社会科学版，2008，38(4)：144-148.

[98] 彭德成. 中国旅游景区治理模式[M]. 北京：中国旅游出版社，2003.

[99] 张雪. 从郊区小镇到全球焦点——西湖云栖小镇的嬗变[J]. 小城镇建设，2016(3)：67-71.

[100] 张蔚文，徐建春. 对国外城市经营理念的考察与借鉴[J]. 城市规划，2002，26(11)：33-37.

[101] 张蔚文. 政府与创建特色小镇：定位、到位与补位[J]. 浙江社会科学，2016(3)：43-45.

[102] 黄剑锋，陆林. 旅游业“新常态”：空间生产与空间重构的新动力[J]. 南京社会科学，2015(6)：39-44.

[103] 庄寿强. 普通（行为）创造学[M]. 3 版. 徐州：中国矿业大学出版社，2006.

[104] 庄寿强，周春林，张岳军. “旅游创造学”及其在旅游（学）创新发展中的意义[J]. 中国矿业大学学报（社会科学版），2012(4)：91-96.

[105] 李文兵，吴忠才. 旅游创新演进之路：从企业创新到区域创新[J]. 地理与地理信息科学，2015，31(5)：97-101.

[106] 于光远. 旅游与文化[J]. 瞭望周刊，1986，14：35-36.

[107] 胡迎春，杨会娟，陈萌. 鞍山钢铁集团工业旅游的发展对策[J]. 沈阳工业大学学报（社会科学版），2010，

3(1)：55-57，62.

[108] 朱雅飞. 探析本土文化为内涵的特色小镇规划[J]. 建筑知识，2017(2)：120-123.

[109] 彭华. 关于旅游地文化开发的探讨[J]. 旅游学刊，1998(1)：42-45.

[110] 凯文•林奇. 城市意象[M]. 方益萍，何晓军，译. 北京：华夏出版社，2001.

[111] 车震宇. 城市意象要素在城市旅游规划中的应用——以西双版纳州景洪市为例[J]. 社会科学家，2010(6)：99-101.

[112] 吴忠军，代猛，吴思睿. 少数民族村寨文化变迁与空间重构——基于平等侗寨旅游特色小镇规划设计研究[J]. 广西民族研究，2017(3)：133-140.

[113] 吴曼，朱宇婷，曹磊. 特色旅游小镇生态景观艺术设计研究[J]. 艺术百家，2017(4)：233-234.

[114] 尚莹. 对社区参与旅游的几点思考[J]. 旅游纵览， 2013，(11 月下半月)：25-26.

[115] 蔡健，刘维超，张凌. 智能模具特色小镇规划编制探索[J]. 规划师，2016，32(7)：128-132.

[116] 杨贵庆，宋代军，王祯. 社会融合导向下特色小镇与既有村庄空间整合的规划探索——以浙江省黄岩智能模具小镇为例[J]. 城乡规划，2017(6)：45-53.